EDUCACIÓN EMOCIONAL

Claude M. Steiner

EDUCACIÓN EMOCIONAL

Editorial Jeder
[jeder: uno cualquiera]
Sevilla – España

Título original: ACHIEVING EMOTIONAL LITERACY

© *Autor:*   Claude Steiner, 1997, 2003, 2011

© *Traducción:*   Pau Cortés
Agustín Devós Cerezo
Claude Steiner

© *De esta edición:*   Editorial Jeder*
Colección: Análisis Transaccional

Maquetación: Editorial Jeder
Diseño: www.3dearte.com
Ilustración de
portada: Mona Caro

Primera edición: 20 de Abril de 2011
Segunda edición: 6 de enero de 2016

ISBN: 978-84-937032-2-6
Dep. Legal: SE-3201-2011
Impresión: Ulzama

Impreso en Sevilla, España — *Printed in Spain*

*Editorial Jeder es una marca registrada de Gisper Andalucía, S.L.

© Gisper Andalucía, S.L.
C/ Fernando IV, 7
41011 – Sevilla – España
www.jederlibros.com

A mi madre
Vally
cuyo corazón anhelé tocar

AGRADECIMIENTOS

Por encima de todo y en primer término, debo dar las gracias a Eric Berne por haberme aceptado como discípulo suyo y por haberme enseñado la mayor parte de las cosas que sé como terapeuta.

Mucho más que otros que escribí anteriormente, este libro ha sido fruto del trabajo de un equipo que trabajó estrechamente unido. Gracias a Jude Hall, quien además de ser mi novia cuando escribía este libro, editó estas páginas en sus varias versiones y revisiones, incluyó ejemplos, elaboraciones e ideas, enriqueció mi lenguaje y actuó como mi conciencia intelectual, filosófica y teórica mientras este trabajo tomaba forma.

Gracias a Deidre English y a Gail Rebuck, que continuamente apoyaron mi trabajo durante años, antes de que este libro encontrase un editor.

Gracias a Adriane Rainer, Beth Roy, Mimi Steiner, Rod Coots, Bruce Carrol, Ramona Ansolabehere, Charles Rappleye, Michel Hannigan y Ron Levaco por haber leído y comentado el manuscrito definitivo y por sus comentarios. Ann McKay Thoroman, mi editora de Avon Books, apreció inmediatamente este libro y lo siguió con perseverancia e interés. Efectuó varias lecturas críticas del manuscrito y siempre estuvo a mi disposición cuando la necesité.

Debo agradecer a todas las personas que a través de los años asistieron a mis seminarios, talleres y sesiones de terapia de grupo e individual y a todos los amigos y parientes que compartieron conmigo sus experiencias vitales y me dieron la base para los postulados de este libro. Me refiero sobre todo a mi familia: a mis hijos Noemi, Eric y Denali, a mi hermano Miguel, a mi hermana Katy y a Jude Hall. Quiero agradecer también especialmente a los guerreros emocionales que habitan por el mundo y entre ellos a Harmut Oberdieck, Ron Hurst, Denton Roberts, Marc Devos, Noemi Steiner, Beth Roy, Elisabeth Cleary, Becky Jenkins, Anne Kolhaas-Reith, Richard Reith, Françoise Olivier, Heinz Urban, Michel Epple, Elizabeth Edema, Evelyn Sucher, Marian Weisberg y Rebecca Iverson.

Volviendo a los años 60, cuando nacieron estas ideas, debo agradecer a Nancy Graham, que fue la primera en hablar del alfabetismo emocional, concepto que yo adopté y utilicé desde entonces. Gracias a Hogie Wyckoff por ayudarme a dar forma a los conceptos del Padre Cerdo (actualmente el Padre Crítico) y de la Economía de Caricias. Hogie fue también la primera persona que insistió en que no mentir era un componente esencial para un estilo de vida cooperativo. Bob Schwebel merece mi agradecimiento por introducir la cooperación en mi pensamiento. Marshall Rosenberg fue el primero que estableció la importancia de la relación entre las acciones y los sentimientos. Gracias a todos los miembros del RAP Center de Berkeley, que contribuyeron con sus vidas y con sus ideas a la formación de las categorías que aquí se presentan. Agradezco en particular a Becky Jenkins, Robert Schwebel, Joy Marcus, Rick de Golia, Sarah Winter y a aquellos que se nos unieron más tarde: Sandy Spiker, Darca Nicholson, Melissa Farley, Mark Weston, Marion Oliker, Joan Costello, Beth Roy, Randy Dunigan y Barbara Moulton.

Agradezco a David Geisinger por señalar que una relación es tan buena como el diálogo que sostienen sus partes, a Chris Moore por haberme informado sobre las últimas discusiones filosóficas acerca de la naturaleza de la verdad y a Marc Devos, quien sugirió que la formación para la educación emocional podía dividirse en tres partes: abrir el corazón, recabar información y hacerse cargo de las responsabilidades.

PRÓLOGO

Me acerqué al Análisis Transaccional desde el ejercicio de la profesión del *coaching*. Gran parte de nuestro trabajo consiste en acompañar a las personas a cuestionarse la interpretación que hacen de las cosas. Por ello encontré fascinante la existencia de diferentes estados del yo, la enorme diversidad de juegos en que participamos para conseguir caricias de los demás y los guiones de vida que nos dedicamos a desarrollar. Me metí de lleno en la lectura de Eric Berne, pasé posteriormente a la de Thomas A. Harris y, por supuesto, llegué a la de Claude Steiner.

Steiner me sorprendió por su capacidad de llegar, desde el Análisis Transaccional, hasta donde antes nadie había llegado. Me acercó a la economía de caricias, a la dictadura del Padre Crítico, a los juegos de poder, a los guiones que vivimos para darle sentido a nuestras vidas, al contrato cooperativo, al analfabetismo emocional y a respuestas a muchas preguntas en torno a qué hace que las personas actuemos como actuamos y seamos como somos.

Hace unos meses tuve la oportunidad de conocerlo. A través de Jeder, un proyecto editorial fascinante al que quisiera también darle todo mi agradecimiento y reconocimiento, pude saber que Claude se encontraba de gira por Europa y que impartiría en España un taller con motivo de la publicación de su libro *El Corazón del Asunto*. Después de haber leído algunos de sus libros, para mí sería un lujo verlo compartir el resultado de sus setenta y cinco años de experiencias, conocimientos y vivencias.

Por supuesto que lo fue. Pero además de respuestas a mis preguntas también encontré a un ser humano fascinante. Un hombre de su tiempo con el que merece la pena conversar en torno a su mundo, a todo lo que ha vivido y a todo lo que ha aprendido. Los que asistimos vivimos una experiencia humana de primer orden mientras compartía con nosotros su parentesco con Ludwig Wittgenstein, su estrecha colaboración con Eric Berne, su vinculación con el movimiento hippie, con el verano del amor de 1967, con la cultura pop o con el movimiento de la psiquiatría radical.

El libro que tiene en sus manos gira en torno a cómo hacer que las emociones trabajen para nosotros y no en contra nuestra. Es un objetivo ambicioso, un logro que nos ayudaría a mejorar nuestras relaciones, a crear oportunidades de empatía entre las personas, a posibilitar el trabajo cooperativo y a facilitar el sentido de comunidad. Educarnos emocionalmente nos ayuda a gestionar nuestras emociones en una dirección que mejore nuestro poder personal, nuestra calidad de vida y la de las personas que nos rodean.

En mi opinión, el texto puede ser de gran valor no sólo para las personas que se acerquen a él desde el *coaching* o desde el análisis transaccional. Cualquier persona que, a lo largo de su vida personal o profesional, acompaña a otras personas a desarrollar su mejor potencial puede encontrar en él una gran fuente de inspiración.

Le invito no sólo a disfrutar del libro sino a profundizar en la persona de Claude Steiner. Afortunadamente, Claude se ha propuesto un guión de vida para llegar a los cien años por lo que pronto seguiremos teniendo noticias de este maestro de las emociones que recorre el mundo formando Guerreros Emocionales. Gracias a él, cada vez somos más los que creemos en la alfabetización emocional y en la necesidad de que las personas traslademos la educación emocional más allá de nuestras propias vidas para sacarla a las calles y para convertirla en una herramienta de cambio social.

Sevilla, marzo de 2011

José Luis Pérez Huertas
Coach Ejecutivo
Experto en Desarrollo Directivo

PREFACIO
AMOR, EL GRAN CAPACITADOR

Desde la publicación de *Achieving Emotional Literacy* en 1997, la inteligencia emocional ha pasado de ser bienvenida como una forma nueva de pensamiento a convertirse en una amplia variedad de movimientos dispares. El mayor de estos movimientos fue la consultoría para el «crecimiento de negocios», con cientos de empresas que ofrecen evaluar y mejorar en el trabajo el CE (Cociente Emocional) de los empleados. Lamentablemente, en ese entorno, inteligencia emocional llega a ser sinónimo de «maduro», «estable» y «trabajador incansable». Éstas son buenas cualidades, pero son vagas e indistinguibles de todo aquello que es deseable. No se ha desarrollado ningún método sistemático de enseñanza de inteligencia emocional y no se ha realizado ningún progreso sustancial en la medición del CE. Se desarrollaron algunos cuestionarios de los que se puede decir que tienen algo que ver con la inteligencia emocional y puede que realmente ayuden en la selección de mejores trabajadores, pero ninguno puede afirmar que proporcione una medición convincente del CE.

Hace treinta y cinco años concebí la educación emocional como una herramienta del feminismo para la emancipación humana de la racionalidad sofocante y de los abusos del poder patriarcal. Pero el campo de la inteligencia emocional, en especial en los lugares de trabajo, ha perdido su filo; en vez de liberar las emociones e igualar a los géneros, se está usando para ayudar a las empresas a localizar empleados autocontrolados, sumamente trabajadores y dispuestos.

Las habilidades emocionales son mucho más que actitudes positivas y control de los impulsos; pueden humanizar y mejorar cualquier empresa más allá que cualquier otra cosa que se haya experimentado antes, y su potencial está siendo des-

13

pilfarrado con medias tintas diluidas. Temo que la inteligencia emocional se esté transformando en otro lubricante corporativo más de la ingeniería humana, con poca relación concreta con la educación emocional. Por otra parte, el CE también se ha convertido en una asignatura en los colegios, donde miles de profesores están aplicando una o varias de las tablas de enseñanza del CE diseñadas por muchas compañías de recursos humanos recientemente formadas. Aquí el resultado parece más prometedor ya que lo que se está enseñando es incuestionablemente beneficioso. A los niños se les educa sobre sus diferentes sentimientos, cómo hablar de ellos, y cómo expresarlos y controlarlos. Se les está entrenando con una actitud cariñosa y centrándose en el desarrollo de relaciones amistosas y cooperativas. Las pruebas sugieren que estos esfuerzos están teniendo resultados beneficiosos, al menos en términos de disminución del número de agresiones vistas en las escuelas en las que se enseña esta asignatura. Aun así, ninguno de estos programas se centra en las técnicas centradas en el corazón que son el núcleo de este libro, técnicas que en mi opinión amplificarían enormemente los efectos beneficiosos del entrenamiento en educación emocional para niños y adolescentes.

Educación Emocional

El punto central de este libro va más allá de la madurez en el puesto de trabajo o de las agresiones en los patios de colegio. La educación emocional es una fuente indispensable de poder personal para triunfar en el mundo actual. Las siguientes cinco aseveraciones esenciales, ampliamente comprobadas, se deben comprender para valorar el alcance de este trabajo.

- La educación emocional es la inteligencia emocional centrada en el corazón.

- Amar (a uno mismo y a los demás) y ser amado (por uno mismo y por los demás) es la condición esencial de la educación emocional.

14

- La elevada capacidad de amar y de aceptar amor, perdida por la mayoría de las personas, se puede recuperar y enseñar con cinco ejercicios transaccionales sencillos y precisos.

- Añadida a la mejora de las capacidades de amar, el entrenamiento en educación emocional implica tres habilidades añadidas de dificultad creciente; cada una de ellas a su vez se apoyan en otro conjunto de ejercicios transaccionales.

- Estas habilidades son:
  a. Hablar de nuestras emociones y de lo que las causan.
  b. Desarrollo de nuestra capacidad de empatía y de intuición, y
  c. Disculparse por el daño causado por nuestros errores emocionales.

La práctica de estos ejercicios transaccionales concretos en las relaciones personales, en casa, con las amistades y en el trabajo con otras personas producirá, con el paso del tiempo, una mayor educación emocional.

Una persona puede volverse más cariñosa, sintiendo amor por la gente y siendo capaz de amar apasionadamente de manera sostenida. Con estos ejercicios serás capaz de reconocer, expresar y controlar mejor tus emociones; te darás cuenta de cuándo estás enfadado o alegre, avergonzado o esperanzado, y entenderás cómo hacer que se conozcan tus sentimientos de una manera productiva. Te volverás más empático y reconocerás los estados emocionales de otras personas, y responderás a ellos con compasión. Serás capaz de responsabilizarte del daño emocional provocado por tus errores y disculparte por él eficazmente. En vez de socavarte y derrotarte, tus emociones te darán poder y enriquecerán tu vida y las vidas de quienes te rodean.

RESUMEN

La Educación Emocional —inteligencia emocional con corazón— se puede aprender mediante una decena de ejercicios transaccionales específicos que tienen por objeto el desarrollo de la consciencia de la emoción en nosotros mismos y en otras personas, la capacidad de amarse a uno mismo y a los demás, al mismo tiempo que se desarrolla la honradez y la capacidad de hacernos responsables de nuestras acciones.

Educación Emocional

INTRODUCCIÓN

Este libro se basa tanto en mi entrenamiento profesional como en el científico, reforzado por mi experiencia y mi lucha por comprender mi propia vida emocional. Estoy convencido de que mi vida personal ha ahondado mi comprensión de este aspecto a veces tan difícil de nuestra existencia, y creo que la combinación de mis experiencias profesionales, científicas y personales se han traducido en un libro comprensible y productivo.

Crecí en un estado de completo analfabetismo emocional, que era lo normal y lo esperado de un niño blanco y de clase media destinado a convertirse en un hombre profesional de su generación. Ignoraba mis propias emociones, creyendo que eran vergonzantes y debilitadoras, y me atemorizaba convivir con ellas. De la misma forma, desdeñaba e ignoraba las emociones de las otras personas con las que me relacionaba. Mientras tanto, mis emociones, especialmente mi no reconocida necesidad de amor, dictaban y distorsionaban la mayoría de mi conducta. Me resulta triste decir que, al recordar mi comportamiento, muchas de las cosas que hice mientras buscaba torpemente el amor fueron emocionalmente dolorosas para las personas que estaban en mi vida. Me han dicho que la gente toleraba mis punzantes maneras porque maquillaba con un encanto ingenuo y narcisista lo que me faltaba de sensibilidad.

Podrías pensar que decidí estudiar psicología porque me interesaban los sentimientos de los demás. En realidad, mi interés por la psicología tenía que ver con mi creencia de que me daría poder sobre las personas: para estar en posición de ayudarlas pero también para dominarlas y controlarlas. Como estudiante de psicología, las emociones eran la última cosa que estaba en mi cabeza. En realidad, desde principios del siglo XX las emociones han sido excluidas de la psicología científica. ¿Por qué? Porque la introspección, el método que se usaba para estudiar las emociones, se consideraba que era prejuicioso y sujeto a distorsión.

La ciencia es una disciplina que fomenta el desapego y la racionalidad desprovista de emoción. En mi vida ocurrió un momento clave cuando, como parte de mi preparación y haciendo experimentos de fisiología con los músculos de los animales, tuve que pasar un alambre por la columna vertebral de ranas vivas para destruir la médula espinal. Mientras realizaba esta tarea tan cruel me decía a mí mismo que era importante eliminar mi sentimiento de horror para poder llegar a ser un verdadero científico. La decisión de actuar así, añadida a la preparación cultural y personal de mi temprana infancia y adolescencia, afectó mi vida desde entonces. Para mi eterna vergüenza, más tarde participé en experimentos en los cuales se negaba el alimento a las ratas para estudiar cómo respondían éstas al hambre severa.

Como resultado de mi decisión de suprimir mis emociones, durante esta etapa crítica de mi formación me volví incluso aún más desinteresado tanto respecto a mis propios sentimientos como a los de los demás. Cuando repaso la forma en que trataba a las personas de mi vida, veo que tenía pasiones pero no una unión auténtica, así como poco respeto, pena o culpa. Nunca sentí una alegría duradera y nunca lloré. Perdí amistades y estuve al borde de la depresión y de la desesperación. Aunque tenía un CI respetable, cuando pienso en esos tiempos veo un joven emocionalmente analfabeto con una inteligencia emocional o CE muy bajo.

Cuando tropecé con mis emociones (de lo que hablaré brevemente), era como un explorador descubriendo una tierra exótica, sorprendido, atemorizado y cautivado por el paisaje emocional que me rodeaba. Finalmente, decidí entonces que las emociones serían mi tema de investigación dentro de mi práctica de la psicología, una actividad que me absorbe hasta hoy día. Aunque en ocasiones me resulta ardua, encuentro esta búsqueda muy enriquecedora y poderosa en mis relaciones personales y laborales.

EMOCIONES Y PODER PERSONAL

En general, el poder está asimilado al control, en especial a la habilidad de controlar a las personas y al dinero. Cuando pensamos en una persona poderosa, pensamos en un hombre, por ejemplo en un director de la industria o en un político encumbrado, en una estrella del deporte que exige un sueldo millonario: alguien masculino con nervios de acero y la capacidad de permanecer frío y con desapego emocional. Nos resulta difícil imaginar a una mujer así, y eso a pesar de que las mujeres están adquiriendo cada vez más esta clase de poder.

Hemos llegado a esperar ciertos atributos en la gente poderosa, y aunque la mayoría de nosotros nunca lograremos esa clase de poder, imitamos a la gente poderosa en la creencia de que en el mundo real es mejor mantener las emociones en un coto cerrado.

Pero al final el tipo de poder personal que se deriva de la seguridad de las relaciones satisfactorias y del trabajo fructífero es incompatible con el coto cerrado de nuestras emociones. Por el contrario, el poder personal depende de tener una relación cómoda con las emociones propias y ajenas. La educación emocional requiere que nuestras emociones sean escuchadas y que se expresen de una manera productiva.

No todo el mundo que sufra de analfabetismo emocional es emocionalmente sordomudo, como yo lo era. Otra forma de impotencia emocional se da cuando somos excesivamente emocionales y fuera de control con nuestros sentimientos. En vez de estar desconectados con el mundo emocional, somos demasiado conscientes y respondemos a ellas a poco que se acerquen y nos aterroricen.

A ambos extremos se les llama problema. Tanto si están fuertemente controladas como si se expresan con demasiada ligereza, nuestras emociones pueden reducir nuestro poder más que aumentarlo. Por desgracia, en el mundo actual, la experiencia interpersonal está entrelazada demasiado a menudo con el dolor emocional. La formación en educación emocional facilita las relaciones armoniosas y cooperativas en el hogar y en el trabajo y nos aporta las herramientas para evitar una visión de la vida cada vez más oscura y cínica. La educación emocional hace esto viable en cada conversación, en cada contacto humano y en cada colaboración —sea ésta breve o a largo plazo— dando paso a la mayor recompensa posible para todos los implicados. Aunque no garantizan un acceso ilimitado al dinero y a las cosas, la educación emocional es una clave para el poder personal porque las emociones *son* poderosas si puedes ponerlas a trabajar para ti en vez de que lo hagan en tu contra.

EL ENCUENTRO CON MIS MAESTROS

¿Qué hizo que yo me pusiese en contacto con mis emociones? Mis encuentros y las consiguientes relaciones con dos personas diferentes a quienes conocí con siete años de diferencia: un astuto psiquiatra y una compañera feminista.

El primer acontecimiento que cambió mi vida fue el encuentro con el análisis transaccional y con su fundador, Eric Berne, un psiquiatra que cuando lo conocí en 1956 tenía 45 años. Berne acababa de abandonar su formación como psicoanalista debido a diferencias con su profesor. Desde principios de los 50 había estado investigando y desarrollando caminos diferentes y radicales del psicoanálisis que posteriormente serían conocidos como Análisis Transaccional.

En 1955 comenzó a reunirse semanalmente con un pequeño grupo de seguidores en su apartamento a pocas manzanas del Chinatown de San Francisco. Ben Handelman, mi amigo y colaborador en el Centro Comunitario Judío de Berkeley, me llevó a una de esas reuniones. Hallé muy interesante lo que Berne decía y me uní a la animada discusión que tenía lugar. Tras la reunión, Berne me pidió que regresase la semana siguiente y así lo hice. Desde entonces, con la excepción de los años que estuve estudiando en la Universidad de Michigan para mi doctorado en psicología clínica, pocas veces me perdí una de estas reuniones. Me convertí en su discípulo y aprendí todo lo que él tenía para enseñar sobre su teoría en desarrollo del análisis transaccional. Berne murió en 1970 a la temprana edad de 60 años.

El análisis transaccional (AT) es una técnica que investiga las relaciones humanas centrándose en el contenido exacto de las interacciones entre las personas. El AT es una manera potente de analizar cómo las personas tratan unas con otras y cómo pueden cambiar su vida corrigiendo sus errores de conducta.

El AT era una aguda desviación del psicoanálisis tradicional, que se centra en lo que sucede *dentro* de las personas, mientras que el AT atiende lo que ocurre *entre* ellas. Pero la idea más revolucionaria de Berne fue que realmente era posible curar a las personas de sus problemas emocionales mostrándoles *cómo actuar de una manera distinta* en sus transacciones sociales en lugar de centrarse en la comprensión de *por qué* estaban emocionalmente perturbadas. La idea era que mientras que la comprensión puede que fuera útil, lo que realmente curaría los conflictos emocionales sería el cambio de la propia conducta. Una visión radical en aquellos tiempos tan influenciados por el psicoanálisis, que ahora es una comprensión aceptada y común, y que es la base de las terapias cognitivo-conductuales. Todavía sigue siendo una idea controvertida en algunos círculos.

Sin embargo, en ese momento nuestro centro de atención no eran las emociones. En realidad las considerábamos muy irrelevantes para nuestro trabajo, que simplemente consistía en el estudio de las transacciones interpersonales desde un punto de vista racional. No obstante, había conceptos de Berne que tenían una estrecha relación con el desarrollo final de la formación en educación emocional. Dos de sus conceptos fueron claves: los estados del yo, especialmente el «Niño

Natural» interior, que es la fuente de nuestra vida emocional, y el concepto de «caricia».

Berne postuló que en cada persona existen tres partes o formas distintas de conducta, a las que llamó el Niño, el Padre y al Adulto. Denominó a estas tres partes de la personalidad normal «estados del yo», y creía que, en distintos momentos, actuamos según uno u otro de estos estados. Puedes aprender más sobre los estados del yo en cualquiera de los muchos libros escritos sobre AT[4,5,6]. Por ahora es suficiente con decir que el Niño es la parte creativa y emocional de la persona, el Adulto es una «computadora humana» racional, y el Padre está compuesto de un conjunto de prejuicios y actitudes respecto a las personas. Berne nos enseñó a prestar mucha atención a las «transacciones sociales» entre la gente, ya que podemos aprender todo lo que necesitamos saber acerca de una persona observando muy de cerca las interacciones de sus estados del yo.

Berne llamó «caricias» («*strokes*» en inglés) a otro concepto sumamente importante que desarrolló. Una caricia es un acto de reconocimiento. Las caricias pueden ser positivas o negativas ya que cualquier transacción que reconozca a otra persona es una caricia sin importar cómo le sienta. Una «caricia», en el sentido en el que usaremos este término en el libro, se refiere a una caricia positiva, es decir, como muestra de afecto. Cuando decimos a alguien «Me gusta como luces hoy», a esa persona le estamos ofreciendo una caricia positiva: una caricia, para abreviar. También estamos dando una caricia cuando damos una palmada a nuestro hijo en la espalda o cuando escuchamos con atención lo que dice nuestra pareja. Las caricias pueden ser físicas o verbales y se definen como la unidad básica de reconocimiento.

Los tipos de caricias que las personas dan y reciben nos ofrecen información respecto de ellas. Algunas personas intercambian principalmente caricias negativas, o incluso odiosas, por lo que sus vidas son muy diferentes de las de aquéllas que consiguen una dieta compuesta principalmente por caricias amorosas y positivas. Cuando las personas se aman a sí mismas y a los demás sus transacciones estarán gobernadas por sus corazones cariñosos y ni darán ni aceptarán caricias negativas. Estos dos conceptos —los estados del yo y las caricias— constituyeron los fundamentos teóricos del estudio analítico-transaccional de las emociones.

INTRODUCIR EL FEMINISMO Y LAS EMOCIONES

Nunca habría llegado a establecer una relación entre el AT y la educación emocional de no haber sido por otra relación que cambió mi vida y que me zambulló en el mundo de los sentimientos. Recién divorciado y de la noche al día me encontré profundamente unido a Hogie Wyckoff, que durante los siete años siguientes me enseñó lo esencial de las emociones. Básicamente, ella, identificada como feminista radical, me pedía que yo me expresara emocionalmente; que fuera honesto respecto a mis sentimientos, que pidiera lo que deseaba, y que sobre todo aprendiera a decir «te quiero» de corazón. Ninguna de esas peticiones me resultaban fáciles de satisfacer. En realidad, eran particularmente difíciles para mí. Sin embargo, bajo la tutela cariñosa y vigilante de Hogie pude lograr muchos cambios emocionales. Fue para ella un trabajo extenuante y finalmente no pudo soportarlo más, pero me dejó transformado como hombre.

Conocí a Hogie cuando enseñaba en un curso de Psiquiatría Radical en la *Berkeley Free University*, en California. Al final, establecí con ella (y con otras personas que menciono en los agradecimientos) un centro RAP en la *Berkeley Free Clinic*. Las siglas RAP corresponden a *Radical Approach to Psychiatry* (Enfoque Radical de la Psiquiatría), y en esencia era un movimiento de protesta contra los abusos de la psiquiatría que se practicaba en aquellos tiempos. Comenzamos una serie de grupos de «contacto» en los que se enseñaba a los participantes los principios del análisis transaccional en su aplicación a las relaciones cooperativas. Al grupo de contacto más popu-

25

lar que surgió de este trabajo se le llamó «La Ciudad de las Caricias». En este grupo empezamos a desarrollar las técnicas para el aprendizaje de la educación emocional.

CUATRO DESCUBRIMIENTOS QUE MARCARON LA DIFERENCIA

1. Caricias y Amor

Tres veces por semana «La Ciudad de las Caricias» se reunía en una sala del Centro RAP. En esta sala, durante dos horas por la tarde, unas 20 personas daban y recibían caricias, las aceptaban y las pedían, e incluso se daban a sí mismas caricias en un entorno seguro y protegido.

El líder del grupo estudiaba cada transacción. Su tarea consistía en asegurar que se dieran caricias limpias y positivas, desprovistas de criticismo abierto o encubierto. Cuando era necesario, el o la líder ayudaba a los participantes a corregir sus transacciones para que las caricias se escuchasen y aceptasen cuando se querían.

Creamos estas reuniones para enseñar a la gente a desenvolverse en un mundo duro y competitivo. No obstante, pronto observamos un efecto colateral inesperado. A menudo, algunos de los participantes solían echar una mirada a su alrededor y declarar literalmente que «querían a todas las personas de la sala». Hablaban de un sentimiento dominante de amor mientras ponían sus manos sobre sus corazones, y salían de estas reuniones con paso ligero y un brillo de afecto y felicidad en sus rostros.

Asumimos que las personas sólo estaban exaltadas por estas actividades de manera similar a lo que ocurre ante un buen partido. Pero tras un examen más a fondo se vio claro que estos ejercicios tenían un profundo efecto en las emociones de amor de los participantes. Hablaban de sentimientos de amor, de tener el corazón abierto, de una experiencia trascendente de afecto, o de un sentimiento «oceánico». Lo que había comenzado como un ejercicio para practicar el ser cooperativo y positivo había resultado en mucho más. Afectaba a las capacidades de amar de los participantes de una manera poderosa y en una expansión de su corazón. Fue entonces cuando comenzamos a ver la conexión entre las caricias y el amor, y que aprender a intercambiar caricias positivas podía hacer efecto en la capacidad total de amar. Finalmente se nos hizo claro que las caricias y los sentimientos de amor están íntimamente relacionados entre sí.

2. El Poder del Padre Crítico

En estas sesiones de «La Ciudad de las Caricias», a la vez que descubrimos la conexión entre las caricias y el amor, también descubrimos la perturbadora actividad del Padre Crítico. El Padre Crítico (o el Padre Cerdo —*Pig Parent*—, como lo llamábamos en aquellos días) es el opresor interno, esa voz interior que nos impide desarrollar pensamientos positivos sobre nosotros mismos y sobre los demás. Por ejemplo, cuando alguno de los participantes trataba de dar o aceptar caricias positivas, escuchaba «voces en su cabeza» que le daban diversas razones por las cuales no debía dar o aceptar caricias. Estas voces interiores le decían, de manera abierta o encubierta, que era feo, estúpido, malo o loco por participar en estos ejercicios tan extraños, y que si persistía, el grupo le rechazaría o le aislaría. Llegamos a descubrir que virtualmente toda la gente tiene algún tipo de «matón» interno que nos hace sentirnos mal acerca de nosotros mismos. Éste es un fenómeno que han observado muchas personas y al que le han dado diferentes nombres: Freud lo llamó el «superyó duro»; Alcohólicos Anónimos los llamó «pensamientos apestosos». Se le ha llamado baja autoestima, expectativas catastróficas, pensamiento negativo, espíritu inerte, y así sucesivamente. El hecho es que sigue siendo una presencia dominante y bien conocida, la causa de una gran angustia en nuestras vidas y un objetivo común de tratamiento en psicoterapia.

Eric Berne llamaba a este adversario interno el estado del yo Padre Crítico. El Padre Crítico no tiene necesariamente que ver con nuestras madres y nuestros padres, si bien a menudo es así. Más bien es un compuesto de todos los rechazos y humillaciones que recibimos en la infancia cuando la gente —padres, parientes, hermanos, amigos, profesores— intentaba protegernos, manipularnos y controlarnos. Es importante recordar que el Padre Crítico tiene una fuente externa; es como una grabación de los pensamientos y opiniones de otras personas. El Padre Crítico es una influencia externa a la que se le permite que se haga cargo de nuestras vidas (y a veces arruinarlas). Invadió nuestra mente cuando éramos jóvenes; por fortuna se puede poner a un volumen más bajo o apagar y eliminarla completamente de nuestras vidas cuando crecemos.

El Padre Crítico está especialmente interesado en evitar que las personas consigan caricias. ¿Por qué? Porque cuando en nuestras vidas conseguimos caricias de cariño es mucho más probable que no tengamos en cuenta al Padre Crítico y a sus esfuerzos de «protegernos» y controlarnos.

Aunque toda la gente necesita caricias positivas para crecer bien, en la Ciudad de las Caricias se vio claro que cuando tratan de darlas, pedirlas o aceptarlas, suelen experimentar una ansiedad severa, a veces incluso paralizante, vergüenza e incluso auto-desprecio. Alguna gente escucha una voz que le dice: «Eres un egoísta, no mereces caricias» o «Eres un estúpido. Estás haciendo el tonto; cierra el pico»; otra sólo siente ansiedad o auto-consciencia cada vez que da o pide una caricia. Frente a tal oposición, son muy pocos los que hallan fácil intercambiar caricias.

Casi todo el mundo tiene ese matón interno que les afecta de vez en cuando, sobre todo cuando son emocionalmente vulnerables. Parte del trabajo de la Ciudad de las Caricias (y del entrenamiento en educación emocional) consiste en reconocer y neutralizar al Padre Crítico, que no sólo ataca nuestra autoestima sino también la de la gente que nos rodea. Se vio claro que para enseñar a la gente sobre el amor y las caricias era una prioridad desactivar el Padre Crítico.

3. La Seguridad del Contrato Cooperativo

Si bien la mayor parte de las personas disfrutaban en la Ciudad de las Caricias y se sentían bien allí, siempre había algunos que se sentían mal, aislados, asustados o dolidos. Estaba claro que habían sucumbido a los ataques del Padre Crítico. Para proteger a los participantes de cualquier cosa que disparase o apoyase la actividad del Padre Crítico decidí que cada reunión comenzara con un acuerdo llamado «contrato cooperativo (no coercitivo)», que prometía que ni el facilitador ni los participantes entrarían en intentos de manipular o hacer juegos de poder a nadie. También específicamente debían comprometerse a no hacer nada que no desearan sinceramente hacer. Aun más, el contrato prometía que el facilitador se haría responsable de supervisar estos acuerdos sobre la seguridad y no permitiría ninguna transacción proveniente del Padre Crítico.

Al contrato de cooperación se le añadió un contrato de confidencialidad para facilitar la protección y la seguridad emocional frente al Padre Crítico. Estos dos acuerdos, cooperación y confidencialidad, reducían de manera dramática el número de personas que se sentían mal al terminar las sesiones de nuestra Ciudad de las Caricias. En consecuencia, más participantes eran capaces de disfrutar los efectos de potenciación del amor del ejercicio.

Estos acuerdos tranquilizadores y potenciadores de la confianza son un elemento muy importante en la preparación para la educación emocional actual. Mantienen al Padre Crítico «fuera de la sala» y establecen un sentimiento de seguridad y confianza. Son esenciales para la tarea, difícil y a veces atemorizante, que es necesario hacer para incorporar plenamente el amor y todos los demás sentimientos en nuestras vidas.

4. Paranoia y Consciencia

Con el tiempo el centro RAP se disolvió, pero la esencia de la «Ciudad de las Caricias» continuó viva en los seminarios de educación emocional con los ejercicios de «Abrir el Corazón».

A menudo, en estos ejercicios las personas desarrollaban sospechas y temores sobre los motivos y opiniones de los otros miembros del grupo, en ocasiones hasta llegar al punto de la paranoia. El enfoque psiquiátrico clásico de la paranoia, consiste en refutarla punto por punto y atribuirla a la «proyección». Así, por ejemplo, si David cree que María lo odia la sabiduría psiquiátrica clásica supone que en realidad es David quien odia a María. Como no se puede enfrentar a sus propios sentimientos de enfado, se piensa que él está «proyectando» en ella su propio odio.

En mi opinión, este enfoque aumentaba la paranoia en lugar de disminuirla. En mi trabajo hallé que en general la paranoia se construye a sí misma alrededor de un grano de verdad, de la misma forma que una perla lo hace alrededor de un grano de arena. Nuestro enfoque, en el caso de David, consistiría en buscar en alguna medida la validación de los sentimientos paranoicos de David. Descubrimos que una vez que se reconocía algún grano de verdad en la fantasía paranoica, la persona podía liberarse de sus ideas paranoides.

Así, si María admite que de hecho le enfada el desaliño de David, entonces él puede abandonar la idea de que ella lo odia. Ahora puede ver que su sentimiento es una exageración paranoica de los sentimientos reales de María, que él sintió. David simplemente percibió —intuitivamente— algunos sentimientos negativos y ocultos de María y les confirió una proporción desmesurada. Cuando esto sucede, normalmente está implicado el Padre Crítico que avienta las llamas de la suspicacia con sus propios mensajes negativos. Una vez que David sintió que María estaba enfadada con él, el Padre Crítico bien podía añadir: «Sí, seguro, la vuelves loca de furia, eres un cerdo».

Esto es importante, ya que en nuestra vida emocional a menudo recogemos sentimientos ocultos negativos de otras personas que pueden resultar muy perturbadores. Este método de validación se inspiraba en el trabajo de R. D. Laing, el psiquiatra escocés que señaló que cuando invalidamos o negamos las experiencias, o cómo la gente ve las cosas, las convertimos en inválidas mentales. Ronald Laing[8] observó que cuando se nos deniega la intuición, nos pueden llegar a hacer sentir como dementes incluso estando perfectamente sanos mentalmente.

Por ejemplo, Carlos, el marido de Julieta, se siente atraído por una vecina, y Julieta tiene algunos indicios sutiles de esa presunción. Si ella confrontara con su esposo una y otra vez sus sospechas y él las negara una y otra vez y al mismo tiempo siguiera con esa conducta, ese temor intuitivo y atosigador podría —con la ayuda del Padre Crítico— llegar a nutrir una paranoia.

Basándonos en esta información, cuando las personas desarrollaban ideas intuitivas, incluso paranoicas, aprendimos a buscar el grano de verdad en vez de acusarlas de ser irracionales o en vez de descontar su manera de ver las cosas. Al encontrar esa verdad, al margen de lo pequeña que fuese, se podía lograr que la relación saliese de la paranoia y la negación y que se instalase nuevamente en la comunicación, la reciprocidad y la sinceridad. Al mismo tiempo, al comprobar la validez de las intuiciones y presentimientos emocionales de la gente, entrenamos sus capacidades empáticas, que son esenciales para las relaciones emocionalmente educadas. Este enfoque es un aspecto básico de la preparación en educación emocional. Animamos a la gente a que expresen sus presentimientos, sus percepciones intuitivas y sus fantasías paranoides, y en vez de descontarlas, buscamos su validación, incluso si sólo hay un granito de verdad.

Estas cuatro ideas son los pilares de la formación en educación emocional:

1. La conexión entre caricias y amor.
2. La importancia de luchar contra el Padre Crítico.
3. La utilidad de los contratos de seguridad al aprender educación emocional.

4. La validación de los presentimientos intuitivos y «paranoicos» como medio de entrenamiento de la intuición y para limpiar las relaciones de temores, sospechas e influencias del Padre Crítico.

EDUCACIÓN EMOCIONAL EN LA VIDA COTIDIANA

A medida que desarrollaba estas técnicas a través de los años, las he adoptado yo mismo y he invitado a mis familiares, amigos y compañeros de trabajo a que también las adopten. He escrito libros, he dado conferencias y dirigido talleres. Todo este tiempo, según la gente que me rodea, mis actitudes emocionales han ido mejorando. Comencé a dar y recibir amor y afecto más libremente; me puse en contacto con mis sentimientos, con los de los demás y con las razones de su existencia; aprendí a ser sincero respecto de lo que sentía y disminuyó mi tendencia a ponerme a la defensiva en cualquier enfrentamiento. Al final aprendí a reconocer mis errores y a pedir disculpas sinceras por ello. Sin embargo, lo más importante ha sido percatarme de que aún es un «trabajo no terminado», de que todavía estoy mejorando mi educación emocional.

Una de las súper-caricias que más frecuentemente recibo de mis amigos y alumnos es la de que yo practico lo que enseño y de que mi comportamiento es coherente con mis teorías. Eso no quiere decir que yo haya alcanzado la perfección en lo relativo a la educación emocional, sino más bien que estoy progresando día a día.

Los capítulos que siguen contienen un programa de entrenamiento que ha demostrado ser efectivo para desarrollar la inteligencia emocional. Ha funcionado para mí y para las personas que me rodean; por eso sé que también puede funcionar para ti.

1. ¿QUÉ ES LA EDUCACIÓN EMOCIONAL?

Tener educación emocional es ser capaz de manejar las emociones de manera que mejoren tu poder personal y la calidad de tu vida y —igualmente importante— la calidad de vida de la gente a tu alrededor. La educación emocional ayuda a que las emociones *trabajen para ti* en vez de contra ti. Mejora tus relaciones, genera la posibilidad del cariño entre las personas, hace posible el trabajo cooperativo y facilita el sentimiento de comunidad.

Todos podemos aprender algo acerca de nuestras emociones; pocos son los que son tan listos en el área emocional como en realidad lo pudieran llegar a ser. Como maestro de educación emocional durante mucho tiempo, he visto la gran incomodidad que siente la gente, especialmente los hombres, ante la sola mención de la palabra «emociones». Éstos temen que si revelan sus emociones se descubrirán secretos profundos y dolorosos, y frecuentemente creen que una educación emocional les hará perder poder tanto en lo laboral como en lo personal.

Hay algo de verdad en el temor de que al eliminar las restricciones que imponemos a nuestras emociones podríamos causarnos algunos problemas. Sin embargo, la educación emocional no consiste simplemente en desatar las emociones; también consiste en aprender a comprenderlas, a manejarlas y a controlarlas.

Las emociones existen como una parte esencial de la naturaleza humana. Al recortárnoslas perdemos un aspecto fundamental de nuestras capacidades humanas. Reconociendo y controlando nuestros sentimientos y al escuchar y responder a las emociones de lo demás nuestro potencial personal aumentará más que mermar. Tener educación emocional significa conocer las emociones propias y ajenas, su magnitud y sus causas; significa que sabes manejar tus emociones porque las comprendes. Con la formación en educación emocional aprenderás cómo expresar tus sentimientos, dónde y cuándo hacerlo, y cómo estos afectan a los demás. También desarrollarás tu empatía y aprenderás a tomar la responsabilidad por la manera en que tus emociones afectan a los demás. Aprenderás a permitir que tus habilidades racionales trabajen codo con codo con las emocionales, mejorando tu capacidad para relacionarte con los demás: como padre, pareja, en el trabajo, al jugar, al enseñar y al amar.

LOS ERRORES EMOCIONALES QUE COMETEMOS

Los errores emocionales son muy frecuentes y a menudo muy destructivos. Si crees que esto no es cierto, presta atención a los siguientes ejemplos de incapacidad emocional que he tomado de los periódicos en los últimos años:

• Al recibir el segundo premio en una competición estatal, Kent Baker, director de la banda de la Escuela Thomas Jefferson de Virginia, arrojó el premio a la basura. El otro director de la escuela, se puso a discutir y a insultar a los jueces, sosteniendo que su banda merecía el primer premio.

• Después de un partido de fútbol infantil en La Habra, una comunidad de clase media-alta en California, una madre airada gritó obscenidades a uno de los árbitros y lo sujetó cuando éste intentaba alejarse. Tres hombres más se añadieron al ataque, golpeando al árbitro en el rostro y rompiéndole la mandíbula.

• Otro padre mató al padre del competidor de su hijo en artes marciales, terminando en prisión durante años como consecuencia.

• En Inglaterra, un acaudalado juez y su esposa mintieron bajo juramento, sosteniendo que era la esposa quien conducía el automóvil de la pareja cuando se chocó contra un muro. La pareja, que había estado bebiendo, temía que el juez perdiera su licencia de conducir y su puesto. John Bosomworth, de 50 años, y su esposa Anne, de 38, fueron encarcelados durante 15 y 9 meses, respectivamente, cuando los testigos contradijeron su historia. Además, su matrimonio se rompió debido al estigma de ser catalogados como mentirosos probados en su comunidad.

• El Consejero presidencial Dick Morris debió abandonar la campaña del ex-presidente Bill Clinton cuando denunciaron que compartía secretos de estado con una prostituta para así impresionarla.

• Y no olvidemos el histórico error cometido por el mismo Bill Clinton cuando permitió que su buen juicio fuera dominado por su necesidad de caricias sexuales, implicándose en una relación íntima con una becaria de la Casa Blanca de 21 años. Esa amarga decepción a sus millones de seguidores dio a sus enemigos una oportunidad que casi tumba su presidencia.

Los periódicos están llenos de noticias como éstas, relatos de personas exitosas y supuestamente inteligentes que cometen graves errores emocionales. Éstas son historias en las cuales la ira, el temor o la vergüenza hacen que personas inteligentes se comporten estúpidamente, disminuyéndose y dejándolas impotentes[9].

La verdad es que todos cometemos errores de este tipo aunque nuestros errores no lleguen a esos extremos. Aunque nuestros errores no lleguen a los periódicos, casi todos tendríamos que admitir que en un momento u otro hemos sido arrastrados por la ira, el temor, la inseguridad o los celos, o hemos decidido no hacernos responsables de una acción incorrecta. Al final, esos errores nos debilitan a nosotros mismos y a nuestros seres queridos.

UNA CENA ÍNTIMA

La educación emocional aumenta nuestro poder personal. Lo sostendré una y otra vez en este libro, pero déjame que lo ilustre.

Nuria y Juan, que llevaban casados un tiempo, habían invitado a cenar a Roberto. Nuria y Roberto eran viejos amigos, se conocían desde el bachillerato y en esa época habían salido juntos en algunas ocasiones. Nuria había preparado una cena deliciosa y hasta había dispuesto velas en la mesa. Cuando se sentaron a comer, Roberto no pareció preocuparse ni de la decoración ni de la comida. Mientras removía la comida en su plato, Roberto hablaba de su reciente separación matrimonial. Un día su esposa llegó del trabajo y le anunció que la relación estaba terminada. Había asegurado a Roberto que no existía otro hombre en su vida, pero rehusó dar más explicaciones respecto de la ruptura; simplemente ya no quería seguir estando casada. Roberto se sentía abandonado y no sabía qué hacer.

Estaba desanimado y no sabía qué sería de él. Tras un par de copas de vino dijo:

—Hay que afrontarlo: simplemente ella no quiere tener nada que ver conmigo —expresó Roberto con pena, después de haber tomado dos vasos de vino—. ¿Qué voy a hacer ahora para encontrar a otra persona? Ahora ya no soy tan apuesto como antes y no me gusta rondar por los bares ni responder a anuncios de contactos en los periódicos.

Nuria comprendía perfectamente lo que estaba hablando su viejo amigo. El año anterior había pasado cada vez más tiempo frente al espejo buscando nuevas arrugas en su cara y le preocupaba que cada año pareciese más vieja. El envejecimiento le había hecho tener una sensación nueva de inseguridad. Bebió un poco más de vino.

Juan había tenido un día difícil, por lo cual se excusó y se fue a la cama. Nuria y Roberto se encontraron solos. Los dos viejos amigos siguieron hablando del fracaso matrimonial de Roberto. Pronto la conversación se desvió hacia los románticos comienzos de su relación y hacia lo duradero y sólido de su amistad. Roberto volvió a mencionar su pérdida de atractivo. Nuria, ante su vulnerabilidad, le aseguró que él seguía siendo muy atractivo y que no tendría dificultades para encontrar otra mujer. Al borde de las lágrimas, tomó la mano de Nuria. Ella se le acercó y lo abrazó. Las mejillas y los labios se rozaron y de pronto se encontraron besándose apasionadamente. Nuria se levantó.

—Basta—dijo Nuria—. No debemos hacer esto.

Roberto se levantó y dijo:

—Será mejor que me vaya.

Estaba demasiado avergonzado como para mirarla a los ojos y ya junto a la puerta, agregó:

—Lo siento.

Con una última mirada a Nuria, le dio las buenas noches y se fue.

Nuria durmió inquieta. A la mañana siguiente, después de permanecer largo rato acostada pensando, le explicó a su esposo lo que había sucedido. Le explicó que los dos habían bebido y estaban deprimidos y que Roberto parecía tan necesitado de afecto que por un momento ella había perdido el sentido común.

La respuesta de Juan no fue tan fuerte como ella temía. Al comienzo se sintió muy molesto, pero después recordó que una vez se habían prometido ser totalmente honestos el uno con el otro. Se dio cuenta de que Nuria podría no haber dicho nada sobre el beso y probablemente él nunca lo hubiese sabido. Se imaginó entonces que podría haberse enterado de la peor manera, tal vez un año después, al confesarlo Roberto, sintiéndose culpable mientras tomasen una cerveza, o al cometer Nuria un lapsus.

Juan se sintió muy seguro del amor de Nuria y se dio cuenta de que al contarle el incidente en cierta forma le estaba protegiendo. También se percataba de que ella estaba apenada por el problema de Roberto y temerosa de que Juan no la perdonase por su pérdida de control. Por otro lado se daba cuenta de que ella estaba preocupada por su aspecto y seguramente había sido vulnerable a las atenciones de Roberto. Aunque su primer sentimiento había sido de cólera, se dio cuenta de que hacer una escena no le haría sentirse mejor ni solucionar la situación en la que se hallaban. De hecho, probablemente convertiría un asunto menor en un problema grave que pondría en peligro su matrimonio.

En vez de explotar con una emoción incontrolada o verse sobrepasado por los celos, trató de comprender los actos de Nuria desde su punto de vista. A continuación le contó a Nuria su enfado y sus celos, y fue capaz de sobreponerse a estos sentimientos. Admitió que no había sido lo suficientemente atento con ella, puso sus brazos en torno a Nuria y la abrazó afectuosamente. Después, tras explicarle sus intenciones y llamar a Roberto, atravesó el pueblo para ir su apartamento.

—Nuria me contó lo sucedido —dijo, sentándose en el diván de la sala de Roberto—. No me gusta, aunque lo comprendo y no estoy enfadado, pero supongo que no volverá a suceder, ¿de acuerdo?

—Claro que no —afirmó Roberto—. Lo lamento mucho.

—Gracias entonces —dijo Juan tendiéndole la mano en señal de amistad—. Creo que todo irá bien.

Un suceso que empezó de manera tan inocente como una cena entre amigos había escalado hacia un encuentro sexual. Normalmente, los errores emocionales de este tipo permanecen como un oscuro secreto que va minando las relaciones implicadas. A veces, si la verdad aflora, se produce una pelea (verbal o física) y eso va produciendo heridas emocionales que se acumulan y muchas veces conducen a un divorcio y a la pérdida de amistades. Mal llevado, podía haber terminado como esos horribles incidentes que leemos en los periódicos. Es rara la persona que como Juan, se detiene a pensar antes de decidir qué hacer ante un hecho tan emocionalmente cargado. Juan fue capaz de hablarlo, clasificarlo y de mantener controlados sus sentimientos hasta que pudo expresarlos de una manera productiva, evitando que su vida se viera dañada por emociones desbocadas.

Fue capaz de empatizar con el estado emocional de Nuria y Roberto, dándose cuenta de que en su situación él mismo podría haber hecho algo similar. Como resultado de este intercambio emocionalmente educado, Juan y Nuria adquirieron un respeto mutuo más profundo. Pudieron mantener un diálogo abierto sobre los puntos flacos de su relación actual, lo que fortaleció su matrimonio. Hablar de sus emociones —expresándolas y controlándolas— no les dejó un sentimiento de vulnerabilidad. Más bien les dio un renovado sentido de poder personal y de confianza mutua en la relación. Les ayudó como pareja a florecer y además fueron capaces de mantener su amistad con Roberto.

En muchos sentidos, esta historia define todas las cuestiones relevantes de la educación emocional. Juan reconoció sus emociones: que estaba enfadado y celoso. Comprendió las razones que tenía para experimentar esos sentimientos. También comprendía el afecto que Nuria sentía hacia Roberto y su deseo de consolarlo. Juan podía entender que ella se sintiese halagada por las apasionadas atenciones de Roberto, especialmente porque él, Juan, había sido en alguna manera algo negligente con ella. Además, él también lamentaba la tristeza de Roberto, el miedo que tenía de estar solo y la atracción que sentía por Nuria. Cuando comprendió mejor sus sentimientos, Juan fue capaz de controlar sus impulsos. Al mismo tiempo, tenía muy claro que no quería que el incidente se repitiera.

Por su parte, Nuria fue capaz de experimentar y luego controlar sus impulsos sexuales hacia Roberto, y a continuación ser sincera con Juan. Fue capaz de expresar su pena sin ponerse a la defensiva o con temor.

Una vez que comprendió mejor sus sentimientos, Juan fue capaz de controlar su impulso de arremeter contra todo. Reconoció la importancia que tenía para Nuria mantener la amistad de Roberto. Por último, Juan se dio cuenta de la importancia de mantener la promesa a Nuria de una absoluta sinceridad. Todo esto requirió habilidades que algunas personas han desarrollado a edad temprana, pero que todos podemos aprender en cualquier momento. Dedicar tiempo al aprendizaje de estas habilidades es perseguir la educación emocional.

EL CORAZÓN OLVIDADO

La mayoría de las personas no actuarían como lo hicieron Juan y Nuria en la historia anterior. ¿Por qué esto es así? ¿Por qué tantas personas inteligentes actúan de manera estúpida en lo referente a las emociones? La razón está en que hemos perdido el contacto con nuestros sentimientos y nunca hemos aprendido a gestionarlos. ¿Por qué ha sucedido esto?

Somos unos incultos emocionales porque hemos sufrido —y seguimos sufriendo— tantas experiencias emocionales dolorosas. Hemos cerrado nuestro sistema emocional. ¿Cómo sucede? Permíteme empezar con un ejemplo referido a daños físicos.

Hace varios años, Chuck, joven capataz de un rancho próximo al mío, en el norte de California, tocó sin darse cuenta la parte trasera de una embaladora de paja. Sintió un impacto que ascendía por su brazo. Retiró la mano, la observó con un extraño desinterés y se preguntó adónde habían ido sus dedos índice y corazón. Giró la mano y los vio colgando, sostenidos por tiras de piel.

Al principio no sintió nada. Después el dolor llegó como un rayo y finalmente se dio cuenta de que se había seccionado dos dedos. Hoy, y tras muchas operaciones, los dedos de Chuck —reimplantados en su mano, pero sin vida— le recuerdan constantemente el accidente. Puede explicar con serenidad lo que le ocurrió aunque los demás se estremezcan sólo con pensarlo.

¿Por qué Chuck al principio no sintió nada y aún hoy en día tiene menos sensaciones que los demás al recordar ese horrible accidente? Porque su sistema nervioso, para evitar que se viera desbordado, temporalmente entró en estado de shock y bloqueó el dolor. Esta reacción al shock es muy útil. Como Chuck no sintió el dolor, tuvo unos segundos para absorber lo que ocurría y poder pensar en ello de manera racional. Este embotamiento de la sensibilidad es una respuesta natural frente al trauma. Al librarnos temporalmente del dolor tenemos la posibilidad de escapar o de tomar decisiones que pueden salvarnos la vida, y que no podríamos tomar si estuviésemos cegados por el dolor. Sin embargo, la insensibilidad que sigue a una herida física es limitada. Tiene poca duración y tan sólo nos da unos minutos de anestesia antes de que el dolor nos inunde. La insensibilidad que nos invade como resultado de un dolor emocional es parecida. Los traumas físicos tienden a darse como accidentes singulares y el embotamiento que provocan suele ser temporal. Pero en casos de crueldad y trauma emocional, si es persistente, la insensibilidad se hace crónica. Sobrevivimos al trauma psíquico incontrolable y continuado construyendo mecanismos de defensa, muros psicológicos que nos aíslan de las emociones dolorosas y que nos apartan de la gente dañina y del dolor que nos causan. Esta insensibilidad emocional evita que tengamos pensamientos atormentados, recuerdos o pesadillas. Esto puede sonar como algo bueno, pero el precio que se paga puede ser muy problemático. Las paredes psicológicas que erigimos para separarnos del dolor emocional se pueden volver permanentes y separarnos también de personas amables y cariñosas, y de los sentimientos de alegría, esperanza o amor. Lo que nos impide sentir el dolor emocional también nos impide sentir el placer emocional. Por si esto fuera poco, estas paredes psicológicas que hemos elevado pueden derrumbarse en momentos determinados y nos veremos inundados por un caos que nos superará con emociones fuertes y a veces destructivas.

Tanto si las emociones están ausentes o demasiado presentes, en ambos casos no logran desarrollar sus poderosamente útiles funciones. Ambos extremos son formas de analfabetismo emocional.

Para recuperarse del daño emocional es importante que se nos permita recordar repetidamente el hecho traumático que causó nuestro abandono y discutirlo con un interlocutor comprensivo. Pero lo típico es no hablar de estas cosas ni recuperarnos de estos traumas. En vez de eso, simplemente nos acostumbramos a ese estado de embotamiento o de caos emocional. A menudo los traumas emocionales como el abuso paterno o el alcoholismo se ocultan como «secretos vergonzosos» de los que nunca se habla. Los traumas emocionales se repiten porque no aprendemos a evitar a las personas irrespetuosas, irascibles, desconsideras y egoístas que los provocan; en cambio, seguimos relacionándonos con ellos y repetimos los patrones de abuso emocional. Por eso es probable que los traumas emocionales de toda una vida se acumulen y nos acechen desde los recodos más oscuros de nuestra alma, arrasando nuestra salud emocional.

Mis años de observación me han convencido de que no se trata sólo de las víctimas de un estrés post-traumático severo, sino que la mayoría de nosotros vive en un estado de shock emocional semipermanente. Con el refuerzo continuo de experiencias dolorosas repetitivas, hemos perdido el contacto con la mayor parte de nuestros sentimientos. Olvidamos los incidentes traumáticos, no nos acordamos de cómo nos sentimos y no conocemos a nadie capaz de escucharnos con la suficiente paciencia y entrega como para dilucidar estas cosas. En consecuencia, vamos por la vida con las emociones anestesiadas, con los sentimientos encerrados en nuestros corazones y continuamente decepcionados por un mundo competitivo y poco receptivo.

Por supuesto que no todos provenimos de hogares violentos ni tuvimos padres alcohólicos. Pero hasta los habituales altibajos de la edad y una vida cotidiana sin escapes emocionales pueden ser bastante dolorosos y producir una anestesia auto-protectora. Los shocks emocionales comienzan en la temprana infancia y continúan a lo largo de nuestra vida. Nos gritan cuando estamos entretenidos en un juego excitante

(«¿Puedes callarte un minuto?»), o nos dejan solos cuando tenemos miedo («Lo superarás»). Puede que nuestros padres se peleen o simplemente se ignoren. Otros niños nos pegan o se burlan de nosotros, a veces incluso aquellos que creímos nuestros amigos. Nos hacen desaires o somos el chivo expiatorio de forma caprichosa.

Dos ejemplos ilustrarán estos tipos de traumas silenciosos. Una conocida mía recuerda que cuando tenía doce años, sus dos amigas más queridas le entregaron una carta en la cual se burlaban de su aspecto y de la manera en que bailaba; le decían que pensaban que era una ballena estúpida y le anunciaban que ya no la querían como amiga. Desde ese día, cada vez que recuerda esa situación la invaden sentimientos de tristeza y rabia y se le llenan los ojos de lágrimas. Otro amigo relata que todos los días un niño mayor que él se le acercaba en la fila del almuerzo escolar y se burlaba de su nariz. Él «aceptaba» la broma pero estaba profundamente humillado. Ese tormento emocional duró todo el curso escolar.

La infancia puede estar llena de tensiones emocionales e incluso de abusos. A menudo se nos niega el afecto que necesitamos o se utiliza para manipular nuestro comportamiento, concediéndonoslo si somos «buenos» y nos lo retiran si somos «malos». Mientras esto va pasando, se nos requiere silenciosamente —en la familia y en la escuela— a ocultar lo que sentimos y lo que deseamos. Se nos enseña que «sacarnos las espinitas» de nuestros sentimientos sería maleducado, humillante o indiscreto. Se nos enseña un estilo de vida emocionalmente inculto. Para ajustarnos a él, primero debemos apartarnos de nuestras emociones.

A menudo nuestros padres sólo se ocupan de nuestros problemas más evidentes; si se trata de un niño peleón que nos persigue o si es que tenemos dificultades para hacer amistades. No es frecuente que se interesen en nuestras agonías más sutiles: desaires, vergüenzas o decepciones sentimentales o sentimientos de inadecuación. Algunos padres se sienten incómodos al preguntar a sus hijos cómo se sienten y es muy raro que hablen con ellos acerca de sus propias emociones.

HAMBRE DE EMOCIONES: AMOR Y ODIO

En el centro de toda esta confusión emocional está el amor y su opuesto, el odio. Queremos amar y ser amados. Cuando en vez de ser amados se nos trata de manera odiosa, se nos abandona a vagar con nuestras necesidades frustradas y nuestros sentimientos heridos atrapados dentro de nosotros; no sabemos qué hacer con ellos o con quién conversar al respecto. No podemos hablar acerca de nuestros sentimientos y todavía menos del cariño que necesitamos. No entendemos el odio que sentimos y menos aún podemos entender los sentimientos de los demás. Ocultamos nuestras emociones, o mentimos sobre ellas o fingimos no sentirlas.

Incluso en las relaciones íntimas, en las que se supone que se da rienda suelta a los sentimientos, muchos de nosotros hemos sido heridos tan a menudo que aprendimos a mantenernos sutilmente desapegados, aun en el seno de un amor apasionado. Heridas ya olvidadas impiden que nos entreguemos completamente a otro sin secretos y sin distancias protectoras. Es raro que nos permitamos la más dulce de las experiencias emocionales: el estado vulnerable de amar a alguien profundamente y sin reservas. A cambio, el resentimiento construido sobre nuestras decepciones se desarrolla en ocasiones en un odio absolutamente desplegado. Una vez que el odio está desatado lo infecta todo y el amor se retira completamente.

Casi todos sentimos que debiera de haber algo más en la vida. Tenemos hambre de la intimidad de un sentimiento profundo. Deseamos conectarnos a los demás, comprender a alguien y que ese alguien nos comprenda. En resumen, queremos amar y ser amados.

¿Pero cómo lograrlo? Sabemos de corazón que ser una persona emocional, tener pasiones fuertes —amar, llorar, disfrutar e incluso sufrir— es una experiencia rica y valiosa. De hecho buscamos constantemente maneras artificiales o indirectas de experimentar emociones. Consumimos drogas o vemos películas de acción, de miedo o románticas; seguimos melodramas, telenovelas y comedias en la televisión; hacemos apuestas o saltamos desde puentes con cuerdas elásticas atadas a nuestros tobillos o nos tiramos en paracaídas desde un avión, todo ello buscando el estímulo emocional. Estas actividades nos permiten saborear lo que deseamos y, cuando no conseguimos lo auténtico, puede que al final las prefiramos a los riesgos de una participación emocional real.

Un ejemplo particularmente horrible de esta hambre de experiencia emocional lo narra James Gilligan en su libro *Violence*[10]. Gilligan trabajó durante muchos años con presos culpables de crímenes salvajes. Descubrió que estos hombres viven invariablemente en un estado de extremo embotamiento emocional. Relatan que prácticamente no sienten, ni emocional ni físicamente, hasta el punto de considerarse muertos vivientes. El origen del embotamiento de estos hombres no tiene ningún misterio. Las investigaciones de Gilligan muestran que estos hombres fueron a su vez víctimas de abusos y que fueron abatidos por repetidos traumas físicos y emocionales. Vivieron en un mundo carente de un amor fiable y repleto de odio.

Estos hombres dicen cometer sus actos violentos con la esperanza de que esos excesos les saquen del embotamiento en el que están y les hagan sentir algo, cualquier cosa. Gente así, capaz de cometer un crimen brutal, puede llegar a sentir brevemente un despertar de su estado de anestesia similar a la muerte. Sin embargo, invariablemente las emociones ceden y el embotamiento regresa.

Éste es un excelente ejemplo de cómo el trauma del exceso de odio y de la carencia de amor lleva al embotamiento y a una profunda patología emocional. Si se deja descontrolada, esta patología odiosa puede ir pasando de generación en generación.

45

Es urgente romper este ciclo de la carencia de amor, la violencia y el embotamiento emocional. Una manera de hacerlo es adquirir conciencia emocional que nos lleve a experimentar la emoción del amor y finalmente a desarrollar la empatía; es decir, la capacidad de un corazón abierto para sentir lo que los otros están sintiendo y responder con compasión y amabilidad. Ser conscientes de nuestros sentimientos de afecto también nos abrirá a nuestra ira, nuestro odio y a otras emociones negativas. Para llegar a ser emocionalmente educados tenernos que explorar, comprender y aprender a expresarlas todas ellas.

PSICÓPATAS Y ÉMPATAS

En el mundo hay dos clases de personas que parecen destinadas a ser poderosas: los psicópatas, que no sienten nada, y los émpatas, que están en contacto profundo con los sentimientos de los demás. No hay que tomarse esta división demasiado en serio: son exageraciones de dos tipos extremadamente raros en la vida real. Los traigo a colación porque deseo explicar algo.

Los psicópatas pueden funcionar fácilmente sin las restricciones que limitan a los demás mortales. Pueden mentir, robar, extorsionar y matar sin sentir culpa. Cuando llegan a dominar a otras personas, pueden volverse muy poderosos. Pensemos en Calígula, el emperador romano, en Adolf Hitler, Joseph Stalin o Saddam Hussein. La historia está repleta de ejemplos obvios, pero se pueden encontrar ejemplos así por todas partes: en la política, los negocios, las bandas organizadas y hasta en ciertas familias.

Los émpatas en cambio obtienen poder mediante sus habilidades emocionales. Los émpatas de nacimiento poseen un don innato que es fomentado por sus familias y maestros en su tránsito a través de la infancia y la adolescencia. Jesucristo, Mahatma Gandhi, la Madre Teresa, y un sinfín de personas son ejemplos de émpatas históricos y míticos. Su talento para amar a los demás, para la cooperación afectuosa, para conseguir sacar lo mejor de cada uno, de darles el poder de conseguir lo que la gente más desea; más que el dinero, más que el poder político o el estatus, las personas quieren amar y ser amadas.

Repito que éstos son los dos extremos; muchas personas poderosas no son ni psicópatas ni émpatas totales. Pero si los observamos con cuidado, probablemente detectaremos una preferencia individual hacia uno u otro estilo. Por supuesto, yo te animo a que trabajes en pos del ideal de la empatía.

COCIENTE EMOCIONAL Y COCIENTE DE INTELIGENCIA

El valor que tiene ser un experto emocional no es evidente para todo el mundo, al menos no tanto como el valor de ser un experto intelectual. La investigación muestra que si se tiene un CI (cociente intelectual) alto, es más probable que se obtengan buenos resultados en la escuela y que se llegue a ser una persona productiva, exitosa y que aprende con rapidez. No sólo eso, sino que probablemente además disfrutes de una larga vida y de buena salud[11]. Podría parecer que estos resultados dichosos dependen solamente de la inteligencia, pero no es así. Daniel Goleman, en su libro *Inteligencia emocional*[3], demuestra que la sabiduría emocional es tan importante para el éxito como lo es un CI alto. No sólo esto, demuestra además que hace falta tener inteligencia emocional para disfrutar de una «buena vida», una vida que te permita disfrutar de las riquezas del espíritu. Para vivir bien no sólo hace falta un CI alto, sino también un CE (cociente emocional) elevado.

El término «CE», aunque suene un tanto solemne, en realidad significa menos de lo que puedas pensar. Es un término de marketing, todavía no científico. El cociente emocional todavía no se puede medir o puntuar, cosa que sí es posible con el cociente intelectual. Durante casi un siglo se han efectuado mediciones científicas del cociente intelectual, aunque aún se está discutiendo acerca de su significado exacto. Algunos dicen que el CI señala con precisión una cualidad innata llamada inteligencia. Otros dicen que mide una cualidad menos definida de ciertas personas que resultan tener éxito en las escuelas y al final también en la vida. En cualquier caso, es posible medir de forma válida y fiable el cociente intelectual de una persona, y está demostrado que tener un CI elevado es una buena cosa.

Es verdad que los investigadores están buscando la forma de medir la inteligencia emocional, pero a la fecha no hay ningún método completamente válido y fiable. Aun así, podemos hablar del CE con cierto significado mientras no pretendamos decir que lo podemos medir con precisión.

Al final del libro hay un cuestionario que te dará una idea aproximada de tu CE, si es que fuera medible.

INTELIGENCIA EMOCIONAL Y EDUCACION EMOCIONAL

Los psicólogos Peter Salovey y John Mayer[12] son psicólogos investigadores que desde hace aproximadamente 20 años van persiguiendo la cuantificación de la inteligencia emocional. Por otro lado, desde hace cerca de 40 años, impulsado por las demandas del feminismo de los 60-70 yo me aproximé al tema desde una perspectiva muy diferente. Mientras Salovey y Mayer perseguían la cuantificación de la inteligencia emocional, yo tomaba como obvio el hecho de la importancia de las emociones y buscaba métodos de educación emocional. Con ese propósito acuñé el término Educación Emocional (*Emotional Literacy*), que apareció publicado por primera vez en 1979 en mi libro *Healing Alcoholism*[13].

¿Cuál es la diferencia entre inteligencia emocional y educación emocional? En resumen, y como indica el título de este libro, la educación emocional es inteligencia emocional centrada en el corazón.

La inteligencia emocional se puede aplicar a varios propósitos. Una versión particularmente exitosa de la inteligencia emocional está en la habilidad mostrada por los animadores de películas como «Shreck» o «Monstruos, S.A.». En estos

48

largometrajes se ven transmitidos los matices más sutiles y conmovedores de una amplia gama de emociones con apenas unos pocos trazos en una superficie bidimensional. Estos disparadores emocionales diseñados por ordenador son mucho más baratos y posiblemente mucho más fiables de lo que cualquier actor de carne y hueso pueda ofrecer. Están basados en más de un siglo de investigación, que comienza con el libro de 1872 de Charles Darwin *La expresión de las emociones en el hombre y en los animales* [14], en el que afirma que todos los mamíferos expresan de forma similar sus emociones, y demostrando por tanto su genética común, y culminando en un sistema de clasificación de 43 «unidades de acción» facial que combinan en todas las expresiones emocionales posibles del rostro.

Otra forma de inteligencia emocional se usa cuando lo que queremos es ser capaces de influenciar a las personas para que voten o compren algo determinado. Podemos emplear la información disponible con sofisticadas agencias publicitarias que consiguen emplear las emociones con eficacia para conseguir sus fines. Estos usos de la inteligencia emocional implican la manipulación de las personas y tienen ramificaciones éticas.

Como ejemplo mucho más dramático del empleo inmoral de la inteligencia emocional, si estamos dispuestos a intimidar y aterrorizar a otros para que cumplan nuestros deseos, hay una inteligencia que se ha usado desde tiempo inmemorial por torturadores de todo el mundo (la Inquisición, la Gestapo nazi, el NKVD comunista, y por parte de los Estados Unidos, la antigua *School of the Americas* y la campaña antiterrorista de los últimos años).

En el plano personal podemos usar nuestras habilidades emocionales para controlar a otros creándoles culpa, temor o depresión. Estas oscuras habilidades también se pueden ver como una forma de «inteligencia» emocional.

Veo señales de que muchos de los que comparten que la inteligencia emocional es una cualidad importante han perdido de vista las dimensiones éticas de su uso. Lo que nosotros perseguimos con la educación emocional son esas habilidades emocionales que mejoran la vida, no sólo la nuestra, la de una persona o la de un grupo, sino la de todo el mundo. Y las únicas habilidades emocionales que mejoran la vida de las personas a largo plazo son las centradas en el corazón.

CE CENTRADO EN EL CORAZÓN

El propósito declarado de la formación en educación emocional es ayudar a las personas a trabajar juntas de manera colaboradora, libre de manipulación y coacción, empleando las emociones para unir a las personas de forma empática y elevar la calidad de vida colectiva. Este propósito me ha hecho organizar la formación de la educación emocional alrededor de la emoción del amor.

La idea de que el amor ocupa un lugar central en las vidas emocionales de las personas no es una conclusión precipitada. El clásico libro de Joseph LeDoux, *The Emotional Brain; The Mysterious Underpinnings of Emotional Life*[16] no cita el amor ni siquiera una sola vez en el índice, mientras que el temor se menciona más de 75 veces. En *La inteligencia emocional*, de Daniel Goleman, el enojo tiene 20 referencias, y sólo tres entradas en el índice sobre el amor, todas ellas en el primer capítulo. Aun cuando todos nosotros desde lo más hondo de nuestros corazones nos damos cuenta de la importancia del amor, es una emoción que apenas se discute con detalle por los expertos en la materia.

La formación en educación emocional se centra en el corazón y consta de cinco habilidades principales:

1. Conocer los Sentimientos Propios:

¿Conoces tus verdaderos sentimientos? Muchas personas no son capaces de definir los sentimientos de amor, vergüenza u orgullo ni de explicar por qué se disparan estos sentimientos. Esas mismas personas no son capaces de definir la intensidad de esas emociones, ni siquiera cuando se les pide que las evalúen en una simple escala de leve, fuerte o abrumadora. Si no puedes evaluar la intensidad de tus propios sentimientos, no podrás explicar cuánto te afectan ni a ti ni a los que te rodean.

2. Tener un Sentido Sincero de la Empatía:

¿Reconoces los sentimientos de las demás personas? ¿Comprendes por qué los demás se sienten de esa manera? Ésta es la habilidad de «sentir con los demás», de sentir las emociones ajenas como si fuesen propias. La mayoría de la gente sólo tiene una levísima idea de lo que los demás están sintiendo. Cuando desarrollamos la empatía, las emociones de los demás resuenan en nosotros. Sentimos cuáles son los sentimientos del otro, cuán fuertes son y qué cosas los provocan.

3. Aprender a Manejar Nuestras Emociones:

¿Puedes controlar tus emociones? Conocer nuestras emociones y las de los demás no es suficiente para ser emocionalmente culto. Necesitamos saber cuándo y cómo afectan a otras personas la expresión de las emociones o su ausencia. Necesitamos aprender cómo afirmar nuestros sentimientos positivos, como por ejemplo la esperanza, la alegría y el amor. Y también necesitamos saber cómo expresar nuestras emociones negativas, como la cólera, el temor o la tristeza, de una manera productiva, o cuándo posponer su expresión para una mejor ocasión.

4. Reparar el Daño Emocional:

¿Sabes cómo pedir perdón y enmendar la situación? Dado que somos humanos, todos cometemos errores emocionales con los que herimos a otros, pero apenas hacemos nada para remediarlos y preferimos «esconderlos debajo de la alfombra». Debemos aprender a reconocer lo que hemos hecho mal y a repararlo. Para eso, debemos hacernos responsables, pedir perdón y enmendar la situación. Estas tareas no son sencillas, pero si no las llevamos a cabo nuestros errores envenenarán permanentemente nuestras relaciones.

5. Combinar Todo:

Por último, si aprendes las suficientes habilidades, podrás desarrollar una habilidad que yo llamo «interactividad emocional». Esto significa que puedes sintonizar con los sentimientos de quienes te rodean y sentir sus estados emocionales para así interactuar con ellos de manera efectiva.

Por ejemplo, Juana utilizó esta habilidad de la interactividad para evitar una calamidad emocional durante una cena del día de Navidad a la que yo asistí.

Cuando Juana llegó a la cena con su marido, se dio cuenta inmediatamente de que había algún problema. Todos los presentes —la pareja que organizaba la fiesta, sus tres hijos ya mayores y los cuatro nietos pequeños— parecían tensos. Néstor, uno de los yernos, estaba apartado en un rincón, bebiendo. Otros miembros de la familia reían ruidosamente. Los anfitriones parecían tristes y preocupados. Juana se apartó del grupo con una de las esposas y le preguntó qué sucedía, y ésta le explicó cómo Néstor había enfadado mucho a su cuñada Julia. Néstor, de pensamiento conservador, había estado discutiendo sobre la educación de los niños con Julia, que era mucho más liberal. Los niños habían estado enredando y Néstor, medio en broma, le había dicho a Julia que los estaba malcriando y se iban a convertir en unos adolescentes descontrolados, drogadictos y maníacos sexuales. Julia se enfadó y le dijo secamente que se metiera en sus propios asuntos. Un gran malestar se apoderó de todos los presentes.

Juana llevó aparte a Julia y la dejó que expresara toda la ira que sentía por las críticas de Néstor. Después habló en privado con Néstor y le escuchó mientras expresaba sus sentimientos acerca de los niños malcriados y los padres permisivos. Pero tras hablar con Juana, Néstor se dio cuenta de que esta discusión estaba estropeando la fiesta. Juana reunió a ambos con Marcos, uno de los maridos que tenía buena relación con ellos. Néstor, Julia, Marcos y Juana sostuvieron una breve conversación en la cual se suavizaron los sentimientos heridos y se intercambiaron disculpas. Cuando la cena estuvo lista, todos estaban dispuestos a sentarse y disfrutar de la comida.

Juana había hablado lo necesario con la gente adecuada como para restaurar un clima emocional agradable. También alentó a Néstor y a Julia para que tras la cena se reunieran con ella y conversaran más sobre el conflicto. Hizo todo esto de manera muy fácil y con un sentido de cariño y alegría.

¿Es muy difícil llegar al nivel de interactividad emocional de Juana? Es mucho más fácil lograrlo si se empieza cuando uno es relativamente joven. Es exactamente igual que tratar de aprender francés o tocar el violín; es mucho más fácil aprender estas habilidades cuando uno es joven, ya que se puede aprovechar la capacidad neurológica de tu «ventana de la oportunidad» para el aprendizaje emocional. Pero si no has adquirido estas capacidades emocionales en la juventud aún es posible aprenderlas de adulto. En realidad, la mayor parte de la gente adquiere una parte de estas capacidades a una edad temprana, y después las va acrecentando. Pero ahora que cuentas con este libro tienes la oportunidad de mejorar sistemáticamente tu educación emocional: estudia las lecciones que se dan en estas páginas y ponlas en práctica.

RESUMEN

¿Qué es la Educación Emocional?

Cuando somos emocionalmente educados, somos capaces de hacer que nuestras emociones trabajen *para* nosotros y para quienes nos rodeen en vez de *contra* nosotros. Aprendemos a manejar situaciones emocionales difíciles que a menudo llevarían a peleas, enfados, mentiras o respuestas hirientes; en su lugar aprendemos a disfrutar de emociones como el amor, la esperanza y la alegría.

Por desgracia, estamos en riesgo constante de sufrir traumas emocionales, la mayoría derivados de simples dificultades cotidianas, y en otras ocasiones por decepciones y traiciones. Al no desfogarnos de todo este dolor emocional, todo esto hace que nos agarrotemos emocionalmente para protegernos. Cuando nos escondemos dentro de este caparazón protector perdemos contacto con nuestros sentimientos y nos incapacitamos para entenderlos y controlarlos.

Ansiamos tener experiencias emocionales y las buscamos de muchas maneras. La formación en educación emocional es un método directo y efectivo para restablecer el contacto con nuestros sentimientos y su poder, especialmente con el poder del amor.

2. CONCIENCIA EMOCIONAL

Casi todo el mundo se siente incómodo cuando lo aborda un mendigo. Algunos de nosotros intentamos reprimir nuestros sentimientos, fingiendo que esa persona no existe o que por alguna razón se merece su destino. Otros se sienten culpables y piensan que deberían dar más dinero para caridad. Otros tantos se sentirán indignados y hostiles hacia esa persona, tratándola como a un intruso indeseable.

Mi reacción es variable. A veces me siento temeroso e incómodo y en otras ocasiones enfadado o culpable. Si decido no ayudar, acelero el paso y miro hacia otro lado. Si decido ayudar, le entrego unas monedas al mendigo sin mirarle a los ojos. Si él dice: «Que Dios lo bendiga», yo no me siento bendecido. La situación me evoca muchos pensamientos desagradables acerca de lo que se debe sentir siendo un indigente. Al final me alegro de acabar borrando ese encuentro de mi mente. Si no lo hago, me siento desequilibrado y agitado durante un tiempo. No es extraño que trate de evitar a los mendigos, aun cuando para hacerlo deba cruzar la calle.

Este pequeño análisis de mi respuesta emocional puede parecer exagerado y sobreactuado, pero piensa en tu propia experiencia. ¿Cuántas de las cosas que he descrito pasan por tu mente en una situación parecida? ¿Cuántas te suceden sin que notes lo que estás sintiendo? La mayoría de nosotros no se entera de la fuerte reacción inicial que en situaciones análogas suprimimos rápidamente. ¿Tienen para ti estos encuentros alguna consecuencia emocional? ¿Te conmueven o te dejan indiferente? ¿Te hacen enfadar, sentirte culpable o virtuoso? ¿Te acuerdas de los «desalmados» conservadores, de los demócratas derrochadores, o de las trampas del estado del bienestar?

Aunque en general no lo notemos, la mayoría de nosotros navegamos estos procelosos mares emocionales a diario. Un conductor nos corta el paso en una autopista atestada, un dependiente nos trata con rudeza, un amigo se comporta frío y distante, nuestro socio rechaza nuestros logros. Las emociones nos inundan y aun así puede que nos demos cuenta de las emociones que nos atraviesan o puede que no. Examinemos las raíces de estas experiencias emocionales con el propósito de aumentar nuestra conciencia de las mismas.

LAS RAÍCES DE LA CONCIENCIA EMOCIONAL

Eric Berne, que originalmente era psicoanalista, creó hace unos 60 años el análisis transaccional al dividir en dos el comportamiento de las personas (el *yo* en lenguaje psicoanalítico)[30]: la arqueopsique, que para abreviar llamó «el Niño», y la neopsique, a la que llamó «el Adulto». El Niño estaba ligado a nuestra naturaleza emocional y el Adulto era racional y desligado de las emociones.

Berne asumía que los dos estados del yo, más un tercero posterior al que denominó el Padre, tenían «correspondencias anatómicas específicas»; en concreto, que el Adulto estaba localizado en el neocórtex mientras que el Niño lo estaba en una parte del cerebro más primitiva. Postulaba que en cortos intervalos de tiempo los estados del yo podían ser dominantes —uno cada vez— y podían ser reconocidos fácilmente por cualquier persona normal.

Las teorías de Berne sobre los estados del yo están muy arraigadas en dos corrientes científicas principales: la evolución y la neurociencia. Más recientemente, autores de la psicología evolutiva han postulado que la mente está compuesta de «módulos», que han evolucionado por sus beneficios adaptativos. Noam Chomsky fue el primero en sugerir estos módulos, al postular que existe una gramática genética y de nacimiento en todos los seres humanos, generadora de todas las lenguas[17]. El módulo del lenguaje ha sido confirmado por desarrollos subsiguientes de la neurociencia y de la teoría de la evolución. Estudios posteriores han demostrado la existencia de módulos para otros asuntos muy diferentes, como el proceso de la información visual, o el trato que damos a nuestra descendencia biológica. Steve Pinker en su libro *How the Mind Works* [18] ofrece una cantidad excelente de módulos mentales según la psicología evolutiva. Los estados del yo son otros tres módulos a añadir en la caja de herramientas de las capacidades adaptativas humanas.

El Cerebro Triuno

En 1973, un cuarto de siglo después de que Berne postulara los tres estados del yo, Paul McLean científico investigador senior del Instituto Nacional de Salud Mental, propuso que el cerebro está dividido en tres subdivisiones distintas que se corresponden con tres etapas evolutivas consecutivas: la reptiliana, la límbica y la neocortical.

Estos hallazgos, muy en boga durante algunos años, han sido recientemente cuestionados por los neurocientíficos que apuntan a que el cerebro no funciona como una colección de unidades funcionales separadas sino más bien como un conjunto de redes entrelazadas que evolucionan en íntima conexión unas con otras. A pesar de esta objeción se puede decir sin violar ningún dictado neuro-anatómico que los dos estados evolutivos —el reptiliano y el límbico— son distinguibles entre sí, y también del neocórtex que se desarrolló posteriormente. Al final del presente estado de la evolución humana, un tamaño cada vez mayor llevó al desarrollo completo del neocórtex.

El Cerebro Reptiliano

El cerebro reptiliano, el primer haz neural altamente complejo que aparece en la historia de la evolución, soporta las funciones fisiológicas básicas: circulación, respiración, digestión, evacuación. También está implicado en el apareamiento y en el comportamiento territorial: jerarquización, defensa, agresión, y las emociones de ira y miedo [20]. En el ser humano se sitúa al final de la espina dorsal, y tras evolucionar de su forma original en lagartos y serpientes, desarrolla funciones similares mientras que al mismo tiempo se comunica con los dos cerebros desarrollados posteriormente, el límbico y el neocortical.

El Cerebro Límbico

Los reptiles no se preocupan por su descendencia y no tienen un repertorio de conductas protectoras, por lo que abandonarán o incluso devorarán sus propios huevos tan pronto son depositados por la hembra. A medida que la evolución progresaba y la protección de la descendencia se convertía en una estrategia de supervivencia eficaz, el cerebro límbico, se desarrolló para cumplimentar esa función, según Lewis *et al* en *A General Theory of Love*[21]. El propósito del cerebro límbico es la protección de las crías en un territorio asegurado por la función reptiliana. La protección requiere un impulso de afiliación, basado en el hambre de contacto y en el reconocimiento mutuo. Esta hambre de contacto (*caricias* en terminología del análisis transaccional) mantenía el vínculo entre las crías y su madre y generaba lazos muy cercanos en el grupo, con lo que se maximizaba la supervivencia de los pequeños. Las emociones de amor, tristeza, celos y esperanza tienen su fuente en el cerebro límbico y se puede apreciar en especies «superiores» como los gatos, perros, caballos y otros animales de sangre caliente.

Según este punto de vista, las emociones son innatas, generadas automáticamente en las porciones más primitivas de nuestro cerebro. El temor, la ira, la tristeza, el amor, la esperanza y la felicidad sirven como recordatorios constantes de nuestra naturaleza animal. Todas estas emociones cambian y se conforman de acuerdo con las experiencias que llenan nuestra vida.

Las emociones son esenciales para nuestra supervivencia. Son respuestas instintivas para situaciones que demandan una acción. Las necesitamos para tomar decisiones, como Antonio Damasio[22] ha demostrado en su investigación. Aun así, la mayoría de nosotros somos poco conscientes de la intensidad de nuestras emocionen o ni siquiera de qué las dispara. De hecho, somos pocos los que sabemos qué emoción estamos sintiendo. Sin esa consciencia, no podemos esperar que desarrollemos las habilidades empáticas y de interacción que son los logros culminantes de la educación emocional.

LA ESCALA DE CONCIENCIA EMOCIONAL

El propósito de este capítulo es tomar conciencia de nuestras emociones, una función del estado del yo Adulto localizada en el neocórtex. Pero antes déjame que te presente la Escala de Conciencia Emocional (*v.* Figura 1).

Es poco probable que los dos extremos de la escala se den en la vida real, pero los lugares intermedios se pueden explorar y son muy jugosos. Lo que sigue es una explicación de cada uno de los niveles de la escala. Si quieres tener una idea de en qué lugar de la escala estás puedes hacer el Cuestionario de Conciencia Emocional que está al final del libro.

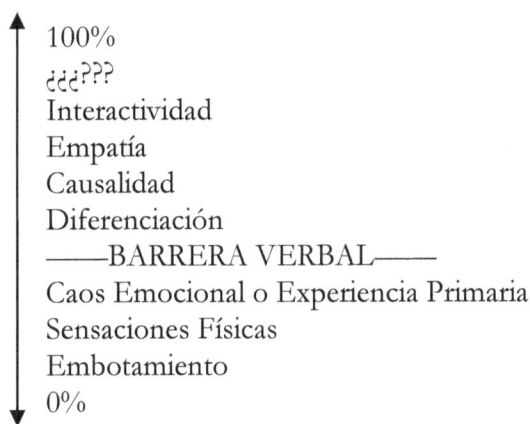

100%
¿¿¿???
Interactividad
Empatía
Causalidad
Diferenciación
——BARRERA VERBAL——
Caos Emocional o Experiencia Primaria
Sensaciones Físicas
Embotamiento
0%

FIGURA 1. Escala de Conciencia Emocional

Embotamiento

Las personas que se encuentran en este estado no tienen conciencia de nada de lo que llamamos sentimientos o emociones. Esto sucede aun cuando estén bajo la presión de emociones muy fuertes. Curiosamente, otras personas tienen más conciencia de las emociones de una persona embotada que el propio interesado. Mientras que una persona en este estado tal vez no sienta sus propias emociones, quienes la rodean pueden percibirlas a través de ciertos indicios, como por ejemplo la expresión facial, el rubor o el tono de voz; no obstante, cuando se le pregunta por sus sentimientos, lo más probable es que responda que siente frialdad o embotamiento. Sus emociones están profundamente congeladas, inalcanzables para su conciencia. Su experiencia es similar a la de un paciente anestesiado con una sensación de letargo que tapa el dolor del tratamiento dental.

Tomemos como ejemplo a Lucas, un contable de 38 años, y a su esposa Clara, que asistieron a unas sesiones de mediación debido a sus problemas conyugales. Clara acababa de hacer un relato entre dientes y sollozos acerca de su ira y dolor causados por la situación existente entre ellos. Me giré hacia Lucas. Parecía rígido e incómodo.

—¿Cómo te sientes tú, Lucas?

—Bueno, creo que ella está siendo injusta.

—Está bien. Hablaremos de eso después, cuando nos hables de tu punto de vista. ¿Cómo te hace sentir emocionalmente el modo en que habla de ti?

Él duda, se retuerce en la silla, me dirige una mirada inquisidora y piensa. Finalmente dice incómodo:

—Pues no sé... Creo que no siento nada.

—Me pregunto... Veamos: ¿sientes algo en tu cuerpo? Algunas personas sienten un cosquilleo en el estómago, un nudo en la garganta, una dolorosa sensación de escozor o mareos...

—Bueno, es como una falta de sensación general. No tanto ahora, sino más bien cuando ella estaba hablando.

—¿No sientes nada?

—En realidad no. De hecho me siento muy distante, como si hubiese una espesa neblina a mi alrededor.

Para una persona como Lucas, este estado de falta de conciencia es la experiencia común que se le presenta en situaciones en las que otros podrían tener una fuerte reacción emocional. Sin embargo, en ocasiones la barrera emocional tras la que vive se rompe y la ira lo atraviesa. Una o dos veces al año Lucas bebe en exceso. Cuando esto sucede se torna emocionalmente abusivo, violento, y hasta llega a romper algún mueble. Una vez sobrio, pasa por un período de culpabilidad y auto-castigo. Estos arrebatos le dejan sentimientos de intranquilidad y culpabilidad, pero se siente demasiado arrebatado por sus emociones para poder dedicarse a un poco de introspección sobre ellos.

Al final, vuelve el embotamiento renovado y vuelve a ser otra vez el contable trabajador e incansable y desapegado. En términos psiquiátricos, este estado de embotamiento emocional se denomina *alexitimia*.

Sensaciones Físicas

En este nivel de conciencia emocional, se experimentan las sensaciones físicas que acompañan a las emociones, pero no las emociones mismas. En términos psiquiátricos, esto se denomina *somatización*.

Una persona puede sentir que su corazón late aceleradamente, pero no tiene conciencia de que está asustada. Puede notar una opresión en el pecho, pero no la identifica como depresión o tristeza. Puede experimentar calor súbito, escalofríos, un nudo en el estómago o zumbidos en los oídos, sensaciones de escozor o hasta dolores agudos. Puede tener todas estas sensaciones de la emoción, pero no tiene conciencia de la emoción misma.

Se puede ayudar a la gente a desplazarse a un estado superior de consciencia dentro de esta escala. Lucas, por ejemplo, en general está embotado pero se le puede hacer consciente de las sensaciones físicas si se le interroga. Después de la descripción que hace Lucas acerca de su estado de embotamiento, yo continúo preguntando:

—Bien, ésa es una descripción clara de lo que te sucede emocionalmente cuando tu esposa se queja de ti. Pero examinemos un poco más tu reacción en este momento. ¿Tienes alguna de las sensaciones físicas que antes describí? ¿Qué más sucede?

—En realidad también siento como una cinta que me oprime la frente.

—¿Algo más? —pregunto, examinando su rostro—. ¿Sientes dolor de cabeza?

—En realidad no, pero tengo la extraña sensación de que lo voy a tener. Suelo tener fuertes dolores de cabeza. Cuando me vaya de aquí tendré que tomar una dosis doble de algún analgésico.

Cuando la gente vive en este estado de ignorancia emocional, a menudo consume drogas legales o ilegales para combatir los síntomas físicos de origen emocional. Aunque estas drogas puedan tener efectos colaterales nocivos, funcionan temporalmente para la persona que intenta sobrellevar sus conflictos emocionales. Y esto es porque eliminan la ansiedad, las jaquecas, los dolores de estómago y otras sensaciones físicas que les recordarían que tienen algunos problemas emocionales que necesitan atención. Por lo tanto, los conflictos no desaparecen y los problemas emocionales siguen sin resolverse. Las drogas pueden eliminar o atenuar temporalmente las sensaciones desagradables, pero desequilibran la química corporal y tienen efectos nocivos a corto y a largo plazo.

Lucas por ejemplo, consume alcohol, café y gran cantidad de analgésicos para aliviar sus dolores de espalda y de cabeza. Su médico le advirtió que el ibuprofeno y el paracetamol, mezclados con el alcohol, pueden provocar daños hepáticos y por eso prefiere la aspirina, que sin embargo le produce molestias estomacales, para lo que también toma antiácidos. Por la mañana para despertarse bebe dos tazas de café solo y después toma bebidas de cola dietética con cafeína durante todo el día para mantenerse alerta. También fuma para contrarrestar la tensión y la ansiedad. Por las noches, le gusta beber «una o dos copas» de vino «que es muy saludable» y que le ayudan a desconectar y a dormir. Ninguna de estas automedicaciones le hace sentirse muy bien pero al menos logran que su malestar sea tolerable.

Cuando la gente ingiere muchos medicamentos o alcohol con regularidad, pierde la capacidad de interpretar sus experiencias corporales. ¿Estas experiencias son emocionales o químicas, exageradas o minimizadas, saludables o enfermizas? Cuando una persona se medica tanto, es muy difícil saberlo. En este estado de inconsciencia emocional, la gente es capaz de causar grandes daños emocionales a terceros. Las emociones intensas que no son reconocidas pueden explotar en comportamientos irracionales. La gente exagera, maltrata física o emocionalmente a su familia y amigos, siente una culpa desmesurada y termina cerrándose. Esto estrecha la consciencia emocional y crea un ciclo familiar de violencia, dolor, embotamiento y analfabetismo emocional.

Caos Emocional o Experiencia Primaria

En este estado, la persona es consciente de sus emociones, pero las experimenta como un elevado nivel de energía que no comprende y que no logra expresar en palabras. Por eso lo llamo primario, porque es similar a la conciencia emocional de un bebé o a la de un mamífero inferior, que está claro que experimentan emociones pero no son capaces de ponerles nombre.

Una persona en este estado emocional es muy vulnerable y responde a las emociones pero no es necesariamente capaz de comprenderlas o controlarlas. Una persona en el nivel de consciencia de experiencia primaria es probable que tenga arrebatos emocionales incontrolables, que se comporte impulsivamente o se deprima más que las personas que están embotadas y sin conciencia emocional.

Éste es el tipo de persona que más fácilmente se derrumba cuando hay una situación de tensión en un grupo. Se asustarán, llorarán, perderán el trabajo o beberán en exceso. Lucas, un ejemplo de lo opuesto, trabaja en un ambiente de alta presión y gran tensión. Se le considera como un hombre de «mente fría» y se le confía la toma de decisiones cruciales en momentos críticos. Sus compañeros y sus supervisores no encuentran muy agradable esa frialdad, pero en la empresa es altamente valorado por su efectividad.

Debido al riesgo evidente del sentimentalismo, algunas personas concluyen que tener conciencia emocional es una desventaja. Sin embargo, a la larga, adquirir altas habilidades emocionales y una buena conciencia emocional lleva a la efectividad y al poder personal, aun en un mundo como el nuestro, tan analfabeto en lo emocional. Esto se debe a que la gente emocionalmente educada sabe cómo controlar sus sentimientos cuando es necesario: cuándo y cómo aguantarlos o cuándo y cómo expresarlos en la mayoría de las situaciones.

Por supuesto que hay situaciones en las que se requieren la falta de empatía o mostrarse completamente frío y distante: trabajos como el de asesino a sueldo, ejecutivos encargados de cerrar una fábrica o algunas fuerzas especiales militares. En situaciones así un alto nivel de consciencia emocional haría imposible su desarrollo efectivo. Obviamente, una persona que aspire a la educación emocional necesita evitar esta clase de actividades.

La Barrera Verbal

Las emociones se generan en lo más hondo de las porciones más primitivas de nuestro cerebro, mientras que la conciencia de las emociones requiere que utilicemos nuestro cerebro más evolucionado, el neocórtex, esencial para el lenguaje, el pensamiento abstracto y el razonamiento.

Los mamíferos que no han desarrollado las funciones superiores del lenguaje, la imitación, el habla, la escritura, el planeamiento y el razonamiento simbólico no son capaces de trascender los niveles caóticos o primarios de los sentimientos. Los seres humanos, cuyo neocórtex hace posible estas habilidades verbales, son capaces de desarrollar niveles superiores de consciencia emocional. Antonio Damasio, en su extraordinario libro *The Feeling of What Happens; Body and Emotion in the Making of Conciousness* [23], nos ofrece un excelente repaso de la neurobiología de este proceso.

La conciencia de las emociones y la capacidad de aplicarlas de manera emocionalmente educada depende de la habilidad de hablar sobre lo que sentimos y por qué. El lenguaje de las emociones maneja el intercambio de caricias, la identificación de las emociones y la expresión del lamento y del deseo de perdón.

Cruzar esta frontera lingüística requiere un entorno social con personas dispuestas para el discurso emocional. Cuando una persona es capaz de hablar acerca de sus emociones con sus colegas humanos puede desarrollar una conciencia cada vez mayor acerca de sus sentimientos.

Aprender educación emocional es como aprender un nuevo idioma. De hecho, aprender educación emocional es como aprender un dialecto del español, tan diferente del español normal como por ejemplo el *spanglish*.

El *spanglish*, un dialecto o jerga que se da entre la población de origen hispano en Estados Unidos, es definitivamente otra lengua que emplea palabras normales españolas e inglesas pero con estructuras sintácticas diferentes y palabras que no se hallan en los diccionarios, que se requieren para expresar otros significados. Pasa igual con el lenguaje de la educación emocional, se emplean otros tonos de voz, las palabras se combinan en frases que suenan raro y se usan gran cantidad de neologismos para comunicar el contenido emocional deseado.

La expresión emocional educada puede que no tenga sentido para el oyente que no hable el «lenguaje emocional», quien puede concluir que lo que se dice no tiene sentido. Para un hablante de *spanglish* es más fácil hablarle a otra *spanglish*-hablante; se encuentran y se hablan con gusto. De igual manera, ser capaz de hablar en el lenguaje de la educación emocional es una experiencia muy placentera, segura, y sosegada en un mundo que no es caritativo con las emociones.

A continuación déjame elaborar el extremo superior de la escala, más allá de la barrera verbal, y donde podemos desarrollar un discurso emocional educado.

Diferenciación

A medida que discutimos nuestros sentimientos con otras personas comenzamos a reconocer las diferentes emociones y su intensidad así como a aprender a hablar con los demás acerca de ellas. En esta etapa somos conscientes de emociones básicas tales como la ira, el amor, la vergüenza, la alegría o el odio. Nos damos cuenta de que un sentimiento determinado puede ocurrir con diferentes intensidades. El miedo puede ir de la aprensión al terror. El enfado puede ir de la irritación al odio. El amor puede sentirse en diferentes grados, desde el afecto hasta la pasión.

Comenzamos a darnos cuenta de que muchas veces experimentamos varios sentimientos al mismo tiempo. Algunos de estos sentimientos son fuertes y evidentes, mientras que otros son débiles y están ocultos. Algunos son efímeros y otros duraderos. Por ejemplo, cuando nos sentimos abrumados por los celos, podemos darnos cuenta de que el principal sentimiento es la ira combinada con sentimientos más débiles de amor no correspondido y con tintes de vergüenza. Otra persona puede experimentar los celos como un fuerte sentimiento de temor combinado con un intenso odio.

Sigamos investigando a Lucas, nuestro problemático contable. Cuando le pregunté por qué había respondido tan fuertemente a las recriminaciones de su esposa, dijo:

—Porque estoy un poco molesto, supongo.

—¿Quizá triste también? —pregunté.

—Puede ser. Sí, también triste —respondió con énfasis— y temo perder el control y herir sus sentimientos. Ella es muy sensible.

—¿Te sientes muy enfadado?

66

—No mucho. Sólo irritado.

—Pero, si no estás muy enfadado, ¿por qué habrías de perder el control?

—Supongo que estoy enfadado.

Permaneció callado unos instantes, durante los cuales se ruborizó.

—Sí, creo que estoy enojado.

—¿Furioso?

Hubo un largo silencio. Ahora el rostro de Lucas estaba rojo de verdad. Volviéndose a su esposa, con la voz llena de culpabilidad y aprensión dijo finalmente:

—Sí, volviendo a pensar en ello, creo que me lo tomé muy a pecho.

Seguí interrogando a Lucas asegurándome de no poner mis palabras en su boca. Al ayudarlo a fijarse en sus verdaderos sentimientos, se hizo evidente que Lucas sentía una ira enorme por las acusaciones de su esposa y temía perder el control sobre ella. También se dio cuenta de que se sentía muy triste y culpable. Parece que es mucho para tratarse de alguien que al comienzo afirmaba no sentir nada.

Causalidad

Cuando comenzamos a comprender la naturaleza exacta de nuestros sentimientos, también comenzamos a comprender las causas que los originan, los acontecimientos que desencadenan nuestras respuestas emocionales y la causa de la furia, el odio o el miedo.

Como ejemplo, tomemos el caso de Pedro, que comenzó a sentir celos la noche en la que se dio cuenta de que su novia Amalia se reía desahogadamente de las bromas de su amigo Miguel. Al comienzo no quería admitir los celos, ni siquiera a sí mismo, pues siempre se enorgullecía de sentirse confiado y seguro. Pero comenzó a darse cuenta de que se volvía irritable con Amalia y tuvo que admitir que probablemente tenía celos.

Aquí resalta lo inevitable de las interconexiones emocionales entre la gente. Por mucho que lo neguemos, podemos provocar sentimientos en los demás y los demás pueden provocarlos en nosotros. Comenzamos a descubrir la alquimia de las emociones; cómo nuestras tendencias emocionales (hipersensibles, asertivas o celosas) se combinan con las tendencias emocionales y el comportamiento de los demás. Finalmente, vamos a ser capaces de investigar y comprender por qué sentimos lo que sentimos.

En este caso, el aparente flirteo de Amalia con Miguel provocó los celos de Pedro. Pedro, sintiéndose avergonzado, explicó sus celos a Amalia y ésta le dijo entonces que en ningún momento había tenido la intención de provocar sus celos, sino que simplemente, después de una semana difícil, disfrutaba de una buena diversión. Ahora que ella se ha enterado de los sentimientos de Pedro, le presta más atención mientras ambos disfrutan de las humoradas de Miguel.

Empatía

A medida que aprendemos a reconocer las diferentes emociones que sentimos, las diversas intensidades con que las experimentamos y las causas que las originan, la conciencia de nuestras emociones adquiere matices y sutileza. Comenzamos a percibir y a intuir matices y sutilezas semejantes en las emociones de quienes nos rodean.

La empatía es una forma de intuición acerca de las emociones. El funcionamiento de la empatía en ocasiones resulta parecido a la clarividencia. Cuando ejercitamos la empatía, no deducimos, ni vemos, ni pensamos en lo que otros sienten.

Simplemente sabemos, de manera directa, qué está sintiendo la otra persona. Se ha sugerido que la empatía es en realidad un sexto sentido con el cual percibimos energías emocionales de la misma manera en que el ojo percibe la luz. Si ése es el caso, entonces la empatía se lleva a cabo en un canal intuitivo, separado de los otros cinco sentidos, y que va directo a nuestra consciencia.

El analfabetismo emocional ocurre porque en nuestros años de formación no logramos desarrollar adecuadamente este sexto sentido. Las continuas mentiras y el frecuente menosprecio de los sentimientos que son moneda común en las experiencias infantiles, así como el rechazo sistemático a reconocer nuestras intuiciones, dan como resultado la derrota de nuestro sentido innato de la intuición. Algunas personas nacen con el don de la empatía, con gran sensibilidad hacia las emociones de los demás, mientras que otros son sordos emocionales[24]. La mayoría de nosotros estamos en algún lugar entre estos dos extremos, y todos podemos aprender o reaprender la conciencia empática.

Existe un riesgo inherente a la conciencia empática. La respuesta empática es un suceso complejo. Puede que sí o puede que no respondamos con empatía a las emociones de otros, y si lo hacemos, puede que seamos conscientes de nuestra propia respuesta y puede que no. Desde este punto de vista, la relación ideal entre dos personas es aquella en la que ambos tengan empatía y consciencia de sus emociones. Lo más difícil es la relación entre alguien con empatía y alguien que carece de ella, en la que una persona reacciona a las emociones de alguien que ni siquiera es consciente de las suyas propias. Esta última situación puede ser muy desestabilizadora, y si se hace crónica puede ser exasperante para la empatía.

La empatía, como cualquier intuición, es imprecisa y de poco valor hasta que desarrollamos maneras de confirmar objetivamente la exactitud de nuestras percepciones. Por ejemplo, y volviendo a la situación de Pedro y Amalia, ésta había empezado a sospechar que Pedro estaba cada vez más incómodo en presencia de Miguel. Su intuición le decía que Pedro estaba celoso, aunque él lo negara al comienzo. Ella no podía comprender por qué éste experimentaba esos sentimientos, siendo ella extremadamente afectuosa y atenta con él cuando estaban a solas. Pensó entonces que tal vez los celos de Pedro tenían que ver con el hecho de que Miguel era muy apuesto y se preguntó si tal vez Pedro se sentía inseguro de su aspecto físico.

Amalia había estado leyendo sobre la educación emocional y había estado aprendiendo algunas técnicas que luego había descrito a Pedro. Cuando Amalia decidió preguntar a Pedro si efectivamente estaba celoso, el primer impulso de Pedro fue negarlo. Pensó que sus celos eran algo infantil y sintió vergüenza de admitirlo.

—Sé sincero, por favor —pidió Amalia, asegurándole que eso no incidiría en sus sentimientos hacia él.

—Está bien. Sí que estoy un poco celoso —admitió él finalmente.

—Pero Miguel no me atrae especialmente. Tú me atraes mucho más que él.

—No es ésa la cuestión. Me has dejado bien claro cuánto te gusto —dijo él, sonriendo sumiso—, pero tú sabes que yo a veces soy muy parco. Miguel es tan gracioso... ¿Acaso eso no te atrae un poco?

Amalia lo pensó unos instantes.

—Bueno, creo que sí, pero cuando estamos solos tú también eres gracioso a tu manera. Es divertido frecuentar a alguien como él, pero tú eres la persona con la cual deseo tener una relación. Siempre habrá otras personas que ambos conozcamos y que tengan algunas cualidades que nos gusten, pero yo estoy contigo porque te amo.

Se le acercó y se abrazaron felices durante unos instantes. Sin embargo, todavía había algo que Pedro necesitaba aclarar.

—¿Te puedo hacer una pregunta sobre esto?

Amalia aceptó con impaciencia.

—Me parece que cuando estamos con él, tú te distancias de mí. Me temo que cuando estamos los tres juntos, tú pierdes interés en mí.

Se quedó asombrada.

—¡Para nada!

Pero al pensarlo, se dio cuenta de por qué Pedro se sentía así.

—Supongo que es porque yo siempre he pensado que no resulta adecuado dar muestras de afecto a tu pareja cuando se está con alguien que está solo.

—Comprendo —dijo Pedro pensativo.

—Pero puede que tengas razón, y quizá haya ido demasiado lejos —añadió ella—. Creo que podríamos agarrarnos las manos de vez en cuando o sentarnos más cerca el uno del otro sin hacer que Miguel se sienta mal. Trataré de hacerlo más a menudo. Sólo estaba intentando ser cuidadosa y considerada.

Quedaba confirmada la intuición de Pedro de que Amalia se sentía atraída por alguna cualidad de Miguel. También quedó confirmado el hecho de que trataba de evitar el contacto con Pedro cuando los tres estaban juntos. Pero su temor de que ella tuviese un interés romántico en Miguel o de que Miguel le hubiese eclipsado era infundado. En vez de eso, estaba encantado de saber cuánto quería ella agradar a sus amigos y cuánto se esforzaba por ser considerada con los sentimientos de los demás. Quedó confirmada una parte importante de su intuición, sus temores se disiparon y descubrió algo nuevo acerca de Amalia —su consideración hacia sus amigos— que le pareció encantador.

Pedro había creído muchas veces que las declaraciones de amor de Amalia eran exageradas, pero al escucharle explicar tranquilamente por qué lo había elegido, se sintió más seguro de su amor. Al investigar su intuición acerca de los celos de Pedro y al iniciar una conversación con él, Amalia estaba creando un lazo emocional más fuerte y más educado entre ella y Pedro. Su intuición había sido correcta, y eso le dio la oportunidad de hacer algunos cambios que ayudasen a Pedro a sentirse mejor; una muestra de algunos de los muchos frutos de un diálogo emocionalmente cultivado.

Afinamos nuestra capacidad de empatía formulando preguntas. No podemos progresar si la otra persona es reacia a ser honrada y a dar respuestas veraces. *Una respuesta honrada es el único medio para aumentar la intuición empática.* Este proceso de discusión sincera y respuestas veraces es una gran mejora en la exactitud de las subsiguientes percepciones empáticas. Tener consciencia de nuestras propias emociones es un requisito previo de la empatía, y así aprendemos a ser conscientes de los sentimientos ajenos, de su intensidad y de su origen. También aprendemos a comprender por qué se dan estos sentimientos, a veces de manera tan clara como si fueran nuestros propios sentimientos. Al final, a medida que nuestra educación emocional aumenta, nuestras percepciones empáticas se hacen más exactas y fiables. Aprendemos a confiar en nuestros sentimientos y percepciones y a ser más abiertos acerca de ellos. Esta transformación se logra mediante la formulación continua de nuestras percepciones, reuniendo y comprobando las respuestas, y corrigiendo nuestras malas interpretaciones.

Es importante aquí hacer una distinción entre la empatía y la simpatía. La simpatía es un proceso intelectual mediante el que podemos deducir e incluso visualizar los estados emocionales de los demás. Eso ayuda a comprender y hasta a predecir cómo podrían sentirse o actuar. Sin embargo, la simpatía no es un proceso emocional, sino más bien un proceso mental. Tiene con la empatía la misma relación que pueda tener un lienzo preparado para pintar por números con la obra original de un artista. Podemos llenar los espacios correctos con los colores adecuados o las emociones adecuadas y obtener una copia similar al original sin necesidad de participar emocionalmente en el proyecto.

La empatía es algo diferente. Implica nuestras propias emociones: comprendemos lo que otros sienten porque lo sentimos en nuestros corazones al tiempo que lo visualizamos en nuestra mente. Mucha gente es incapaz de empatizar con algunas emociones de otra gente. En estos casos, más vale la simpatía que nada. Pero para acceder al siguiente estadio de conciencia emocional se requiere verdadera empatía.

Interactividad

Como ya he dicho, ser «simplemente» una persona empática (un émpata, si se desea) tiene sus desventajas. Una persona empática es muy consciente de todo un complejo universo de información emocional, a veces dolorosa e intolerable, que otros no necesariamente perciben. Saber cómo se sienten los demás no implica necesariamente que sepamos lo que debemos hacer al respecto. El comportamiento emocional de la gente parece pedir una respuesta, pero a veces esa respuesta no es deseada, bienvenida o siquiera posible. Poseer una alta cuota de empatía en un mundo emocionalmente tan analfabeto, puede llegar a volver literalmente loca a una persona. Una persona empática debe saber qué hacer con su consciencia emocional.

La interactividad emocional requiere conocer cómo responderá la gente a las emociones de los demás y cuándo esa interacción puede escalar a mejor o a peor. Esto significa conocer las emociones de los demás lo suficiente como para saber cómo reaccionará una persona a la ira, al temor o a la tristeza, y cómo otra responderá al amor, la sexualidad, la alegría o la esperanza. La interactividad emocional se basa en el nivel más sofisticado de consciencia, la habilidad de darse cuenta de lo que sientes y de lo que sienten los demás, y de anticipar cómo van a interactuar las emociones. Esto te capacita para anticiparte a la reacción de dos personas distintas, según las emociones a las que sean más proclives.

Las emociones se unen, se disipan, crecen y decrecen en presencia de otras emociones y según el paso del tiempo. La conciencia de la interactividad emocional tiene que ver con la comprensión de la manera en que las emociones, igual que los productos químicos, se combinan para crear nuevas sustancias que uno no podría prever observando los componentes aislados. Estas combinaciones pueden ser creativas, inertes o explosivas, como sucede con las que se realizan en un laboratorio químico. La habilidad para predecir estas reacciones sólo puede provenir de una gran experiencia acumulada o de una gran sabiduría. Darse cuenta de cómo las emociones se combinan —entre ellas, dentro de la persona, y entre diferentes personas— constituye el más alto nivel de sofisticación emocional.

Aunque esto parezca muy complicado, podemos ver un ejemplo sencillo de esta sabiduría en acción en el modo en que mi amigo David presentó su nueva novia a su hija adolescente, una chica tímida y retraída. Sabiendo que un encuentro cara a cara en una cena sería difícil para su hija, decidió que su nueva novia fuese con ellos en el auto, mientras él llevaba a su hija a otra ciudad para que visitase a su madre. Esto daría a su hija la posibilidad de observarlos juntos, mientras la chica estaba en el asiento trasero, fuera de la vista de ambos. La hija de David examinó a su futura madrastra y así tuvo más oportunidades de verla actuar y más posibilidades de que le agradara; más que si hubiese participado en una posiblemente incómoda cena, donde ser el centro de atención la habría puesto nerviosa. La sensación de David de que el paseo en el asiento de atrás era una opción mejor que una cena a tres bandas surgió de su alto conocimiento de las interacciones emocionales.

Otro ejemplo un poco más complejo es el de Dolores y Jaime que atravesaban un conflicto desde hacía un mes. Jaime estaba enfadado porque Dolores dedicaba cada vez más tiempo a su nuevo trabajo; era el primer trabajo que verdaderamente lograba entusiasmarla y constituía un desafío para ella. Jaime estaba acostumbrado a ser la fuente principal de ingresos de la familia y se sentía inexplicablemente celoso y envidioso. Siempre había tenido tendencia a los exabruptos y últimamente estaba teniendo demasiados arrebatos de mal humor. Jaime y Dolores habían tenido una buena relación durante muchos años y él sabía que Dolores lo amaba y confiaba en él. Sin embargo, ésta se asustaba con facilidad ante sus manifestaciones de cólera.

Tuvieron una serie de conversaciones improductivas y cargadas de emoción, y Dolores se alejaba emocionalmente cada vez más de él. Jaime se encontraba desorientado. Pensando en lo que podría hacer, Jaime recordó cierta vez que tuvo un fuerte altercado con Dolores durante una cena en la que estaba presente Mercedes, la hermana de Dolores. Mercedes, con su presencia, ayudó a Jaime a controlar su temperamento y actuó como una serena abogada de su hermana, con lo cual ésta se animó a defender su posición en el debate. Jaime decidió que sería buena idea invitar a Mercedes a comer un domingo, advirtiéndole que deseaba su ayuda para hablar del trabajo de Dolores. Ésta y Dolores estuvieron de acuerdo y después de una agradable comida, Jaime sugirió a Mercedes que se sentase cerca de Dolores mientras él le explicaba cómo se había estado sintiendo. Jaime sabía que si expresaba sus sentimientos en circunstancias menos protegidas, seguramente se enojaría y amedrentaría a Dolores. Tal vez él lograra que ella limitara la dedicación a su trabajo, pero con el peligro de crear serias repercusiones emocionales posteriores.

La elección de Mercedes como mediadora fue acertada, ya que ambos le agradaban y no se asustaba de Jaime. Su influencia segura y tranquila dio a Jaime la confianza para hablar claramente y a Dolores la fuerza para afrontar las demandas que él le planteaba sin intimidarse.

Por otro lado, si Dolores hubiera sido otra clase diferente de persona, alguien que no se asustase al escuchar su punto de vista aunque él se alterase y elevara la voz, la situación hubiera sido muy diferente y quizá hubiera optado por una solución más directa que no requiriera la presencia de una tercera persona como mediadora. Jaime conocía sus sentimientos y sus tendencias y también los de Dolores. Sabía por experiencia cómo solían interactuar sus diferentes estilos, sabía que era probable que él gritara y que ella seguramente aceptaría lo que él dijese pero después se mostraría desdichada e irritable. Así que tomó las precauciones necesarias para evitar los problemas que podrían surgir si actuaba impulsivamente. Este tipo de análisis deliberado del panorama emocional de una relación es una prueba de la interactividad emocional educada.

El concepto de interactividad es muy utilizado en la era de las comunicaciones. En ese contexto, representa la interacción inteligente en lugar de la aceptación pasiva. Lo mismo se puede decir de la interactividad emocional. La conciencia interactiva nos permite registrar nuestras emociones y las de nuestro entorno, además de ver cómo pueden moldearse para fines creativos, en lugar de dejarlas salir sin darnos cuenta y permitir que se salgan de control. Podemos usar nuestra conciencia emocional para crear interacciones más fáciles, más positivas y más productivas. La interactividad potencia a la gente empática en el uso de sus percepciones, para navegar por situaciones emocionales difíciles de una manera hábil. La interactividad es el lazo que une la conciencia de las emociones, el tema de este capítulo, con la cuestión más amplia de la educación emocional, el tema de este libro.

¿¿¿???

Incluyo esta categoría de consciencia emocional ya que es bastante posible que seamos capaces de desarrollar niveles superiores de consciencia que hasta ahora en general no son reconocidos. Algunos han pretendido responder al sufrimiento de las plantas y los bosques o incluso del ecosistema de la Tierra. Esta categoría fue añadida para indicar que no sabemos qué más puede ser posible en el desarrollo de la consciencia emocional. Tales evoluciones son factibles y no deben ser descontadas.

MAS ALLÁ DE LA CONCIENCIA

La actividad Adulta y del neocórtex, añadida al lenguaje y al pensamiento simbólico, también está implicada en la modulación y hasta en la modificación de las funciones cerebrales inferiores. El control racional de los impulsos procreadores, agresivos, protectores y de afiliación es uno de los subproductos de la evolución neocortical. Sin embargo, como señala Joseph LeDoux en *The Emotional Brain* [16], existe una marcada asimetría en la forma en que estas dos partes del cerebro se afectan mutuamente, y es que los cerebros reptiliano y límbico afectan mucho más al neocórtex que a la inversa, «haciendo posible que la excitación emocional domine y controle el pensamiento». «Aunque los pensamientos pueden disparar con facilidad a las emociones —escribe LeDoux—, no son muy eficaces para apagarlas».

Ciertas tormentas emocionales son en efecto situaciones en las que una emoción se ha descontrolado. Los desórdenes de ansiedad, como las fobias y la ansiedad social, son ejemplos de un temor disparado de una manera aparentemente incontrolable por sucesos que normalmente provocarían una ansiedad leve. La depresión profunda es un caso de tristeza descontrolada. La ira fuera de control puede llevar a conductas antisociales patológicas.

En esos casos, la educación emocional busca invertir el dominio de las emociones al igualar la influencia del neocórtex y del cerebro inferior, y llevar al Adulto a controlar las emociones. Cuando el problema es que las emociones están limitadas, el objetivo es liberar los sentimientos del dominio del Adulto o del Padre.

Ser consciente es un aspecto esencial del desarrollo del potencial personal, pero como hemos visto, no es suficiente por sí mismo para producir los cambios que la educación emocional requiere. Cuando la conciencia emocional se expande, una persona es capaz de desarrollar las habilidades emocionales adicionales que se necesitan para actuar de una manera cada vez más emocionalmente educada. El desarrollo de la conciencia y de la educación son lecciones esenciales de este libro.

RESUMEN

Conciencia Emocional

La conciencia es una parte esencial de la educación emocional. Puedes analizarte en una escala de conciencia emocional y comprobar en qué lugar de la misma estás situado.

La escala, de conciencia, empezando desde el punto medio de las emociones primarias similares en recién nacidos y animales es la siguiente:

Caos emocional:

Tienes conciencia de la carga emocional, pero no lo puedes entender, explicar, ni hablar acerca de ella.

Barrera Verbal:

La frontera entre la experiencia caótica y la capacidad de comprender las emociones.

Diferenciación:

Al cruzar la barrera verbal y hablar acerca de tus sentimientos, aprendes a diferenciar entre sentimientos como la ira, el amor, la vergüenza, la alegría y el odio.

Causalidad:

No sólo puedes diferenciar las emociones, sino que además sabes cuáles son las causas de las mismas.

Empatía:

Estás en contacto con las emociones de otras personas.

Interactividad:

Eres sensible al flujo de las emociones que te rodean y sabes cómo interactúan.

Bajando desde el estado caótico primario:

Embotamiento:

No tienes ninguna conciencia de tus sentimientos.

Sensaciones Físicas:

Experimentas emociones caóticas pero no sabes lo que son. No puedes hablar de ellas ni comprenderlas.

3. FORMARSE PARA TENER EDUCACIÓN EMOCIONAL

Podría parecer que la búsqueda de la identidad emocional es una tarea ímproba en un mundo como el nuestro. Podría parecer que toda esa gente que mantiene sus sentimientos ocultos podría estar en ventaja; pueden seguir su camino mientras otros están atosigados por sus sentimientos. Pero a la larga, una vida verdaderamente productiva requiere que incluyamos información emocional en nuestras decisiones. Desde la discusión rutinaria de las noticias durante el desayuno, hasta para una decisión tan crítica como el matrimonio, es indispensable tener conocimiento emocional para lograr un enfoque correcto y congruente de tu vida.

No hay por qué vivir en un estado de embotamiento emocional, ni por qué estar condenado a ir por la vida como un ser irritable y angustiado por la ansiedad o vivir atormentado por impulsos incontrolables. Por otra parte, una persona sensible, con marcados sentimientos de empatía, tampoco tiene por qué estar esclavizado por los sentimientos de los demás. Rodeado de un entorno comprensivo y con las técnicas transaccionales desarrolladas en este libro se puede lograr que las emociones se conviertan en una fuente de poder.

La investigación ha demostrado que hasta el caos emocional provocado por traumas extremadamente severos puede curarse en un entorno que permita la expresión de sentimientos intensos. En un entorno emocionalmente educado puedes ir directamente al corazón de cualquier problema, y si sufres algún trauma emocional ir resolviéndolo lentamente pero con seguridad. Los sentimientos derivados de traumas emocionales, incluyendo arrebatos de ansiedad, pesadillas y depresiones, pueden irse aliviando o hasta desaparecer al discutirlos con amigos, familiares, terapeutas o miembros de un grupo de terapia que sean receptivos. No sólo eso, también podrás adquirir una nueva identidad emocional, y como resultado, tus relaciones con los demás se transformarán.

EL ATRACTIVO DE UNA VIDA EMOCIONALMENTE EDUCADA

Pocas cosas son tan excitantes como el redescubrimiento de nuestra parte emocional. Esta excitación es la que impulsa el interés de las personas en los talleres de formación sobre educación emocional. Cuando vislumbran las implicaciones de una vida con una buena educación emocional quedan sorprendidas por su belleza potencial. Este entusiasmo lleva a muchos a convertirse en guerreros en una cruzada contra el analfabetismo emocional.

Por ejemplo, una abuela de 55 años enviudada hacía poco tiempo que asistió a uno de mis cursos en Alemania me escribió lo siguiente:

> Desde niña supe que la vida podría ser diferente y siempre tuve la vaga idea de que eso tenía que ver con la honestidad acerca de los sentimientos y con no renunciar a lo que deseo, junto con un fuerte amor por las personas. He intentado amar a la gente: amo a mis hijas y a mis nietos, pero ahora me he dado cuenta de que con el amor no es suficiente. Uno se puede equivocar mucho, como sucedió en mi matrimonio. Desde ahora me convertiré en una guerrera de la honestidad emocional. Hacer menos que eso no es suficiente. Gracias por mostrarme el camino.

Esta mujer se propuso un objetivo muy exigente. Podrá alcanzarlo, no de golpe, pero sí con el tiempo. La clave es trabajar sistemáticamente. Al final de este capítulo describo brevemente las tres etapas que he desarrollado para enseñar educación emocional: Abrir el corazón, Examinar el Panorama Emocional y Responsabilizarse.

EL PROCESO DE FORMACIÓN

Antes que nada veamos el proceso a seguir en este entrenamiento. Es posible comenzar la formación en educación emocional prestando atención a cualquiera de las emociones, pero con el transcurso del tiempo he descubierto que el camino más efectivo es expresando nuestra naturaleza afectuosa. La educación emocional comienza y termina en el corazón.

En mi trabajo con parejas en dificultades, las mujeres suelen quejarse de que el marido no las ama o de que no las ama suficientemente, de que no expresa sus sentimientos de amor, o de que recibe con gusto las muestras de afecto, pero que él no las da (v. el artículo de Hogie Wyckoff «La economía de caricias en el guión de las mujeres»[26]). Por supuesto, existen algunos hombres que sencillamente no aman a sus parejas. Pero lo más frecuente es que los hombres las amen pero sean incapaces de demostrar su amor de una manera convincente. Estos hombres a veces se preguntan por qué no pueden demostrar más su amor. A menudo las mujeres se quejan de los hombres, pero los hombres pueden tener las mismas quejas sobre sus mujeres; que son frías y no dan muestras de afecto. Esta incapacidad de demostrar amor es un ejemplo de embotamiento emocional. El embotamiento emocional no es de ninguna manera una exclusividad masculina, aunque la investigación muestra que su rango emocional es, en conjunto, más restringido. Pero cualquiera que sea el sexo que tenga este problema, la solución es la misma, aflojar las cadenas del corazón.

Daré un ejemplo. Joaquín y Gina vinieron muy enfadados a mi consultorio. Tras un largo noviazgo y un año y medio de excelente matrimonio, se estaban distanciando el uno del otro. Peleaban por todo y sus peleas eran cada vez más agresivas, hasta el punto que parecía que la relación iba a acabar en un desastre.

En una discusión preliminar muy breve pude darme cuenta de que todavía estaban enamorados. Siempre habían sido incapaces de tratar con eficacia ciertos asuntos emocionales típicos. Pero esos asuntos —que tenían que ver con el sexo y el dinero— se estaban acumulando entre ellos. Podría haber dedicado mucho tiempo a interrogarlos acerca de asuntos de su infancia o tratar de arbitrar en sus discusiones, pero en lugar de eso —porque podía ver que había un buen capital emocional entre ellos— preferí sugerirles que comenzasen a hablar sobre las cosas buenas de cada cual, sobre las cosas que les habían hecho enamorarse el uno del otro.

Esto hizo que se tranquilizasen y encontrasen un territorio común. Pronto comenzaron a hablarse amablemente y hasta parecían felices al recordar aquellos «buenos tiempos» de su relación. En esencia, habían vuelto a abrir sus corazones el uno al otro. Durante el siguiente mes, hice que explorasen su constitución emocional. Utilizando técnicas transaccionales y de educación emocional, les pedí que cada uno hablase de sus sentimientos acerca del otro, demostrando sus enfados, sus temores más profundos y sus mayores esperanzas.

Después de que cada uno conoció el panorama emocional oculto del otro, se tuvieron una nueva comprensión y aprecio mutuo. Con esta nueva comprensión, fueron capaces de reconocer cómo habían dañado su relación con una serie de malos pasos que tendrían que corregir. Ahora estaban preparados para aceptar la responsabilidad de sus acciones. Con dolor, admitieron sus equivocaciones y se aceptaron mutuamente las disculpas del otro. Esto fue difícil, pero les proporcionó un gran alivio que se entremezcló con la alegría y la esperanza. Su mutuo amor estaba de nuevo presente y la relación se había fortalecido. Éste es, en resumen, el proceso que está detrás de este programa. A continuación sigue una discusión de las tres etapas del proceso de entrenamiento:

1. Abrir el Corazón

Esto es lo primero porque el corazón es el asiento simbólico de nuestras emociones. Sentimos alegría en el corazón cuando somos felices, cuando estamos enamorados o cuando disfrutamos. Sentimos dolor en el corazón cuando estamos tristes, enfadados o desilusionados. Por eso debemos comenzar liberando el centro de nuestros sentimientos de los impulsos restrictivos y de las influencias que impiden que nos demostremos amor unos a otros.

2. Examinar el Panorama Emocional

Una vez que hayamos logrado el trabajo básico de abrir el corazón, podemos mirar a nuestro alrededor y tomar nota del territorio emocional en el que vivimos. Podemos aprender a notar lo que sentimos, con qué intensidad y por qué. Nos volvemos conscientes de la aparición y el flujo de nuestras emociones. Con la base firme de los sentimientos de aprecio percibimos las emociones de los demás y notamos cómo nuestras acciones afectan esos sentimientos. Desarrollamos la empatía. Comenzamos a comprender cómo interactúan todas las emociones, creando a veces fuertes oleadas de sentimientos que nos arrollan a nosotros y a los demás. En resumen, llegamos a saber más acerca de nuestros sentimientos y de los sentimientos de quienes nos rodean.

3. Asumir Responsabilidad

Las personas cometemos errores en nuestras relaciones, unos pequeños y otros enormes. Cuando tu error provoca un daño es necesario que te disculpes y asumas la responsabilidad de tus acciones. Lógicamente también es necesario reparar el daño y corregir tu comportamiento para no volver a repetir la misma falta. Hacernos responsables de nuestras acciones y corregir nuestro comportamiento es la fase final del entrenamiento para la educación emocional.

UN PROCESO ENERGIZANTE

Todo lo que he descrito parece requerir mucho esfuerzo. Puedes pensar que este proceso te agotará, pero de hecho te dará energías. Malgastamos gran cantidad de energía emocional cuando bloqueamos la expresión de nuestras emociones. Ya se trate de mantener en silencio un trauma vergonzoso, de reprimir el entusiasmo o de no recordar un recuerdo doloroso, perdemos una cantidad de energía asombrosa en reprimir los sentimientos. Dejar ir estos sentimientos no sólo libera el poder de nuestras emociones sino que nos restituye la energía que desperdiciamos para reprimirlos. Y cuando, además, dejamos que otros expresen sus emociones, les permitimos acercarse más a nosotros, energizando a ambas partes con amor y afecto. Por eso aquellos que aprenden estas lecciones nos cuentan que aumentan notablemente su energía.

Es un proyecto excitante, ¿verdad? Pero no debemos lanzarnos ciegamente; es mejor encarar las cosas de una manera pensada y sistemática. Te mostraré cómo hacerlo a partir de ejercicios transaccionales claramente explicados paso a paso.

ESTRATEGIAS DE EDUCACIÓN EMOCIONAL

Si practicas las tres estrategias emocionales mencionadas, Abrir el Corazón, Examinar el Panorama Emocional y Asumir la Responsabilidad, notarás cambios dramáticos en tu conciencia emocional, tu actitud y tu efectividad. En particular, aprenderás:

• Cómo saber lo que deseas y lo que sientes; cómo ser sincero con tus emociones; cómo buscar y encontrar la satisfacción de tus necesidades emocionales.

• Cómo utilizar tus emociones creativamente; cuándo reservar y cuándo expresar tus sentimientos.

• Cómo escapar del embotamiento o el caos emocional y entrar en contacto emocional con los demás.

• Cómo aplicar tu conocimiento de las emociones en el trabajo, en casa, en los grupos sociales y «a pie de calle».

- Cómo mejorar y profundizar tus relaciones y forjar vínculos duraderos y sinceros.

- Cómo practicar un enfoque del poder personal centrado en el amor, dentro de una sociedad que se mueve hacia la desconfianza, la soledad, la ansiedad y la depresión.

POR DÓNDE COMENZAR

A continuación presentaré las tres primeras etapas, cada una de las cuales está compuesta por cuatro pasos de entrenamiento en habilidades emocionales. Este conjunto de transacciones emocionales está ordenado según el grado de dificultad. Es posible que consideres que ya posees alguna de las habilidades que se desarrollan en los tres o cuatro primeros pasos y que desees comenzar, por ejemplo, en el paso número cinco. O puede ser que te encuentres en el paso doce, pero que desees perfeccionar tus habilidades desde el primer paso. Pero será útil que comprendas todos los pasos necesarios para desarrollar las habilidades emocionales *antes* de ponerlas en práctica. Si sabes a dónde vas será más fácil que mantengas un rumbo firme y que encuentres tu camino.

Las etapas y las transacciones de este proceso son como un mapa hacia la transformación emocional. Cada paso es una transacción específica y emocionalmente educada. A medida que aprendes cada transacción y la practicas en tu vida diaria, aprenderás los elementos de una comunicación emocional correcta. Algunas de estas transacciones te resultarán familiares, otras te parecerán descabelladas. Unas serán fáciles y otras extremadamente difíciles. En general, las primeras transacciones de la lista son más fáciles que las del final. Se le ha dado el número «cero» a la primera transacción —pedir permiso— porque es diferente a las otras en que se sugiere que se use todas las veces que se planeen intercambios emocionalmente cargados. Éstas son las transacciones y etapas que se describirán con más detalle en los capítulos siguientes:

PASOS PARA LA EDUCACIÓN EMOCIONAL

0. Pedir permiso

ETAPA UNO: Abrir el Corazón.

1. Dar caricias.
2. Pedir caricias.
3. Aceptar caricias.
4. Rechazar caricias.
5. Darnos caricias a nosotros mismos.

ETAPA DOS: Examinar el Panorama Emocional.

6. Declaraciones de acción/sentimiento.
7. Aceptar declaraciones de acción/sentimiento.
8. Expresar nuestras intuiciones.
9. Corroborar nuestras intuiciones.

ETAPA TRES: Asumir Responsabilidad.

10. Disculparse por los errores.
11. Aceptar disculpas.
12. Rechazar disculpas.
13. Pedir perdón.
14. Perdonar.
15. Negar el perdón.

RESUMEN

Formarse Para Tener Educación Emocional

No debes pasar por la vida emocionalmente adormecido o tiranizado por tus emociones. En un ambiente apropiado, con gente comprensiva, puedes aprender una existencia emocional más satisfactoria.

Hallarás la búsqueda de esa identidad apasionante y satisfactoria. El proceso te dará energía, ya que contarás con la potencia de tus emociones y dejarás de desperdiciar energía reprimiéndolas. Para hacerlo, debes practicar con otras personas que compartan tus objetivos emocionales:

Abrir el Corazón:

Con amigos comprensivos, participa en actos sencillos de afecto mutuo.

Examinar el Panorama Emocional:

Debes centrarte en la aparición y el flujo de tus emociones y las de quienes te rodean. Escuchando con el corazón abierto, esfuérzate por comprender las emociones y sus razones.

Asumir Responsabilidad:

Admite que en tu vida tus errores, mayores o menores, han herido a otras personas. Discúlpate con cariño y enmienda la situación.

SEGUNDA PARTE

Formarse en Educación Emocional

4. ABRIR EL CORAZÓN

Un corazón abierto es la base de la educación emocional y es un requisito previo para poder practicar con éxito las siguientes etapas de entrenamiento; Examinar el Panorama Emocional y Asumir Responsabilidad. En esta parte del entrenamiento aplicaremos lo que aprendí del ejercicio original de la Ciudad de las Caricias, es decir, que *por el solo hecho de intercambiar caricias positivas en un entorno seguro podemos cultivar nuestra capacidad innata de amar.* Por eso empezamos de este modo el entrenamiento: aprendiendo a dar y recibir afecto.

EL PODER DE LAS CARICIAS

Las pruebas científicas sugieren que para mantener la salud física y emocional necesitamos caricias y tenemos que saber cómo conseguirlas. La evidencia innegable es que el amor y la intimidad afectan a la salud y hacen que te recuperes de las enfermedades. Estos hallazgos los ha elaborado el Doctor Dean Cornish en *Love and Survival: The Scientific Basis for the Healing Power of Intimacy*[28], donde escribe lo siguiente:

> El amor y la intimidad están en la raíz de lo que nos enferma y de lo que nos hace bien. No tengo conocimiento de ningún factor de la medicina —ni la dieta, ni fumar, ni el estrés, ni lo genético, ni fármacos, ni la cirugía— que tenga mayor impacto en nuestra calidad de vida, en la incidencia de la enfermedad y en la muerte prematura por cualquier causa.

Las personas interactúan para obtener caricias. La gente busca amor, y el amor se intercambia mediante transacciones en forma de caricias. Estas caricias pueden ser físicas o verbales. Las caricias físicas son cualquier forma de contacto corporal: abrazos, besos, caricias, palmadas en la espalda o apretones de manos. Las caricias verbales son declaraciones que reconocen algún rasgo positivo de la otra persona. Se pueden referir a la apariencia, la vestimenta, la inteligencia, la generosidad, la creatividad, la educación emocional, la bondad, la integridad, al trabajo ético, las habilidades prácticas, la dignidad, la capacidad de liderazgo, el talento artístico, la respuesta o la habilidad sexual, la sinceridad, la capacidad de diversión, la sabiduría práctica, la elegancia, el tacto, o cualquier otro atributo que la persona posea. Escuchar con atención a quien habla o dar a alguien que amas un ramo de flores puede ser una manera poderosa de dar caricias; «caricias en acción», si lo prefieres.

Marcelo y Cari son un buen ejemplo de la importancia de las «caricias en acción». Marcelo es un profesor muy atareado. Dicta muchas horas de cátedra y tiene mucho trabajo que preparar. Siempre lleva trabajo de la escuela a su casa y siempre está ocupado.

Marcelo no es muy hábil dando caricias verbales, pero Cari, su esposa, ha aceptado esta carencia y ese estilo de vida tan agitado porque él, en cambio, es muy bueno en lo que respecta a las caricias en acción. Tiene claro que cuando ella lo necesita, él deja de lado sus tareas y la escucha con total atención. Los fines de semana le lleva el desayuno a la cama y le compra pequeños obsequios sorpresa. En resumen, continuamente le demuestra su afecto con sus acciones, además de con las caricias físicas que intercambian cada vez que el tiempo lo permite. Aunque a Cari le gustaría tener conversaciones más largas y compartir más tiempo con Marcelo, ella también le da caricias en acción por el solo hecho de estar ahí con una actitud cariñosa y apoyándolo en su trabajo.

Ambos se sienten satisfechos aunque intercambien pocas caricias verbales y les gustaría obtener más. De momento se han ajustado a la situación.

Antonio y Luís son otro ejemplo de caricias en acción. Son dos amigos de toda la vida que sólo intercambian caricias a nivel de la acción. Se reúnen regularmente, hablan de deportes y de automóviles, van a pescar y beben juntos una o dos cervezas. Ninguno pone en duda el afecto y el respeto del otro, aunque nunca intercambien caricias físicas y sus únicas caricias verbales consisten en elogiar el vehículo o lo que ha pescado el otro. Sin embargo, ambos hombres obtienen las gratificaciones que necesitan de esa amistad. No obstante, su amistad podría crecer aun más si abrieran sus corazones y fuesen capaces de intercambiar caricias verbales y hasta físicas.

Las caricias varían en cuanto a su intensidad o el tipo de reacción que causan. Algunas son «supercaricias» porque son especialmente deseadas. Cuando yo era adolescente, por ejemplo, tenía inquietudes acerca de mi aspecto. Me tomó años preguntar al respecto y la respuesta recibida me sorprendió gratamente. También es una supercaricia aquella que proviene de una persona especial, como un maestro respetado, un esposo o una persona a quien admiramos.

Los atributos que reciben los comentarios positivos no siempre son lo obvio o lo esperado. Aprendemos sobre nosotros mismos según las caricias que conseguimos. Por ejemplo, Cecilia ha pedido a David que le dé algunas caricias sobre algo que no sea su aspecto. Cecilia se sorprende cuando él le responde «Envidio la manera que tienes de emocionarte. Ojalá me sintiese tan seguro de lo que siento como tú lo haces. Me gusta que tengas emociones tan fuertes». Cecilia tenía asumido que su tendencia a llorar en las películas o durante las discusiones era algo molesto. Aprendió algo sobre ella, y le sorprendió (y le agradó) saber que David la admiraba por su en ocasiones dudosa capacidad positiva para mostrar sus emociones.

Por otra parte, también existen las caricias negativas. Éstas pueden ser insultos obvios y observaciones tales como: «¿Por qué nunca haces algo bien?», o comentarios hirientes disfra-

95

zados de bromas. A veces las caricias negativas pueden venir disfrazadas de cumplidos cuando se basan en la comparación entre dos personas. Por ejemplo, la madre de Gina a menudo le decía: «Tienes la belleza de la familia, pero tu hermana Sandra heredó la inteligencia». Un comentario así resulta perjudicial para las dos niñas, que no solamente se resienten con la madre, sino, además, la una con la otra. Les tomó años darse cuenta que *ambas* eran bellas *e* inteligentes, y que su madre las había confundido con esos cumplidos tan retorcidos. Sara, su hermana, aún no ha conseguido superar la creencia de que es fea.

Otro ejemplo de caricia que podría sentar bien, pero que en realidad es tóxica, sería una comparación como «Eres mi amigo más leal». Nuevamente, esto puede parecer una caricia positiva, pero en realidad es dañina, ya que denigra al resto de amigos de esa persona. Mucho mejor sería decir algo como «Aprecio tu lealtad. Es oro puro».

A veces una caricia que deseamos puede ser demasiado fuerte y por eso volverse desagradable. Algunos ejemplos de buenas caricias estropeadas por la intensidad podrían ser el de una abuela muy expresiva que colma de besos a sus nietos, o el del cónyuge que presta al otro más atención de la que éste desea.

Por último, en ocasiones se pueden dar caricias que no son sinceras. Son caricias que supuestamente deberían hacer sentir bien al otro, pero en general no producen ese efecto. Se les llaman «peluches plásticos» (en contraposición a los «peluches cálidos»). Puede que quieras leer *El cuento de los peluches cálidos*[*], mi cuento de hadas sobre los «Peluches Cálidos» y las «Espinas Frías» en el que quedan perfectamente claras estas distinciones. Incluso aunque sacien nuestra hambre de reconocimiento, y aunque algo sea mejor que absolutamente na-

---

[*] Traducido a doce idiomas, en español está incluido en *El corazón del asunto: Amor información y análisis transaccional*, su último libro (*N. del E.*).

da, las caricias negativas son tóxicas. El hecho de que la expresión «Peluche Cálido»**, que yo «inventé», la usen políticos, industriales, profesores y actores es para mí una supercaricia.

PROBLEMAS EN LA CIUDAD DE LAS CARICIAS

Nuestra naturaleza básica clama pidiendo caricias en abundancia. Desdichadamente, las caricias no siempre fluyen libremente, ni siquiera entre las personas que se aman. Darlas y recibirlas debería ser sencillo y placentero. Sin embargo, cuando intentamos que las caricias vayan o que vengan tropezamos con dificultades. Este problema se manifestó claramente en Paco, un conocido, que se dio cuenta de que cada vez que quería decir algo cariñoso a su esposa, su garganta se cerraba como si una mano misteriosa lo estuviese estrangulando. Aunque sabía lo que quería decir, literalmente no podía dejarlo salir. En una ocasión quiso forzarse a decirlo y sólo pudo pronunciar algo incomprensible, como:

—Teggrrramo.

Afortunadamente, su esposa tenía un buen sentido del humor y se echó a reír:

—¿Qué? —preguntó.

—Te amo, te amo —respondió él, compungido, distorsionando el mensaje con un tono de voz inseguro.

Este ejemplo absurdo de un problema muy corriente muestra el temor y hasta la dificultad física que aparece cuando intentamos hablar de nuestras emociones de aprecio.

Las evasiones de la gente pueden adoptar muchas formas. Paco podría decir, «Sabes bien que te quiero» o «¿Cuántas veces debo decirte que te amo?» o «Si no te amara no estaría aquí». A veces el sentimiento queda oculto por un tono frío e irónico, irritado o desdeñoso de la voz: «Sí, querida, por su-

---

** *Warm and fuzzy* se ha convertido en una expresión muy popular y de uso común en el idioma inglés. (*N. del E.*).

puesto que te amo». En cualquiera de estos casos, en realidad no se ha entregado la caricia verbal que una parte quería. Esto sucede con frecuencia porque pocas personas se sienten libres para amar y para expresar el amor abiertamente. Tenemos inhibiciones para dar, pedir o aceptar caricias. Además, somos especialmente rígidos para proporcionarnos caricias a nosotros mismos. ¿Qué es lo que nos reprime? La mayoría de nosotros seguimos unas normas no escritas acerca del intercambio de caricias. Cuando las rompemos, la gente usa la reprobación o hasta el acoso para hacerlas respetar. Si abrazamos y besamos cariñosamente a un ser querido en la calle por más de unos pocos segundos a la vista de mucha gente, seguramente alguien nos mirará con reprobación. A menos que seamos adolescentes, si nos besamos o nos acariciamos la cara en un autobús, otros pasajeros nos mirarán con incomodidad o fruncirán el entrecejo. Si llamamos a nuestra esposa o esposo desde la oficina y le decimos: «Te amo», nos estaremos exponiendo a los comentarios de quien ocupa el escritorio vecino. Pero estas prohibiciones no provienen sólo de quienes muestran su desaprobación. Están seriamente reforzadas por nuestro Padre Crítico interno.

¿Qué son estas normas no escritas acerca del intercambio de caricias? ¿De dónde provienen? Fui consciente por primera vez de los tabúes contra las caricias en una de las reuniones con Eric Berne. En estas reuniones poníamos en práctica distintos «experimentos psicológicos» como una forma de recreación tras las reuniones «científicas». En una ocasión, sugerí que intentásemos poner en práctica uno de los juegos que utilizaban los miembros de Synanon, una organización para el tratamiento de drogadictos. En este juego, los miembros del grupo se atacaban unos a otros con un espíritu crítico muy fuerte. Lo hacían porque pensaban que el carácter del drogadicto requería esta clase de aproximación dura para que se diera el cambio.

Siguiendo el ejemplo de Synanon, nos pusimos a ello con regocijo y los comentarios desagradables —se suponía que en broma— fluyeron libremente. Hallé el experimento muy perturbador. Las cosas que habían dicho acerca de mí habían herido mis sentimientos, pero por supuesto no comenté con los demás mi incomodidad. Me hubiera incomodado demasiado admitir cuánto me habían herido y cuánto quería el afecto y el respeto del grupo. Por eso propuse que la siguiente vez hiciésemos exactamente lo contrario, y que en cambio dijésemos cosas positivas y afectuosas de los demás. Todos estuvieron de acuerdo. Sin embargo, en la siguiente reunión, a nadie se le ocurrían cosas que decir. Aunque al final se dijeran algunas cosas, quedó claro que proporcionarnos caricias positivas era difícil, mientras que intercambiar las negativas era fácil. Descubrí que para los miembros del grupo no sólo era difícil dar caricias, sino que también era difícil recibirlas y aceptarlas. Y darse caricias a uno mismo era, sin ninguna duda, un tabú.

Años más tarde, Diana, miembro de uno de mis grupos de entrenamiento, me ayudo a verlo aún más claro. Me di cuenta una tarde en la que su incomodidad se hizo notoria cuando otro miembro del grupo le dirigió un cumplido. Le pregunté por qué se sentía incómoda.

—Cuando Ricardo dijo que yo era guapa —explicó—, temí que otras personas en el grupo pensasen que no era cierto y que si sonreía demasiado o me mostraba conmovida pudiesen pensar que era patético y sentirían lástima por mí.

Sugerí que, como experimento, pidiera a Ricardo que repitiera su elogio.

—Pero eso resultaría patético y humillante —insistió mientras se retorcía en su silla.

—¿Bueno, entonces por qué no te das a ti misma esa caricia? ¿Te apetecería decirte a ti misma que eres guapa?

Resultó una idea chocante y para entonces ya tenía lágrimas en los ojos. Temí haberla hecho llorar y le pregunté si yo había sido demasiado exigente. Le pregunté por qué estaba llorando; dijo que el cumplido de Ricardo la había conmovido. Quería creerlo y agradecerlo, pero le asustaba permitirse a sí misma mostrarse complacida. Le pedí entonces que reflexionase acerca de por qué se sentía así. Después de pensarlo un momento, recordó que en la escuela y el instituto se burlaban de aquellos que no eran populares cuando se mostraban satisfechos consigo mismos. Ver esta conducta una y otra vez, le había enseñado a tener miedo de aceptar caricias, especialmente cuando era una caricia que quería de verdad. Sentía que eso podía hacer que se emocionase en público y por tanto —según ella— hacerla parecer ridícula. Pedir caricias o dárselas a sí misma la atemorizaba aún más.

Diana no tenía problemas para proporcionar caricias, pero tenía graves inhibiciones para aceptarlas, pedirlas o proporcionárselas a sí misma. Por desgracia, el de Diana no es un caso aislado. Algunas personas rechazan las caricias que les brindan. Muchos de nosotros, como Paco, en cambio se sienten desconcertados cuando quieren darlas. Todas estas reacciones evitan que seamos cercanos con las personas.

La Economía de Caricias y sus Reglas

¿Alguna vez sentiste un gran deseo de decirle a alguien que le amabas o que te sentías bien con él y no fuiste capaz de hacerlo? ¿Te has preguntado alguna vez si un familiar, un amante o un esposo te quería, de qué manera lo hacía y por qué razón? ¿Pensaste en preguntárselo directamente, o acaso dejaste de lado la idea de hacerlo? ¿Te machacas a ti mismo dándote caricias negativas, con la esperanza de que alguien te contradiga como forma de pescar caricias positivas? Todas estas actitudes son el resultado de nuestra sumisión a las normas de la Economía de Caricias.

La Economía de Caricias es un conjunto de normas que se refuerza por la gente que nos rodea, pero de manera aún más importante, por nuestro propio Padre Crítico, esa voz crítica que escuchamos interiormente y que impide que demos y recibamos caricias libremente. Las normas de la Economía de Caricias, bajo las cuales nuestro Padre Crítico quisiera hacernos vivir, son las siguientes:

- No des las caricias que deseas dar.
- No pidas las caricias que deseas.
- No aceptes las caricias que deseas.
- No rechaces las caricias que no deseas.
- No te des caricias a ti mismo.

¿POR QUÉ SE ACEPTAN LAS CARICIAS NEGATIVAS?

Cuando todas las personas de un grupo social siguen los dictados de la Economía de Caricias, la cantidad de intercambios de caricias se reduce dramáticamente. La gente se volverá hambrienta de caricias. Un efecto colateral muy importante y perjudicial es que estas personas hambrientas de caricias comienzan a aceptar o hasta a buscar caricias negativas porque no pueden obtener las positivas. Así como una persona que se está muriendo de hambre o de sed puede comer carne podrida o beber agua contaminada, cuando esté lo suficientemente hambrienta, la gente aceptará caricias negativas.

Como ya he dicho, uno de los descubrimientos más importantes a los que llegué en los veinte años dedicados a la enseñanza de la educación emocional es que rompiendo sistemáticamente las normas de la Economía de Caricias y suministrando una dieta abundante de caricias positivas, los corazones de la gente se abren automáticamente. Experimentarán sentimientos de amor que nunca antes habían sentido y el efecto se extenderá hasta sus familias y amistades. He visto a muchas personas (yo entre ellos) desarrollar con el tiempo su capacidad de amar simplemente dando caricias, pidiendo caricias, aceptando las que deseaban y rechazando las que no deseaban, y dándoselas a ellas mismas.

Comencemos por el primer paso.

ABRIR EL CORAZÓN

Déjame que te vaya presentando una a una las transacciones de educación emocional que, si se emplean durante el tiempo adecuado, te abrirán el corazón.

La primera transacción para Abrir el Corazón es dar caricias, pero antes de que empieces a abrir tu corazón, déjame que te ofrezca una transacción aún más importante: pedir permiso.

Transacción de Educación Emocional Nº 0: Pedir Permiso

Llamo «cero» a esta transacción porque es una transacción especial que siempre debería preceder a cualquier otra. ¿Por qué? Porque cualquier comunicación emocional puede ser una experiencia fuerte. Durante la formación en educación emocional es frecuente ver llorar a alguien cuando se le da una caricia que deseaba mucho, al oír una determinada pregunta o al oír una disculpa que necesitaba.

Cuando vayas a hablar de caricias o de otros asuntos emocionales, pide permiso a la otra persona:

• Advierte que se va a producir un acto de comunicación difícil y da a la otra persona la oportunidad de prepararse y de que esté listo para escuchar.

• Permite al otro la oportunidad de decidir si desea el asunto en ese momento (puede que esa persona tenga jaqueca o un examen la mañana siguiente).

Si seguimos estas normas, nos aseguraremos de que nuestras declaraciones caerán en un terreno fértil y de que generarán una respuesta positiva. Al pedir permiso cada vez que vamos a entrar en una transacción emocional, evitaremos una posible conmoción, una actitud defensiva, temores y hasta la ira por parte del otro.

Pero lo más importante es que a nuestro interlocutor se le dé una oportunidad de elección auténtica. Debemos ser capaces de aceptar que el momento elegido quizá no sea especialmente bueno, y en ese caso, debemos estar dispuestos a esperar uno mejor. Yendo despacio y con cuidado, nos preparamos a nosotros mismos y a la otra persona para la respuesta emocional profunda que pueda producirse.

El primer paso y el más importante a dar para aprender educación emocional es hallar una o más personas con las que aprender. Una vez que has encontrado a una persona interesada en un diálogo afectuoso y reflexivo y tienes pensado dar una caricia o hablar sobre una cuestión emocional, dale una idea de lo que estás a punto de decir con un comentario como estos:

—¿Puedo decirte algo que me gusta de ti?

—Me gustaría hablar acerca de un sentimiento que tuve cuando conversábamos la otra noche.

—He estado tratando de disculparme contigo por algo que te dije hace un momento.

—¿Puedo decirte cuál es la cualidad favorita que para mí tienes tú?

—Últimamente he estado sintiendo algo que me molesta. ¿Puedo explicártelo?

—Hay algo entre nosotros que no me gusta. ¿Quieres que lo hablemos?

Muchas personas piensan que estos preámbulos son desagradables. Esto sucede porque lo que hay que decir es infrecuente y a veces nos resulta artificial y probablemente temamos al ridículo. El discurso emocional suele ser tildado de «psicobobadas» de las que se reirán muchas personas que se sienten incómodas con sus emociones. Sin embargo, éstas son rutinas importantes que producen los cambios que deseamos. Aunque pueda parecer algo extraño pedir permiso para realizar cualquier clase de declaración emocional, con el tiempo la práctica irá eliminando esta sensación de extrañeza y mejorará tus interacciones. Al final, este ritual de pedir permiso se convertirá en algo natural y tendrás la suficiente educación emocional como para saber qué situaciones necesitan un permiso formal y cuándo puedes dar la caricia directamente.

Transacción de Educación Emocional N° 1:
Dar Caricias. Ofrecer Declaraciones de Afecto Sinceras y Verdaderas

A lo largo de este libro, el tema de la veracidad aparecerá una y otra vez. El hecho es que una capacidad emocional basada en los sentimientos no se puede desarrollar en un entorno de mentiras o de una falsedad sutil. Para que la gente pueda tenerse confianza mutua y adquirir las habilidades que aquí enseño, tienen que comprometerse a ser sinceras y no mentir. (Ver al final del libro «Notas para Filósofos; La Mentira y La Honestidad»).

Al dar caricias tendremos la primera oportunidad para practicar el principio de la veracidad. Una caricia debe ser algo sincero, no prefabricado. De lo contrario será confusa y contraproducente. A medida que nuestros corazones se van abriendo, también lo va haciendo nuestra capacidad intuitiva. A nuestra intuición le resulta confuso recibir un cumplido que se presenta como algo sincero pero que (en el nivel intuitivo) se siente como algo impostado y falso. Cuando decidamos dar una caricia, debemos asegurarnos de que sea auténtica. Para alguna gente es fácil ser sincera porque saben perfectamente lo que sienten. Para otras personas, ahí es donde comienza el aprendizaje.

Por ejemplo, a Begoña le enseñaron desde pequeña que era importante ser amable y decir a la gente cosas agradables, aunque no fuera eso lo que sintiese. Después de años de decir cosas agradables sin sentirlas como algo real, Begoña en realidad no sabe lo qué siente por las personas, qué cosas le gustan de ellas y cuáles le desagradan. Debido a esto, debe concentrarse para ser consciente de cuáles son sus verdaderos sentimientos. Algunas veces, cuando es sincera con ella misma, se da cuenta de que no tiene ningún cumplido que decir. Cuando esto sucede, no puede dar una caricia verbal sincera. En esas situaciones, su Padre Crítico la hace sentirse muy culpable y regresa a los valores que le inculcaron desde niña e inventa un cumplido, aunque no lo sienta. Al hacer esto, ella pierde de vista que escuchar a alguien, tocarlo ligeramente o sonreír también puede ser una caricia; una caricia en acción.

Lo que Begoña debería hacer, es tomar nota de lo que siente realmente y resistir las críticas del Padre Crítico, que la atosiga, («¡Di algo agradable, estúpida!»). Si no es sincera con ella misma, no podrá ser sincera con los demás. Y los otros al intuir que no está diciendo la verdad la tratarán con una suspicacia oculta y con desconsideración.

El Enemigo nº 1: El Padre Crítico

El principal problema que tenemos para dar caricias es nuestro Padre Crítico, que puede actuar como un carcelero emocional, enviándonos mensajes desalentadores que nos impiden ponernos en contacto con nuestros verdaderos sentimientos. He aquí algunos de los mensajes que nuestro Padre Crítico nos susurra o nos grita y que nos impiden dar caricias:

• Si la otra persona no la desea, quedarás en ridículo.

• La caricia que tienes no es apropiada, está mal expresada y es torpe. Si la dices, quedarás como un tonto.

• Parecerá un acoso sexual.

• De todas formas parecerá una amabilidad falsa, así que ¿para qué te arriesgas?

• Alguien va a pensar que estas desesperado y necesitado de amistades.

• Si eres demasiado emotivo lo único que conseguirás es que todos se sientan incómodos, y entonces sí que vas a estar molesto de verdad.

El Padre Crítico urdirá complicados escenarios, como por ejemplo: «Si le digo a mi hermana que la añoro mucho, me voy a poner a llorar. Luego ella se va a sentir incómoda, yo me sentiré incomoda, y ambas nos sentiremos estúpidas y todos pensaran que somos una familia de estúpidos». O «Si le pregunto a mi amigo si me quiere puede pensar que soy homosexual, asustarse y evitarme para siempre». Fíjate que todos estos escenarios terminan de la misma manera: no estás bien, rechazado, solo, sin amor, y excluido de la tribu, del grupo o de la familia.

Dando caricias a pesar de estos mandatos del Padre Crítico, vemos el aprecio que despiertan nuestras caricias y comenzamos a recibir otras a cambio. Saciamos nuestra hambre de caricias. Nos damos cuenta de lo negativas que son en realidad las normas de la economía de caricias. Cuando eso suceda, la voz del Padre Crítico perderá gradualmente el poder de inhibirnos.

Por ejemplo, Mercedes es tímida y le cuesta dar caricias. Ésta es otra forma de decir que su Padre Crítico la avasalla cada vez que lo intenta. Desearía ser más generosa; le gustaría dar algunas caricias a su amiga Rosa, que se va a mudar a Nueva York. Superando a su Padre Crítico, que le dice que tenga cuidado, le dice a Rosa que ese peinado corto le queda muy bien.

—Me encanta. ¡Deberías dejártelo siempre así! —dice Mercedes con entusiasmo.

—Bueno, creo que es demasiado corto —responde Rosa y ríe nerviosamente.

—En serio, es perfecto para ti —agrega Mercedes.

No obtiene ninguna respuesta. Tras haberse esforzado para dar una caricia verbal sincera, Mercedes se siente dolida y decepcionada. Su Padre Crítico le dice que Rosa odió esa caricia, que fue inapropiada y que la puede haber considerado un tanteo sexual. Más tarde, tras haber rechazado Mercedes el acoso de su Padre Crítico y haber pensado con su estado del yo Adulto, se da cuenta de que lo hizo abruptamente, sin preparar a Rosa por su entusiasmo inusual. Tal vez Rosa tenga problemas con su apariencia y no crea en esa clase de halagos.

Decide entonces que la siguiente vez pedirá permiso, así que otro día cuando Rosa cuenta un chiste realmente gracioso, Mercedes, todavía riendo, dice:

—¿Sabes una cosa?

—¿Qué? —pregunta Rosa preocupada.

—¿Puedo decirte algo que me gusta de ti?

—Está bien —dice Rosa con precaución.

—Me gusta mucho tú sentido del humor. Al menos podremos seguir riendo juntas por teléfono cuando te mudes.

Rosa sonríe, pareciendo algo triste. Ignorando su tristeza, Mercedes se anima; finalmente encontró el tipo de caricia a la que Rosa puede responder.

Entusiasmada por su éxito, Mercedes se dirige nuevamente a Rosa:

—¿Puedo decirte otra cosa?

Tras el acuerdo en silencio de Rosa, Mercedes añade:

—Tú eres como una hermana para mí ¡Voy a echarte tanto de menos!

Ahora Rosa no sabe qué decir. Sonríe nerviosa y luego se pone seria. Promete llamar en cuanto llegue a Nueva York. Nuevamente, Mercedes se siente decepcionada. ¿Qué hizo mal esta vez? ¿Acaso Rosa se siente culpable porque se va? ¿Le afectan las despedidas? Su Padre Crítico le lanza un «Tú nunca dejas las cosas como están. Siempre estás forzando. Estropeas todas las situaciones con tu codicia».

Al día siguiente sale y compra una tarjeta para Rosa. Le escribe:

Querida Rosa:

Tengo la sensación de que te incomodé la otra noche, cuando te dije que eras como una hermana para mí y que te iba a echar de menos. No sé cómo te tomaste lo que dije, pero para mí es importante que sepas lo bien que siempre lo he pasado contigo y lo inteligente y divertida que te considero. Mis mejores deseos para tu nuevo hogar.

Para alegría de Mercedes, Rosa le escribió dos semanas más tarde una tarjeta:

Querida Mercedes:

Recibí tu encantadora tarjeta. Yo también te quiero. Estoy muy atareada. Mantengámonos en contacto.

Tu hermana de Nueva York.

Rosa

Al empezar lentamente, aprendiendo a pedir permiso, siendo sincera con sus sentimientos de afecto y rechazando seguirle la corriente a su Padre Crítico y al de Rosa, Mercedes aprendió gradualmente el delicado arte de intercambiar caricias. Se fue desensibilizando de los temores e incomodidades iniciales que su Padre Crítico siempre explotaba y logrando expresiones cada vez más profundas de las emociones positivas y de aprecio. Con el paso del tiempo, tanto ella como Rosa se sintieron mas libres para dar y recibir afecto. Esto ocurrió gracias a que Mercedes se decidió a dar esas caricias a Rosa y no dejó de hacerlo ni por los ataques de su propio Padre Crítico ni por la incapacidad inicial de Rosa para recibirlas. Con la práctica, a Mercedes se le fue haciendo cada vez más sencillo dar y aceptar caricias.

LA POESÍA DE LAS CARICIAS

Una caricia debe ser un poema de amor. Puede ser tímida y breve, o grandilocuente y expresiva, una sola palabra o una larga parrafada, pero siempre debe venir del corazón, ser esperanzadora y sincera. Aunque se trate de una caricia de acción, sin palabras ni contacto físico, una caricia funciona porque es un acto de bondad y amor que se ofrece a otra persona.

Para abrir nuestros corazones debemos examinar nuestras vidas y preguntarnos cuántas veces al día llevamos a cabo esta función básica de la naturaleza humana que consiste en expresar amor a otra persona, ya sea hacia nuestra familia, en el trabajo o en la calle. Necesitamos preguntarnos a nosotros mismos cómo expresamos este amor: ¿de manera casi imperceptible, apasionada o en un punto intermedio? Si descubrimos, como es frecuente, que estamos privando a los demás del amor que tenemos para ellos, debemos decidirnos a hacer algo al respecto y entonces tirar adelante y hacerlo.

Transacción de Educación Emocional n° 2:
Pedir Caricias. Solicitar el Afecto que Necesitamos

Recibir caricias es agradable, pero no siempre están a nuestra disposición, o a veces las que lo están no son las que buscamos. Podemos pasar años esperando silenciosa y tímidamente para saber si quienes nos rodean nos consideran inteligentes, creativos, bien parecidos o amables. Tratamos de adivinar si los demás ven en nosotros estas cualidades positivas. Generalmente no lo preguntamos. Nos hemos vuelto tan obedientes al Padre Crítico que ni siquiera se nos ocurre la idea de hacerlo. Pero hay ocasiones en las que necesitamos pedir caricias. En esos momentos debemos decidir qué pedir y a quién.

Pedir caricias es más arriesgado que darlas. Nunca podemos estar completamente seguros de que vamos a recibir lo que estamos pidiendo. Es posible que la otra persona no pueda decirnos sinceramente lo que nos gustaría escuchar. Por eso es más arriesgado pedir una caricia específica («¿Te gusta cómo canto?» o «¿Me darías un abrazo?») que pedir *cualquier* caricia, verbal o física, que la otra persona tenga para nosotros. El riesgo de la última petición está en que nos pueden dar una caricia que no queremos. Por ejemplo:

—Hola, Begoña. Hoy he tenido un día muy malo. Me da vergüenza decirlo, pero realmente necesito un poco de apoyo moral sobre lo que escribo. ¿Tienes alguna caricia que me puedas dar?

Esa clase de conversaciones normalmente es complicada o casi imposible, porque prácticamente esperamos que el otro nos mienta por cortesía. Por eso es importante encontrar buenos amigos, un cónyuge o un amante, alguien con quien compartir este proyecto. El primer paso para adquirir educación emocional es encontrar a alguien con quien aprenderla. A alguien así le podrás preguntar cosas como éstas:

—Acabo de comprar estos pantalones. ¿Te agradan? ¿Te gusta cómo me quedan?

—Escribí una carta al editor del periódico. ¿Podrías leerla y decirme si te gusta?

—Acabo de tener una conversación con mi hija adolescente. No estoy seguro de ser un buen padre. Ya has visto cómo soy con ella. ¿Crees que lo soy?

—Esta mañana me miré al espejo y encontré algunas arrugas nuevas en mi rostro. Temo que me estoy poniendo vieja y fea. ¿Puedes decirme algo que te guste de mi cara?

—Me siento muy solo en esta fiesta. Todos lo están pasando muy bien. ¿Te gustaría bailar conmigo?

Y por supuesto: «¿Me quieres?», «¿Por qué me quieres?», y «¿Por qué más también me quieres?» o «¿Me lo puedes decir una vez más?».

Otra vez, el Padre Crítico andará ferozmente involucrado asegurándose de que no se hagan estas preguntas (y de que no se respondan), lanzando toda clase de objeciones como: «Qué pregunta más tonta», «Estás pareciendo realmente necesitado», «No seas infantil», y así una y otra vez, *ad nauseam*.

Transacción de Educación Emocional nº 3:
Aceptar caricias. Tomar las Caricias que Queremos

Así como todos necesitamos comida, también necesitamos caricias cuando estamos hambrientos de ellas. Somos como alguien que vuelve a casa del trabajo hambriento y muy cansado como para ponerse a buscar algo que se le cayó detrás del frigorífico hace un mes. Cuando carecemos de ellas, se pueden generar complicaciones. Podemos confundirnos acerca de qué caricias aceptar o rechazar.

Podemos estar hambrientos de caricias porque no recibimos ninguna en absoluto. Podemos desarrollar una especie de anorexia de caricias, perder nuestro apetito por ellas y dejarnos languidecer de hambre de caricias. O podemos ser muy selectivos en las caricias que nos dan y rechazar todas menos una caricia muy concreta y rebuscada. Por otra parte, es posible que aceptemos caricias que aparentan ser buenas, pero que en realidad son tóxicas. Puede que aceptemos malas caricias igual que un náufrago bebe agua salada sabiendo que le será mortal. Dadas todas estas complicaciones, siempre estará el peligro de que aceptemos caricias que deberíamos rechazar, o que descontemos y no aceptemos una caricia beneficiosa que en realidad queríamos. Es posible que:

• Digamos «Gracias» pero desdeñemos el elogio con una sonrisa, o

• Respondamos rápidamente, sin dejar que realmente la caricia nos penetre. («Gracias, creo que tus zapatos también son muy bonitos»), o que

• Discutamos el elogio y lo minimicemos («Pero no... si salvar tu vida fue muy fácil. Cualquiera lo hubiese hecho»).

Muy a menudo, el rechazo de una caricia es algo interior, aunque en lo exterior aparentemos aceptación. En dichos casos el rechazo se evidencia a través de gestos o actitudes físicas tales como encogerse de hombros, adoptar una mirada sombría, menear la cabeza o sonreír nerviosamente. Todos estos son signos de que en realidad estamos aceptando la caricia sólo en forma ficticia. En realidad, internamente estamos escuchando a nuestro Padre Crítico, que nos dice que no deberíamos aceptarla.

Cuando nos dicen que somos guapos, apasionados, inteligentes, graciosos, profundos, compasivos, carismáticos o generosos, nuestro Padre Crítico nos impide disfrutar del elogio argumentando que:

• Esa persona no nos conoce lo suficiente y no debemos tomarlo en serio.

• Aun cuando la persona nos conozca, hay en nosotros algo oculto y sombrío que hace que no seamos merecedores de lo que nos dice.

• Esa caricia es tan solo una amabilidad por parte de quien la otorga, o un esfuerzo caritativo para hacer que nos sintamos mejor.

• Hay otra persona que la merece más que nosotros y por eso no debemos aceptarla.

• Aceptar caricias es un rasgo de soberbia.

- Nos sentiremos molestos si las aceptamos.
- Nos conmoveremos en público y otros se sentirán incómodos.
- Las estamos aceptando con demasiada facilidad, y eso es signo de hambre y desesperación.

ESTUDIO DE UN CASO DE ACEPTACIÓN

En uno de mis talleres, después de explicar la Economía de Caricias y establecer las normas (no entrar en juegos de poder o presionar para hacer algo, y no mentir), invité a los participantes a romper cualquiera de las cinco normas de la Economía de Caricias.

A eso siguió un profundo silencio. Después de que algunos comenzaran a intercambiar caricias, Ana explico que ella tenía permiso para dar muchas caricias pero no para aceptarlas y menos aún para pedirlas.

Le pregunté si deseaba hacer algo al respecto.

Ella accedió tímidamente y yo le pregunté qué deseaba hacer.

—Quiero dar una caricia a cada uno de los presentes.

Le respondí que sin duda era un buen gesto, pero que tal vez era demasiado sencillo. ¿Qué tal si le pedía a todos que le diesen caricias a *ella*?

Se sintió confusa y negó con la cabeza.

—Bueno, en ese caso, ¿qué tal entonces si sólo uno de los presentes te da una caricia?

Después de pensarlo un poco, aceptó.

—¡Bien! —dije— Creo que deberías pedirla.

Esto le resultaba muy difícil, pero al final, y tras unas dudas, dijo al grupo:

—Quisiera que alguien me diera una caricia.

Valery se ofreció, entusiasmada:

—Me alegro de que lo hayas pedido. ¿Puedo darte una caricia?

—Está bien —dijo Ana.

—Te conozco desde hace varios años y lo que más me gusta de ti es lo dulce y cariñosa que eres.

—Gracias —el rostro de Ana se oscureció.

Me di cuenta de que había algo en la caricia que no había funcionado.

—Ana —pregunté—, ¿aceptaste esa caricia?

Lo pensó y respondió que no. Explicó que, mientras la escuchaba, su Padre Crítico le decía: «En realidad no te conoce. Tu dulzura es ficticia. Siempre estás siendo amable y nunca siendo tú misma».

Me dirigí entonces a Valery y le pregunté si ella estaba de acuerdo en que no conocía a Ana. Valery respondió:

—Sé que es tímida y a veces no dice lo que piensa, pero estoy segura de que es muy cariñosa.

Me volví hacia Ana y le pregunté si creía a Valery. Ana parecía dubitativa

—¿Piensas que está mintiendo? —agregué.

—Puede que para hacerme sentir bien.

—Pero tenemos un acuerdo específico para no hacerlo. ¿De verdad piensas eso?

Ana reflexionó unos segundos:

—Creo que no.

—¿Sabes una cosa Ana? —le pregunté. Ana me miró con curiosidad— Creo que para hacer las cosas bien debes disculparte con Valery. Ella te ofreció una caricia sincera y en lugar de escucharla, escuchaste a tu Padre Crítico y la rechazaste. ¿Qué te parecería disculparte y pedirle que te dé otra vez la caricia?

Ana, confundida al principio por la sugerencia, estuvo de acuerdo. Se disculpó y pidió a Valery que volviese a darle la caricia. Esta vez la escuchó, sonrió feliz y respiró profundamente mientras el rubor se extendía por sus mejillas. Claramente, Ana había superado una gran barrera y todo el grupo se sintió conmovido. Puede ser una gran lucha convencer a alguien para que acepte una caricia sincera, pero es un esfuerzo que merece la pena. Dar una caricia que se rechaza o se

113

descuenta puede ser bochornoso y frustrante para ambas partes, por lo que resulta razonable insistir gentilmente. Cuando damos una caricia y sospechamos que no la han aceptado plenamente es importante investigar:

—¿Escuchaste lo que dije? ¿Lo aceptas? ¿Me crees?

—Parece que no recibiste el cumplido, ¿verdad?

—Por favor, acepta la caricia. La digo de verdad.

—¿No te gustó lo que dije? ¿Por qué? ¿Hay alguna otra manera en que pueda expresarlo?

Ten en mente que para la gente hambrienta de caricias, las caricias a veces funcionan como el agua en una planta reseca. Puede que al comienzo se quede en la superficie o que se escurra y no se absorba. Regar un terreno seco puede requerir un cuidado especial, pero a la larga penetrará en la tierra. A veces hay que repetir el proceso para lograr el efecto deseado. Por eso es importante observar a la gente cuando les das caricias.

Una transacción de caricias implica tanto al que da como al que recibe; no sólo con palabras sino bioquímicamente. Ya que es un suceso emocional que involucra a todo el cuerpo, requiere un tiempo para completar su curso. Puedes decir según su lenguaje corporal si las caricias son aceptadas o rechazadas. Una respiración profunda o una sonrisa acompañada de rubor son los mejores signos de que una caricia ha sido escuchada y aceptada, y lo más importante, plenamente incorporadas.

Transacción de Educación Emocional nº 4: Rechazar las Caricias No Deseadas. «Gracias, Pero No»

El ejemplo más evidente son las caricias sexuales cuando provienen de alguien que no nos interesa. La mayor parte de las personas pueden atestiguar que es muy difícil rechazar categóricamente ciertas caricias sexuales. Una mujer puede ser incapaz de rechazar un comentario sexual porque sienta que es maleducado pedir al otro que pare. Un niño puede sentir repulsa ante lo que parece ser una caricia sexual, pero no se atreverá a tomarla en ese sentido. Un hombre puede sentir que es su obligación responder a las demandas de una mujer. Aprender a rechazar las caricias no deseadas es una habilidad importante. Necesitamos parar las caricias no deseadas para evitar una situación que puede volverse incómoda y hasta nociva. Es más, cuando los adultos o los adolescentes imponen caricias sexuales a niños o adolescentes, esas caricias son indiscutiblemente perjudiciales. La curiosidad o la necesidad de atención pueden hacer que un niño aparentemente consienta en esas caricias sexuales, que más tarde causarán un daño emocional. Cuando aleccionamos a los niños acerca del abuso sexual, esencialmente les estamos enseñando a rechazar caricias nocivas, y si es necesario, a huir (y a denunciar) a la persona que no sabe aceptar un «no» por respuesta.

Hay otras caricias no deseadas que son menos evidentes que las que hemos mencionado. No se trata de caricias tóxicas, son más bien caricias que parecen limitarnos. Por ejemplo, al final una mujer guapa puede estar cansada de que le digan constantemente lo guapa que es. Cuando le dan esa caricia una y otra vez, puede llegar a sentir que ella sólo tiene una dimensión, como si la belleza fuera la única cosa que la gente aprecia en ella. Si ella piensa que el afecto de los demás sólo se basa en su hermosura, entonces seguramente se sentirá constreñida a interpretar siempre el papel de la mujer bella. En realidad, ella puede estar deseando que presten atención a sus ideas, a su trabajo o a su integridad. Con una buena educación emocional, ella aprendería a decir:

—Discúlpame, pero últimamente siento que sólo me elogias por mi aspecto. Me siento olvidada en otros aspectos. Por ejemplo, realmente deseaba que me felicitaras por mi ascenso en el trabajo. Sé que no quieres ofenderme ni decepcionarme. En vez de halagar sólo mi aspecto, ¿podrías elogiar alguna otra cualidad?

De manera semejante, un hombre muy trabajador a quien elogian continuamente por su trabajo y su responsabilidad puede cansarse de tales halagos. Tal vez a él le gustaría divertirse más y siente que tan solo aprecian su voluntad de trabajo. Quizá tiene otros talentos o cualidades admirables que siente que nadie nota, como ser bueno con los niños o resultar atractivo.

Cuando la gente comienza a no apreciar un elogio que les hacen frecuentemente, normalmente es porque sienten que para que los aprecien deben representar siempre el mismo papel. Por supuesto, puede resultar incómodo rechazar una caricia de este tipo, y hasta es posible que al hacerlo dañes una relación. Después de todo, cuando alguien nos hace un cumplido sincero, él o ella esperan al menos que se lo agradezcamos. En estos casos es importante negarse cortésmente a recibir la caricia. Sería mejor explicar sinceramente qué es lo que se desea oír, por qué y pedir la caricia que en realidad se quiere.

SEPARAR EL TRIGO DE LA PAJA

Para algunas personas, la tarea más difícil de este cometido es separar las caricias deseadas de las no deseadas, y las que nos hacen bien de las que nos pueden hacer daño. Cuando nos parece que no queremos una caricia, debemos preguntarnos: «¿La estoy rechazando porque no es buena para mí o es una buena caricia que mi Padre Crítico no quiere que acepte?». Cuando decidimos que la caricia es buena y que la deseamos, debemos luchar contra nuestro Padre Crítico y aceptarla. Si consideramos que es mala o redundante, entonces deberíamos rechazarla.

Últimamente ha habido un movimiento social que ayuda a la gente a rechazar las caricias no deseadas, sobre todo a las mujeres y niños. Éste es un cambio muy positivo porque protege del daño potencial de las caricias no deseadas. El aspecto negativo de esta tendencia es que hemos construido más barreras contra todo tipo de caricias. La gente teme que sus caricias sinceras puedan ser mal interpretadas y que un simple abrazo a un niño o el ser amable con una compañera de trabajo, pueda ser interpretado como acoso sexual. Esta nueva fobia a las caricias se hace más evidente en la gente que trabaja con niños y que ahora evita toda clase de contacto físico con ellos, aunque se trate de un contacto totalmente inocuo. Este miedo a la persecución social o legal refuerza los efectos de la Economía de Caricias y contribuye al actual embotamiento emocional y al aumento de la alienación social y de la depresión. Sería mucho mejor si los niños aprendieran a rechazar las caricias no deseadas, liberando así a los adultos para que puedan ser cariñosos con ellos. Por esto cada vez es más importante enseñar la diferencia entre las caricias que deseamos y que son buenas, y las que son malas y deberían ser rechazadas. Esto también es cierto para los lugares de trabajo, donde el temor a las acusaciones de acoso sexual están inhibiendo mucho los comportamientos amistosos y afectuosos, tan importantes para un buen ambiente laboral.

Transacción de Educación Emocional nº 5:
Darnos Caricias. Amor Sano por Uno Mismo

Si bien no hay forma de sustituir las caricias de los demás, saber cómo darnos caricias a nosotros mismos es una habilidad muy útil, especialmente cuando estamos en una situación difícil y alejados de la gente que nos podría dar caricias positivas. A la mayoría de nosotros nos han condicionado para que pensemos que «elogiarnos a nosotros mismos» es un acto de inmodestia, estúpido y humillante. Pero no hay nada de lo que avergonzarse, aun en el caso de que no tengas una gran necesidad. Puede haber muchas cosas acerca de uno que los demás aún no conocen, o es posible que la gente que te rodea haya sido muy cicatera con sus caricias y que necesites algunas más que las que consigues.

Por ejemplo, después de que los invitados devoraran el fantástico banquete que Carolina había preparado, miró a su alrededor y preguntó:

—Bueno ¿os gustó la comida?

Todos asintieron, pero no dieron ningún elogio específico.

Algo decepcionada por la falta de detalles, Carolina dijo:

—Bien, si queréis saber mi opinión, creo que el pollo estaba muy tierno, y el arroz sabroso y en su punto. Veo que lo habéis disfrutado y me alegro mucho.

—¿Estás molesta con nosotros? —preguntó Gina, pensando que Carolina estaba ofendida por la poca respuesta— Realmente nos gustó.

—No, no. Sólo estaba elogiándome un poco por un trabajo bien hecho.

Los demás sonrieron contentos y todo el mundo se sintió bien por el intercambio de pareceres.

La Lucha Contra el Padre Crítico

Necesitamos especialmente ser capaces de darnos caricias a nosotros mismos para contrarrestar las críticas que nos hace el Padre Crítico cuando nos dice que somos estúpidos, malos, locos, feos, enfermos o malditos. Para esto es necesario comprender cómo responder al Padre Crítico cuando nos ataca.

Si tu Padre Crítico dice que eres estúpida, que no eres de fiar y que no se puede confiar en ti, necesitas ser capaz de contradecirlo y decirte a ti misma algo como: «Soy inteligente y consigo grandes logros. Tengo dos hijos bien educados y sé que se puede confiar en mí. Estoy orgullosa de ser inteligente y alguien de fiar».

Si tu Padre Crítico dice que eres gordo, feo y que estás maldito, tienes que ser capaz de responder: «Sé que no tengo el físico de un maniquí, pero tengo un cuerpo sano y agradable. Muchas mujeres me encuentran atractivo. Me gusta el aspecto que tengo y estoy seguro de que encontraré la pareja adecuada para mí». El mismo enfoque es útil cuando te asalta el Padre Crítico de otra persona.

En Análisis Transaccional, a la fuente de estas conversaciones internas positivas se le llama «Padre Nutricio». Alguna gente puede mantener una sólida actitud positiva hacia sí mismas, a pesar de las críticas o la ridiculización a que son sometidos por parte de sus iguales. Este saludable amor hacia uno sugiere un núcleo de confianza bien definido y apoyado por el Padre Nutricio. Sin embargo, no importa lo bueno que sea el Padre Nutricio que tengamos, ya que se puede quedar sin energía si no está repleto de caricias. El Padre Nutricio neutraliza al Padre Crítico y es como una batería, que está disponible mientras se mantenga bien cargada con una entrada abundante de caricias positivas.

RESUMEN

Abrir el Corazón

Comenzamos este ejercicio abriendo el corazón porque el corazón es la sede del amor, sobre el que se construye la educación emocional. Al dar y recibir caricias, abrimos nuestros corazones y fortalecemos nuestros lazos con los demás. Todos necesitamos contactos positivos. Existen caricias físicas, tales como los abrazos y los besos, caricias verbales y caricias en acción, tales como ser atento y útil, o mostrar empatía o afecto.

La Economía de las Caricias es un conjunto de normas que evitan que demos y pidamos caricias, que aceptemos las caricias que deseamos y que rechacemos las que no deseamos. También nos impide darnos caricias a nosotros mismos. El resultado es que nos volvemos hambrientos de caricias y que estemos deseosos de aceptar cualquier caricia que consigamos, por nociva que resulte.

Liberándonos de las normas de la Economía de Caricias adquirimos la libertad de amarnos recíprocamente y de satisfacer nuestra necesidad de caricias. Desobedecemos al Padre Crítico interno, que es quien refuerza las normas de la Economía de Caricias y quien interfiere en nuestros intentos de adquirir una educación emocional.

Aprendemos a dar las caricias que la gente desea. Pedimos las que deseamos. Aprendemos a aceptar o rechazar caricias. Cuando estamos hambrientos de caricias es difícil rechazar una caricia que no queremos. Ésa es una razón por la que necesitamos aprender a pedir y aceptar las caricias que queremos. Esto nos mantiene bien nutridos de caricias y así no sucumbiremos a la tentación de aceptar caricias nocivas. Deberíamos rechazar las caricias nocivas, pero cuando nuestro Padre Crítico nos insta a rechazar una caricia que deseamos deberíamos desafiar esa prohibición.

Finalmente, debemos aprender a desarrollar el Padre Nutricio interno para construir nuestra auto-confianza. Aun así, necesitamos conseguir caricias de otros para mantener fuerte a nuestro Padre Nutricio.

5. EXAMINAR EL PAISAJE EMOCIONAL

Podemos clasificar las emociones como positivas o negativas según como nos sientan. Si nos sientan bien son positivas; si nos sientan mal son negativas. Con esto no quiero decir que las emociones positivas sean buenas y las emociones negativas sean malas; todas las emociones son importantes y útiles.

Con abrir el corazón me refiero al intercambio de una emoción exclusivamente positiva: el amor. Aun así, el ejercicio puede destapar emociones principalmente negativas por la oposición del Padre Crítico a los intercambios positivos. Temor, ira y vergüenza se pueden disparar por el simple acto de dar y recibir caricias. Con todo, lo básico de abrir el corazón es la emoción positiva. En el siguiente paso, examinar el paisaje emocional, buscaremos y confrontaremos no sólo las emociones positivas, sino también las negativas.

Podemos discutir acerca de la naturaleza y la finalidad de nuestras emociones —negativas y positivas— y poner en tela de juicio si son amigas o enemigas nuestras, pero no podemos negar su existencia. Nos afectan cada minuto del día, lo sepamos o no. Muchos de nosotros tenemos las emociones embotadas y otros podemos ser demasiado sensibles al respecto. Podemos temerlas o estar demasiado dispuestos a abrazarlas.

Las emociones nos pueden calmar y sosegar; también pueden ser tan amenazantes como un mar embravecido. Pero si estamos vivos, tendremos emociones. Cómo tomar consciencia de nuestras emociones y de las de los demás es la materia de este capítulo. Aquí aprenderemos a reconocerlas, a trazar el mapa de las emociones y a explorar ese terreno.

Las causas de nuestras emociones son pocas veces claras. Tendemos erróneamente a pensar en ellas como en algo irracional. Cada emoción que experimentamos tiene una causa definida, y esa causa es más a menudo de lo que parece el comportamiento de algún otro. Necesitamos comprender estas causas si vamos a ser emocionalmente educados.

TE PUEDO HACER SENTIR, ME PUEDES HACER SENTIR

En las últimas dos décadas, la psicología popular nos ha llevado a creer que no podemos provocar sentimientos en los otros. Puedes llegar a creerte esta falsa idea, que ganó prestigio cuando el psicólogo Fritz Perls escribió su Plegaria Gestáltica (*The Gestalt Prayer*), un poema que ha sido recitado en miles de talleres de crecimiento personal a lo largo de todo el mundo occidental:

> Yo hago lo mío y tú haces lo tuyo.
> No estoy en el mundo para satisfacer tus expectativas.
> Y tú no estás en este mundo para satisfacer las mías.
> Tú eres tú y yo soy yo,
> si por azar nos encontramos, es hermoso,
> y si no, no hay nada que hacer.

Creo que con esta oda al egoísmo humano, Perls intentaba liberar a la gente de las excesivas demandas cargadas de culpa que las personas se exigen a sí mismas y a los demás. Sin embargo, lo que él escribió se popularizó como una llamada a la irresponsabilidad emocional. Esencialmente, vino a apoyar la creencia de que no somos responsables de lo que otros sientan.

Otra fuente de esta creencia está en una interpretación particular del budismo que también ha influenciado profundamente el movimiento del potencial humano en los EE.UU. Afirma que debemos luchar por desconectar nuestras emociones de las acciones de los demás.

Sea cual sea la fuente, la creencia errónea de que no nos podemos provocar sentimientos los unos a los otros es la cima del analfabetismo emocional. Hace algunos años, me sentí tan perturbado por las repercusiones negativas del poema de Perls, que escribí una respuesta al mismo:

Si yo hago lo mío y tú haces lo tuyo
y no satisfacemos las expectativas del otro,
podremos vivir, pero el mundo no sobrevivirá.
Tú eres tú y yo soy yo, y juntos,
uniendo las manos y no por azar,
nos hallaremos hermosos el uno al otro.
Si no, nada nos ayudará.

Lo que estaba intentando decir es evidente para la mayor parte de la gente sensible: *Somos responsables los unos de los otros.* Respecto a las emociones, por supuesto que podemos provocar emociones en los demás, y por tanto somos responsables de los sentimientos de otras personas. Sin embargo, sigue habiendo personas que sostienen que no podemos causar sentimientos en los demás. En una conferencia en la que presentaba mi punto de vista sobre esto, un hombre se levantó y me interrumpió.

—Discrepo por completo de usted —exclamó—. Usted no puede hacerme sentir nada, a menos que yo se lo permita.

Todavía hoy me siento incómodo al admitir que mordí el anzuelo. Fingiendo enojo, lo miré y le dije:

—Ésa es la cosa más estúpida que he escuchado en mi vida. ¡Siéntese!

Sorprendido por mi respuesta, se ruborizó y se sentó. Parecía molesto y triste. Desde donde yo estaba, parecía estar muy asustado y triste.

—¿Puedo preguntarle algo ahora? —sin esperar su respuesta pregunté—. ¿Qué siente usted en este momento?

—Nada —insistió.

Yo estaba confundido por su respuesta. Era evidente que él estaba alterado, pero insistía en que no lo estaba. Me volví al resto del público:

—¿Y ustedes? ¿Alguien siente algo?

Muchas manos se levantaron. Uno por uno, la gente comenzó a expresar sus sentimientos. Había hecho enfadar a algunos con mi ataque simulado. Otros se sintieron apenados por mi víctima, mientras otros estaban atemorizados. Personalmente, me quedó inquietud, ya que creo que está mal hacer juegos de poder o mentir, y al simular mi ira yo mentí e intenté hacer un juego de poder a mi interlocutor. Pero había demostrado mi punto de vista. Le había hecho experimentar emociones fuertes a mucha gente debido a la respuesta que interpreté ante mi víctima.

Está claro que si es posible hacer que la gente sienta temor, ira, vergüenza y otras emociones negativas, también se les puede hacer sentir emociones positivas como alegría, amor, orgullo o esperanza. En definitiva en esto consiste la educación emocional; en dar a la gente las herramientas necesarias para salir del embotamiento emocional o del caos atemorizador, para que puedan llegar a tener una vida emocional positiva, más equilibrada y centrada en el afecto.

En esta etapa de nuestro entrenamiento exploraremos la conciencia emocional, que es la comprensión de cómo nos afectan las emociones en la vida diaria. Examinaremos qué sentimos y qué sienten los demás, cuál es la fuerza de esos sentimientos y por qué se experimentan. El objetivo de esta etapa es que nos sintamos cómodos y orientados en el «paisaje emocional»

Examinaremos:

• La relación entre las acciones de una persona y los sentimientos de otra, y

• La relación entre los sentimientos de una persona y sus acciones.

Ambos puntos se refieren al hecho de que las acciones y los sentimientos están estrechamente entrelazados y no se pueden ver por separado. De hecho, como ya he mencionado antes, se ha demostrado que las acciones no sucederán sin emociones. Además, nuestras acciones pueden causar sentimientos en la gente que nos rodea, que a su vez puede hacer que actúen de manera que desencadenen sentimientos en nosotros, y así sucesivamente. De hecho, la gran mayoría de las emociones que experimentamos y de las acciones que provocan son el resultado de interacciones con otra gente. Cierto, algunas emociones surgen por acontecimientos (como ser atropellado por un coche o caerse por la borda de un barco) que no están directamente relacionados con las conductas de otras personas. Otras emociones están amplificadas por nuestros propios pensamientos, como cuando desarrollamos una ansiedad social o una fobia. Pero nuestra vida emocional es sobre todo el resultado de las interacciones humanas. Este ciclo de sentimientos y acciones puede ser positivo y constructivo, o vicioso y destructivo. La relación entre las acciones y los sentimientos constituye el siguiente paso.

Transacción de Educación Emocional Nº 6: La Declaración de Acción/Sentimiento

Una declaración de acción/sentimiento es un método libre de juicios para explorar la conexión entre las acciones y los sentimientos. Es una descripción en una sola frase de las emociones que sentimos como resultado de la acción de otra persona. Esta transacción nos proporciona una forma de hablar de nuestros sentimientos que no implica juicios, acusaciones o teorías. La forma esquemática de esta transacción es la que sigue:

«Cuando tú (acción), yo sentí (emoción)».

Sencillo, ¿verdad? Esta afirmación tiene por objeto explicar a otra persona un sentimiento que experimentamos a causa de su comportamiento. Al apartarse de cualquier tipo de juicio o de acusación, también ayuda a evitar que se endosen culpas o a que la otra persona se ponga a la defensiva. Una declaración de acción/sentimiento simplemente establece que la acción de una persona tuvo como resultado un sentimiento innegable en otra.

Estudio de un Caso de Acción/Sentimiento

Jaime y María sostienen una conversación telefónica que María interrumpe abruptamente. Jaime se siente molesto por esa interrupción repentina. Al día siguiente llama a María para decirle cómo le hizo sentir su acción. Le pregunta primero si puede contarle algo que le está molestando y ella está de acuerdo en escucharlo:

Jaime: «Cuando el otro día interrumpiste la conversación telefónica abruptamente, primero me sentí furioso y después triste». Suponiendo que María pueda aceptar que terminó la conversación bruscamente, ahora comprenderá que Jaime se sintió herido y enfadado por su acción. Eso es todo; ni más, ni menos. Esta declaración de acción/sentimiento tuvo éxito porque dio a María información acerca de cómo se sintió Jaime la noche anterior cuando ella cortó la conversación.

Podrías pensar que se trata de un logro pequeño, pero es muy crítico cuando se trata de aprender habilidades emocionales. Transmite información sobre los sentimientos de Jaime en conexión con la acción de María. Para él, también es una forma de expresar sus sentimientos de una manera que no enfade a María.

Una simple declaración acción/sentimiento revela que una acción dio como resultado un sentimiento determinado. Varios intercambios de acción/sentimiento suelen tener un importante efecto clarificador en cualquier conflicto emocional. Esto sucede porque las declaraciones acción/sentimiento son una manera de diseccionar un conflicto emocional, parte por parte. Se realiza al dividir el conflicto en dos partes: lo que sucedió y lo que uno sintió.

En una relación emocionalmente educada, ningún acontecimiento emocional es demasiado pequeño como para no ser tenido en cuenta. Invariablemente, este tipo de hechos aparentemente triviales revela problemas más serios, como serían inseguridades personales, conflictos recurrentes, desigualdades reales o percibidas, o daños permanentes en una relación.

Las declaraciones acción/sentimiento no son tan fáciles de intercambiar como parece. Se pueden cometer errores.

Error N° 1 en la Acción/Sentimiento: Confundir Acción con Motivación

Al intentar describir una acción, puede irse más allá de una simple declaración:

- «Cuando cortaste la comunicación...».
- «Cuando llegaste tarde...».
- «Cuando me interrumpiste...».

Y se les puede agregar un juicio o interpretación de la acción que se está describiendo, por ejemplo:

- «Cuando cortaste tan groseramente...».
- «Cuando me humillaste al llegar tarde...».
- «Cuando mostraste tu desacuerdo con mi opinión interrumpiéndome...».

En estos casos, más que una simple descripción de una acción, se va más allá y se agrega una teoría sobre la motivación del otro (falta de educación, intención de humillar, desacuerdo). Añadidos como estos suelen confundir las cosas. A menudo son incorrectos y siempre crean culpa, enfado u otros sentimientos explosivos en quien los recibe. Veremos más adelante cómo expresar estas elaboraciones al declarar nuestras corazonadas e intuiciones. Por el momento, nos estamos ocupando de la relación entre la acción de una persona y los sentimientos de otra.

Error N° 2 en la Acción/Sentimiento: Confundir Sentimientos con Pensamientos

Otro error que puede ocurrir al hacer una declaración de acción/sentimiento es confundir sentimientos con ideas. Cuando tratamos de expresar un sentimiento, a menudo lo que declaramos es un pensamiento. Un par de ejemplos:

—Cuando interrumpiste la conversación, sentí que tú estabas enfadada.

—Sentía que no tenías interés en lo que yo estaba diciendo.

En ningún caso éstos son sentimientos. Como las interpretaciones anteriores, en realidad son teorías acerca de lo que sucedía en la mente del otro. Las habilidades emocionales tienen que ver con el lenguaje, y la confusión de sentimientos con ideas, pensamientos o teorías es algo que debemos evitar. De hecho, cualquier frase que empiece con «Siento *que*» es muy probable que se refiera a un pensamiento que se expresaría mejor diciendo «Pienso que» o «Creo que».

Para construir una buena declaración acción/sentimiento es necesario centrarse en lo que uno *siente*, no en lo que sospecha o supone que el otro piensa o siente. La única cosa que puedes saber sin ninguna duda es lo que sientes. Si quieres saber lo que sienten los demás, tienes que preguntar y cerciorarte. Muchas peleas se originan con estas falsas suposiciones.

Por ejemplo, Francis cree que su esposo no levanta la vista del libro cuando ella le habla porque no tiene interés en lo que ella puede decirle. En realidad, él está interesado. El problema es que trata de hacer a la vez dos cosas que le interesan, algo que en la mayoría de los casos no suele dar muy buenos resultados.

Francis no puede estar segura de que su esposo no está interesado en lo que ella tenga que decir, pero de lo que sí tiene certeza es de que cuando él divide su atención entre ella y la sección de deportes, ella se siente triste y después muy enfadada. Puede estar tentada de decir «La forma que tienes de leer el periódico mientras comemos me hace sentir que no te intereso». En su lugar, podría ser mejor si dijera «La forma que tienes de leer el periódico mientras comemos me entristece y tras un instante me enfado».

Una forma más sutil de confusión entre sentimientos y pensamientos es la del tipo:

—Cuando interrumpiste la conversación, me sentí rechazado.

Esto también es un error, ya que el rechazo no es ninguna emoción, sino una *teoría* acerca de la intención del otro. No explica a tu interlocutor lo que estás sintiendo. ¿Te sentiste enfadado? ¿Te sentiste triste? ¿Te sentiste molesto? ¿Te sentiste avergonzado? Éstos sí son sentimientos. El rechazo no lo es. Cuando uno dice que se sintió rechazado, en realidad está diciendo que cree que la otra persona lo rechazó: una teoría acerca de la motivación del otro, teoría que bien puede ser incorrecta. Todos los errores antes mencionados implican o bien inculpar a alguien o bien tratar de leer la mente de la otra persona. Las declaraciones acción/sentimiento nos enseñan a ajustarnos a los hechos y a dejar de suponer que podemos leer la mente de los demás. *Deja la declaración acción/sentimiento en su forma más sencilla: qué sucedió y cómo te sentiste.*

EMOCIONES PRIMARIAS Y SECUNDARIAS

¿Cómo sabemos lo que sentimos? Existen diversas opiniones respecto de cuáles son las emociones primarias básicas. Por fortuna, en lo que respecta a cuestiones prácticas, tenemos una idea bastante clara de que la ira, el miedo, la tristeza, la vergüenza y el odio son emociones primarias negativas, mientras que el amor, el orgullo y la alegría son emociones primarias positivas. Nuevamente, decir que ciertas emociones son positivas o negativas no implica que unas emociones sean mejores que otras; simplemente unas sientan bien y otras sientan mal.

Sin embargo, debemos darnos cuenta de que cuando le ponemos un nombre y una valencia positiva o negativa (terror, aprensión, tristeza, etc.) a una experiencia interna subjetiva, nos estamos metiendo en una actividad bastante arbitraria. La experiencia que ocurre cuando percibimos una amenaza a nuestra vida —el latido del corazón, la piel erizada, la presión en la cabeza, abrimos los ojos, la parálisis de nuestros miembros— ya existían antes de que alguien la llamara miedo, *fear*, *angst* o *pavour*. La respuesta bioquímica/emocional ante una situación que amenaza nuestra vida no necesita demasiada explicación.

El ser humano necesita ponerle un nombre a la respuesta ante el miedo para poder hablar de ella, como por ejemplo en:

—Cuando esa ola enorme me golpeó y me arrastró se me aceleró el corazón. Tuve miedo.

Ahora otra persona puede estar de acuerdo.

—Eso es lo que ocurrió cuando el volcán entró en erupción. Se me aceleró el corazón y tuve miedo.

Y luego alguien más pudo decir:

—Yo no tuve miedo.

Y puede que lo eligieran Jefe de la tribu.

Cuanto más miedo consigamos apartar de las situaciones amenazantes, más importante resulta que seamos capaces de hablar de ello. Por un lado, nos podemos aterrorizar por una araña inocente. Por otro lado, puede que no sintamos temor cuando la tribu nos amenace de muerte o con sus castigos. Ambas son situaciones problemáticas para la supervivencia y ambas merecen una discusión. Buscamos perfeccionar nuestro diálogo emocional para vivir en armonía con nuestras emociones.

Pero hablar de emociones primarias no es suficiente para comprender nuestra vida emocional. Los celos, la culpa, la envidia, la desesperanza o la melancolía, por nombrar algunas, son combinaciones secundarias de emociones básicas y no se pueden comprender en términos de una única emoción. Cuando hablemos de ellas, deberíamos tratar de descomponerlas en sus componentes primarios.

Por ejemplo, si Santiago se siente culpable, sería útil que se diera cuenta de que su culpa se compone de vergüenza y temor. Cuando Victoria siente envidia, podría explicar mejor lo que siente si pudiese especificar que sus sentimientos primarios son la ira, la tristeza y el miedo; haciéndolo expandiría la consciencia de su paisaje emocional. Por otro lado, cuando una persona dice que se siente humillada, descontada, insultada o amada, por ejemplo, no está expresando emociones sino haciendo declaraciones acerca de lo que cree que otros le están haciendo. Declaraciones así son más bien potencialmente confusas que aclaradoras. Es necesario que vuelva a evaluar sus sentimientos, que descubra las emociones ocultas y las exprese. Cuando una persona dice que se siente humillada, en realidad puede estar sintiéndose avergonzada y temerosa mientras *está creyendo* que ha sido humillada. Cuando una persona se está «sintiendo» descontada, los sentimientos reales pueden ser ira y tristeza. «Insultado» puede querer decir avergonzado y enfadado, o triste y enfadado. Sentirse amado puede ser más complicado: puede ser alegría, puede ser alegría y esperanza, o puede ser simplemente amor.

Quedan muchas cuestiones pendientes sobre qué son las emociones primarias y cómo se combinan en emociones secundarias para las diferentes personas. ¿Es el sexo una emoción? ¿Lo son el hambre o la sed? ¿El dolor psíquico es una emoción? En la fecha que escribo esto no estoy seguro. Aún está por verse. Sin embargo, lo que desconocemos no es un impedimento para que sigamos buscando el desarrollo emocional expresando nuestras acciones y sentimientos de la manera más clara posible. A medida que lo vayamos haciendo nos volveremos más sofisticados emocionalmente y desarrollaremos maneras de comunicarnos sobre nuestras emociones nuevas y útiles.

A veces parece que la gente expresa emociones que no son auténticas. Es posible exagerarlas para hacer juegos de poder. A estas expresiones de una emoción fabricada se les llama extorsiones o *rackets* en análisis transaccional. Es importante darse cuenta que a menos que se falsee una emoción con el propósito de influenciar a otros, todas las emociones son auténticas sin importar cuál es la fuente o lo «realista» que sea la conexión entre el sentimiento y su causa.

Error N° 3 en la Acción/Sentimiento
Ignorar la Intensidad de una Emoción

Toda emoción primaria se puede experimentar en un rango que va desde débil hasta intenso. La ira puede ir desde la irritación a la furia, la alegría puede variar desde estar contento hasta el éxtasis, el temor puede ser aprensión y puede ser terror, el amor puede ser afecto y puede ser una pasión arrebatadora. Nuestra tendencia a minimizar o exagerar la intensidad de nuestra experiencia emocional puede llevarnos a la incomprensión y a la confusión.

ACLARAR UNA DECLARACIÓN DE ACCIÓN/SENTIMIENTO

Aclarar el Sentimiento

A veces puede ser necesario ayudar a una persona a aclarar cómo se sintió él o ella cuando tú hiciste algo. Para hacerlo bien tendrás que dejar de lado los juicios y acusaciones y ayudarla a ajustar lo que dice a la fórmula acción/sentimiento. Es especialmente importante escuchar cuidadosamente y de manera intuitiva para poder entender los sentimientos de otra persona. En el caso de María y Jaime, supongamos que Jaime dijo:

—Cuando ayer me cortaste el teléfono de mala manera, sentí que yo no te importaba nada.

Para extraer de este comentario una declaración acción/sentimiento aceptable, María podría responder:

—Espera. Déjame poner las cosas en claro. Estás diciendo que cuando ayer interrumpí la conversación, cosa que recuerdo bien, tú sentiste algo, pero no sé qué sentiste. ¿Te enfadaste?

—No, sentí que estabas siendo maleducada.

—De acuerdo, pensaste que estaba siendo maleducada, pero ¿te gustaría decirme cómo te sentiste?. No tengo claro qué sentiste en ese momento.

—No sé. Sentí que yo no te gustaba.

134

—Bien, de acuerdo, pero todavía no me has dicho qué sentiste.

—¿Qué quieres decir?

—Dices que fui maleducada y que no me gustas, y yo quiero hablar de eso más tarde. Estoy tratando de hacerme una idea de cuál fue el sentimiento, la emoción que tuviste. ¿Qué fue lo que sentiste y que te llevó a pensar que no me gustabas? ¿Te sentiste triste? ¿Enfadado?

—Un poco. Bueno, en realidad bastante. Después comencé a sentirme enfadado.

—Bueno, eso es lo que quería saber: te sentiste triste y enfadado.

Querido lector, ahora probablemente estás pensando que la gente no habla así en el mundo real. «Tal vez lo hagan en California... pero en ningún otro lado. No pienso hablar de ese modo, me moriría de vergüenza».

Ésa es una buena declaración acción/sentimiento: «Cuando hablo de una manera emocionalmente cultivada, me siento incómodo» (o de forma más precisa, «siento vergüenza y temor»).

Reconozco el problema y solo puedo estar de acuerdo contigo. A veces estos ejemplos no reflejan el rumbo que siguen las conversaciones en el mundo real. La gente no habla así normalmente, y es vergonzoso y difícil de hacer en algunas ocasiones. Pero funciona. Crea un clima favorable para una expresión racional y emocional. Calma sentimientos exaltados, proporciona a la gente la posibilidad de expresar esas emociones de una manera que no produzca resentimientos a posteriori y sienta las bases para un diálogo emocional productivo y seguro. Hace saber a los demás que es importante para nosotros saber cómo se sienten, que los escuchamos y que los valoramos lo suficiente como para tener un intercambio sincero. De este modo la gente se informa mutuamente acerca de su topografía emocional y puede lograr más fácilmente una comprensión futura.

Aclarar la Acción

Para que una declaración de acción/sentimiento funcione es importante que ambas personas estén de acuerdo en que la acción a la que se alude haya sucedido realmente. Quizá el interlocutor no la recuerde porque ocurrió hace mucho tiempo, o porque se estaban sucediendo muchos acontecimientos en ese momento. O quizá recuerda la situación pero su recuerdo de la acción no es como la describimos.

Un ejemplo:

—Cuando te pusiste a cambiarle los pañales a Lola mientras yo te hablaba me enfadé.

—No me acuerdo. ¿Puedes refrescarme la memoria?

—Te estaba contando la conversación tan desagradable que tuve con José, cuando Lola vino llorando y tu le cambiaste el pañal y ya no volvimos a la conversación.

—Sí, ahora me acuerdo. Ya veo. Fue entonces cuando te enfadaste.

Transacción de Educación Emocional n° 7:
Aceptar una Declaración de Acción/Sentimiento.
Recepción No Defensiva de una Información Emocional

Para que la comunicación emocional sea efectiva, la información se debe recibir tal y como ha sido enviada.

Cuando uno recibe una declaración de acción/sentimiento, lo que se debe hacer es tomar nota cuidadosamente de las emociones que se describen y de la acción que las provocó. Esto puede resultar bastante difícil ya que cuando se nos dice que hemos cometido un error o que hemos hecho sentirse mal a alguien tendemos a reaccionar de forma culpable y defensiva.

Nuestro primer impulso suele ser negar, explicar, justificar o hasta disculparnos. Sin embargo, debo insistir en que lo más importante es absorber la información que nos están dando; las emociones que nuestras acciones provocaron en otra persona. No se trata de lo mal que estuvimos al actuar de tal o cual manera (cuestión que trataremos más adelante), sino de cómo se sintió el otro.

Tampoco se trata de que nos disculpemos de inmediato o que expliquemos por qué hicimos lo que hicimos; ya habrá tiempo y lugar para ello si es necesario. La cuestión es comprender la relación entre nuestra acción y los sentimientos del otro.

Recordemos que, más que para establecer responsabilidades ni culpas, estamos interesados en entender cómo nuestras acciones nos afectan recíprocamente en lo emocional para lograr así un mapa del terreno emocional en el que vivimos. Asumir responsabilidad es importante, pero es un paso posterior que solamente se puede dar después de habernos entendido mutuamente lo suficiente como para que las disculpas y las enmiendas tengan sentido y efectividad.

Volviendo al ejemplo anterior, es posible que María supiese desde antes que su repentino final de la comunicación había dejado a Jaime enfadado y triste, pero también es posible que se sorprendiera. Es posible que ella comprenda el porqué de esos sentimientos y también es posible que le resulten extraños. En cualquier caso, lo que necesita por ahora es escuchar atentamente, recibir la información y tomar conciencia de ésta. Ella puede hacer un reconocimiento sencillamente asintiendo o puede decir «Te escucho» o «Comprendo que cuando finalicé la comunicación te sintieras primero triste y después enfadado».

Al hacerlo, María aprende las respuestas emocionales de Jaime frente a distintos tipos de situaciones y le da la posibilidad de aliviar esos sentimientos negativos. Esto inicia el proceso de diálogo emocional, donde se reconocen los sentimientos de una manera adecuada.

Nuevamente, no es nada sencillo aceptar una afirmación acción/sentimiento. El riesgo que se corre al recibir una afirmación de este tipo es el de ponerse a la defensiva, especialmente si la declaración ha sido formulada de una manera imperfecta. Algunos ejemplos:

137

- «Creía que habías terminado de hablar y por eso corté».
- «¿Maleducada? ¿Qué tiene de maleducado terminar una conversación? Eres tú el maleducado al insistir una y otra vez con tus problemas».
- «¿Enfadado? Te enfadas con facilidad. Yo debería enfadarme por esta pérdida de tiempo».
- «¿Triste? ¡No seas tan susceptible!».

Cada una de estas respuestas es una negación defensiva de los sentimientos de Jaime.

Los descuentos de esta clase impiden que prospere un diálogo emocional apropiado. La mayoría de las veces respondemos así, nos sentimos culpables por haber herido a alguien. Si María se siente incomprendida, culpable o enfadada, puede hablar acerca de eso más tarde. Por ahora lo que importa son los sentimientos de Jaime, no los de ella. Hay que ir por turnos.

En este punto es importante que María acepte lo que Jaime sintió cuando ella interrumpió la conversación. Después ella podrá expresar sus sentimientos. A menudo debemos mordernos la lengua y tener paciencia. Ten presente que el silencio puede calmar la tensión de conversaciones emocionalmente cargadas que tienden a escalar. Pero lo que es más importante, es la única cosa justa a hacer cuando alguien a quien amamos pasa por algún disgusto emocional. ¿Por qué? Porque le damos la oportunidad de expresar su disgusto y uno puede ejercitar su afecto y empatía.

Por supuesto, una respuesta defensiva puede ser simplemente una forma de despreciar a alguien con quien no queremos tener trato. Cuando nos encontramos con esta clase de desprecio deliberado tenemos un problema especial. ¿Aceptamos que estamos tratando con alguien que simplemente no le interesamos y que está malgastando nuestra energía emocional, o intentamos otra vez buscar una respuesta emocional educada? Exploraremos maneras de tratar este dilema en este capítulo, en el epígrafe «Revelar nuestras conjeturas intuitivas».

Una Transacción Acción/Sentimiento que Funcionó

Aquí tenemos otro ejemplo:

Mariana y Miguel decidieron ver juntos un DVD. Miguel estaba a punto de encenderlo cuando sonó el teléfono.

—Espera —dijo—, puede que sea Lilly y quiero hablar con ella un minuto, ¿vale?.

Miguel estuvo de acuerdo. Mientras la esperaba él decidió ordenar unos papeles. Cuando la miró, la vio riéndose al teléfono.

En la televisión había una comedia divertida y Miguel se quedó enganchado. Posteriormente ella terminó su conversación y Mariana se quedó en el sofá esperando a que Miguel pusiera en marcha la película.

Tras unos instantes, Miguel se volvió hacia ella.

—¿Cuándo vas a estar lista? —preguntó, irritado.

—Estoy lista —dijo sorprendida—. Llevo aquí un rato esperando.

—Bueno, vale. No sé por qué tardamos tanto —agregó, un poco molesto.

Este tipo de conversaciones se habían hecho una costumbre entre ellos. La impaciencia de Miguel salía a la superficie varias veces al día en sus interacciones con Mariana. Repentinamente a Mariana la inundó la tristeza y a continuación sintió un brote de ira. A menudo sentía que la culpaba en sus pequeños conflictos y eso la hacía sentirse muy infeliz.

No quería comenzar la velada sintiéndose triste y resentida. Decidió dar fin a ese proceso con una declaración acción/sentimiento.

—Miguel, lo siento, pero necesito que hablemos unos minutos antes de comenzar.

Él la miró contrariado, pero aceptó.

—Cuando me hablaste en ese tono, me sentí muy mal. Me puso muy triste y ahora estoy enfadada.

—¿Qué tono? —preguntó Miguel.

Ya había recibido antes ese tipo de queja de sus familiares y amigos.

—Bueno, parecías muy molesto.

—Es verdad, estaba molesto.

Reflexionó unos segundos y añadió.

—Ya veo lo que pasa. Cuando te hablé con ese tono enfadado te sentiste mal —miró a Mariana a los ojos y preguntó—. ¿Es eso?

Ella asintió.

—Triste y enfadada —dijo.

—Ya veo —respondió.

Tras un silencio de reflexión, por primera vez en la conversación dejó de mirar impaciente al reproductor de DVD's, la rodeó con sus brazos y la beso con cariño. La transacción acción/sentimiento funcionó y tuvieron una velada cariñosa.

Estas sugerencias tienen por objeto simplemente sacar a la luz los sentimientos que las personas tienen como respuesta a las acciones de otras. Es importante saber que cuando yo hago algo determinado tú tendrás un sentimiento concreto. Pero tarde o temprano vamos a tener que enfrentarnos con nuestras suposiciones acerca de las intenciones y motivaciones que causan las acciones de los demás. El siguiente paso en el entrenamiento para la educación emocional se refiere a esto.

Transacción de Educación Emocional nº 8:
Revelar Nuestras Conjeturas Intuitivas. Comprobar Si Es Acertada Nuestra Intuición Acerca de las Acciones o Intenciones de Otros

A menudo, en nuestras interacciones no somos claros sobre lo que está pasando con nuestros propios pensamientos y emociones. Puede que no nos preocupen o que ni siquiera nos interesen, y simplemente procedemos como si todo estuviera bien. Pero si realmente nos interesa la vida interior de otra persona, podríamos hacer suposiciones y averiguaciones con las que es fácil que hagamos malas interpretaciones de lo que en realidad está pasando. O puede que averigüemos certeramente lo que el otro está pensando y sin embargo descontarlo.

A la mayoría nos gusta pensar que lo que decimos es lógico y racional y que proviene de su estado del yo Adulto. Es posible que en medio de una fiesta nos comportemos de una manera infantil y lo reconozcamos. O que al reñir a un niño caprichoso actuemos de manera paternal y nos lamentemos por ello. Pero en general preferimos creer que nos comportamos de una manera lógica y racional, es decir, que lo hacemos «desde el Adulto».

Nos cuesta reconocer que nos podamos comportar de manera irracional, como el Niño, o que reaccionemos desde el prejuicio, como el Padre Crítico. Pero gran parte de las cosas que la gente dice o hace provienen de estados del yo diferentes del Adulto. Aquello que sucede bajo la fachada del Adulto está accesible para nuestra intuición.

El uso certero de los poderes intuitivos representa un papel muy importante en el adiestramiento de la educación emocional. La intuición es tu herramienta emocional más importante. Con ella podemos tomar importantes decisiones cuando no disponemos de suficiente información sobre los hechos.

No debería sorprendernos que a veces los comportamientos que observamos nos engañen, o al menos nos confundan. Hagamos como que somos invisibles y usemos el análisis transaccional y nuestras habilidades intuitivas con una pareja que va de compras a un supermercado.

Esposa (descubriendo un paquete de seis cervezas en el carrito): «No sabía que íbamos a comprar cerveza».

¿Se trata de una pregunta Adulta o de un reproche Paternal?

Marido: «Bueno, ¡pues sí!».

¿Se trata de una confirmación Adulta a la pregunta Adulta de su esposa o es una rebeldía del Niño? ¿Cómo puedes saber cuáles son los estados del yo implicados en este intercambio?

Antes de desarrollar el análisis transaccional, Eric Berne se interesó mucho por la intuición. Decía que fue la intuición la que le reveló que el «Niño Interior» está detrás de las cosas que hacemos la mayor parte del tiempo[30]. Siguiendo el ejemplo de Eric Berne, podemos emplear nuestra intuición para una primera aproximación en aquellas ocasiones en las cuales algo no está claro sobre las emociones o intenciones de alguien. Cuando tienen dudas, los científicos, los detectives, los analistas de mercado, los psicólogos y psicoterapeutas hacen uso de su intuición para escoger el camino a seguir. Sin embargo, lo que determina el éxito es la precisión con la que constatan esas suposiciones iniciales. Un detective puede sospechar quién cometió un crimen, pero no puede detenerlo sin pruebas. Un científico que sigue ciegamente sus presentimientos sin validarlos seguramente fallará al final. De la misma manera, si te vales de tu intuición para discernir los sentimientos y pensamientos de los demás, debes verificar tu suposición antes de actuar.

En el caso de la pareja del supermercado, usa tu intuición y pregúntate qué te parece este diálogo. ¿Era una conversación Adulto-Adulto («¿Has comprado cerveza?»—«Sí») o un diálogo Padre-Niño («Estás pensando en emborracharte?»— «¡Intenta impedírmelo!»)? Es probable que tu suposición sea correcta, pero las conjeturas no bastan. Se deben recopilar evidencias objetivamente.

Puede resultar útil seguir observando y recabar más información. Escuchemos la respuesta de la esposa.

Esposa: «¡Oh (sonriendo), está bien!».

Su respuesta parece indicar que acepta la de su esposo como una respuesta Adulta a una pregunta Adulta. No se habla más del tema y continúan con las compras.

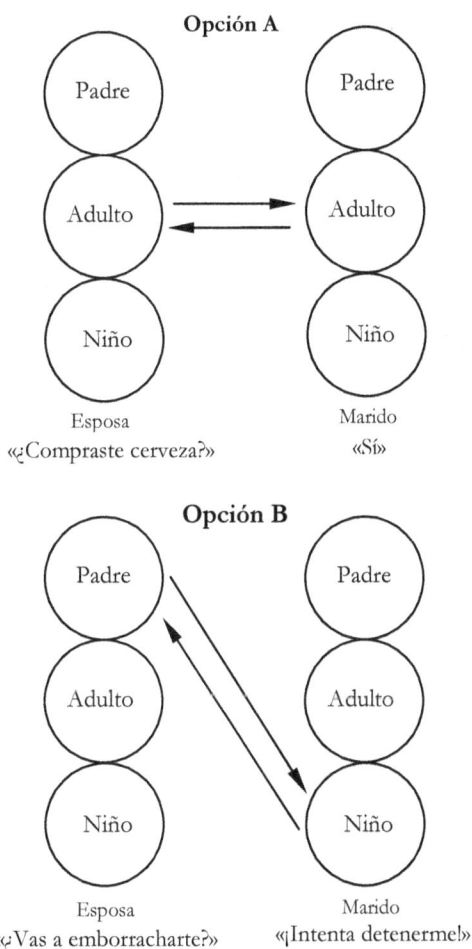

Opción A

Padre	Padre
Adulto ⇄	Adulto
Niño	Niño

Esposa
«¿Compraste cerveza?»

Marido
«Sí»

Opción B

Padre	Padre
Adulto	Adulto
Niño	Niño

Esposa
«¿Vas a emborracharte?»

Marido
«¡Intenta detenerme!»

FIGURA 2. ¿Qué está pasando aquí, A o B?

¿Se trató de una transacción de Adulto a Adulto? Puede que sí, pero también puede que no. Si pudiéramos seguirlos hasta su casa y continuar observándolos, probablemente las cosas se aclararían.

¿Se bebe él las seis botellas antes de la cena o comparten una cerveza mientras comen hamburguesas y consumen el resto en las semanas siguientes?

143

Te invito a que te conviertas en analista transaccional y observes las interacciones de la gente en el trabajo, en la calle o en situaciones sociales, e intentes analizar los estados del yo y los sentimientos que se muestran. Al analizar transacciones de este tipo no debemos apresurarnos a sacar conclusiones. La intuición en raras ocasiones es absolutamente correcta o incorrecta. Para descubrir cuáles de nuestras intuiciones son ciertas, debemos compararlas continuamente con la realidad. ¿Cómo podemos hacer eso?

¿CÓMO SE SIENTEN LOS DEMÁS?

En la vida diaria estamos constantemente tratando de entender el comportamiento de los demás. Cuando no nos comunicamos bien con alguien (cosa que sucede a menudo), nos vemos obligados a adivinar lo que sucede en la mente ajena contando con cualquier información de que dispongamos. No solemos preguntar a los demás el porqué de sus acciones. Probablemente, si preguntáramos, tampoco obtendríamos una respuesta fiable. Cuando queremos imaginar por qué la gente hace las cosas que hace, a menudo estamos obligados a basarnos en nuestra intuición. Pero usar algo tan difuso como la intuición hace que nuestras conclusiones no siempre resulten útiles o válidas. Es necesario comprobar nuestros presentimientos intuitivos y modificarlos para que se ajusten a lo que esté sucediendo.

Si muchas de las cosas que nos suceden en lo emocional son sombrías y negativas, también a menudo nuestras intuiciones respecto de los demás serán sombrías y negativas. Nos tememos que tal persona piense que somos feos o estúpidos, que le gustaría vernos dañados, o que preferiría no ser amiga nuestra en absoluto. Con frecuencia estos temores son exagerados, pero esto no significa que sean del todo equivocados; normalmente hay en ellos un núcleo de verdad.

Estas intuiciones negativas, si no se cotejan con la realidad, pueden convertirse en «fantasías paranoides». Son fantasías porque son producto de una mente febril, y son paranoides porque son exageraciones inexactas de un grano de verdad. Aquí no me estoy refiriendo a la clase de ilusiones persecutorias que hacen de la paranoia una forma de locura. El tipo de paranoia a la que me estoy refiriendo se origina por una conciencia exacerbada pero distorsionada, generada por nuestra intuición.

Somos conscientes de muchas cosas de las que nunca se habla, que se descuentan o que los demás niegan. A menos que expresemos y comprobemos nuestras intuiciones, nos quedaremos en meras conjeturas sobre las intenciones de los demás, y estas intuiciones podrían llegar a convertirse en fantasías paranoides y en resentimientos no expresados. Por eso es importante airear nuestras intuiciones y confirmarlas antes de que dañen nuestras relaciones. La mejor manera de hacerlo es simplemente preguntar: ¿estás enfadado?, ¿tienes miedo?, ¿te desagrado?

La Intuición en Acción, Estudio de un Caso

Isabel, molesta con su compañera Beatriz, se ha estado quejando a Mar de que no comprende su comportamiento y le parece que es caprichosa e irrespetuosa. Beatriz parece molesta con ella y parece que tiene poco respeto por los demás. Pero Mar simpatiza con Beatriz y sospecha que existe alguna clase de rivalidad oculta en los comentarios de Isabel. Cuando Isabel comienza a describir con todo lujo de detalles la mucha atención y el mucho tiempo que el jefe de ambas dedica a Beatriz, Mar está segura de que Isabel, a pesar de sus negativas, tiene algún tipo de celos de Beatriz.

—Suena como si te sintieras rechazada por Beatriz y perjudicada porque ella recibe más atención que tú.

—No, no, en absoluto —insiste Isabel—. Hace algunos años tal vez sentía algo así. Ahora simplemente me preocupa su conducta. Creo que está distanciando a mucha gente.

—Pero ella es muy popular —sostiene Mar.

—No sé como puede serlo, dada su conducta.

—Sin embargo, yo creo que las cosas que describes no son tan ofensivas, sino más bien positivas. ¿Estás segura de que no está influyendo algún resentimiento en la opinión que tienes de ella? —pregunta Mar de la forma más correcta de que es capaz.

—No, no, para nada —sostiene Isabel.

Mar está desconcertada. Su intuición está tocando la alarma, pero Isabel insiste en que ella no alberga ningún sentimiento negativo. El resultado es que Mar cada vez siente menos empatía por el malestar de Isabel. Le resulta muy desagradable que su intuición no se vea confirmada y por eso no puede conectar emocionalmente con su amiga. Mar comienza a mirar el reloj, deseando un cambio en la conversación.

En este caso, el hecho de que rechazaran su intuición hizo que Mar se distanciara emocionalmente. Cuando presentimos algo y se nos niega tenemos dos opciones; o nos olvidamos de lo que la intuición nos manifestó o persistimos en esa idea. Si seguimos obteniendo negaciones y rechazos a nuestra idea, los esfuerzos por descubrir lo que sucede pueden llevarnos muy lejos de la verdad, sobre todo si tenemos una imaginación activa.

DESCONTAR LA INTUICIÓN

Veamos otro caso de una negación de la intuición que al final quedó confirmada.

Desde hace mucho tiempo Dora tiene dudas respecto de su amistad con Carlos. Desde el comienzo de su amistad ha tenido claro que ella no tiene ningún interés romántico, pero en los últimos meses ella tiene el presentimiento de que el interés de Carlos es algo más que amistoso, cosa que le incomoda. Le molesta que él siempre parezca tener un interés romántico oculto.

Dora y Justo, su novio intermitente (ahora-estamos, ahora-no-estamos) se van a vivir juntos. De pronto, Carlos deja de llamarla y no le devuelve un par de llamadas. Dora había llegado a encontrar su relación con Carlos tan conflictiva que prácticamente se siente aliviada. Pero le aprecia y no desea perder su amistad. Entonces le envía una tarjeta con una nota breve, para ver si contesta. Al no recibir contestación, ella lo llama, sintiéndose algo nerviosa. Él le dice que ha estado deprimido porque sigue sin poder encontrar un buen empleo. Ella encara el temido asunto:

—Me extrañó que no llamaras. Me preguntaba si tal vez te resultaba incómodo llamarme a mi nueva casa porque ahora vivo con Justo.

—No, para nada —responde Carlos de inmediato.

—¿Estás seguro? ¿Puede que te sintieras incómodo si conoces por primera vez a Justo por teléfono?

—No, de ninguna manera—responde Carlos.

—¿Estás enfadado conmigo? ¿Algo va mal?

—No, no.

Esta respuesta deja a Dora confusa. A pesar de la insistencia de Carlos de que todo va bien, a ella aún le queda la sensación de que algo va mal con su querido amigo. Desde el punto de vista emocional, ésta es una catástrofe menor; la ha dejado confusa y consternada. ¿De verdad cree ella que él está bien y sólo está enfadado por el trabajo? ¿O está enfadada porque está negando que algo va mal? ¿Confía en él? Las preguntas que generan sus respuestas son suficientes para que su cabeza se haga un lío.

A lo que hizo Carlos se le llama un «descuento emocional». Niega la intuición de Dora de que Carlos esté enfadado al ignorarla por completo. El resultado habitual de una respuesta como esa es la confusión y una paranoia creciente. Para una relación es peligroso calificar las sospechas de alguien como completamente equivocadas. La otra persona puede sentir acertadamente que él o ella puede no estar totalmente equivocada, y puede comenzar a sospechar que no estás siendo sincero o que no eres consciente de tus motivos.

Dora decide aceptar su palabra. Pero él continúa sin llamar ni enviar ningún mensaje. ¿Debería ella insistir cuando la relación está tan llena de roces ocultos? Decide abandonar el tema durante un tiempo.

Para entonces, la mente de Dora está hecha un lío ¿Por qué decidiría él ahora ignorarla como amiga? ¿Se siente demasiado humillado como para llamar? ¿Está celoso de Justo? Si es eso, ¿le mintió cuando le dijo que no le molestaba que se fuese a vivir con él? Dora cree que ha dado a Carlos la oportunidad de ser sincero. En lugar de serlo, él rechazó su intuición de un solo golpe. En poco tiempo no queda nada de una amistad de años. Este ejemplo nos da una idea del rechazo y desconcierto que nos puede causar la negación de nuestra intuición.

Transacción de Educación Emocional nº 9:
Comprobar una Verdad. La Búsqueda de la Verdad, por Pequeña que Sea

La mayoría tenemos temores que evitan que admitamos que la intuición de otra persona es cierta. Lo podemos considerar como un signo de excesiva transparencia y de debilidad por nuestra parte, o puede que seamos reacios a herir los sentimientos de otra persona. En cualquier situación, si ha de resultar un diálogo emocional educado, la persona a la que se le ofrece la intuición de otra debe superar su rechazo y buscar la confirmación.

Volvamos al ejemplo anterior y veamos qué hubiera sucedido si Carlos hubiera sido más fiel a sus verdaderos sentimientos.

—¿Estás seguro? ¿No te resultaría incómodo conocer a Justo por teléfono? —preguntó Dora una vez más.

Esta vez, Carlos decide aceptar la intuición de Dora en lugar de descontarla.

—Bueno, sí, ya que lo preguntas, admitiré que me sentí molesto hace años cuando comenzaste a salir en serio con Justo y nunca nos presentaste.

—Creí que te dabas cuenta —responde Dora— de que a veces no me gusta presentar mis amigos unos a otros. Te expliqué que tuve experiencias en las cuales presenté a personas que no se agradaron nada y me sentí muy mal. Todo eso es bastante cierto, pero no es suficiente. Ahora le toca a Dora ser sincera.

—Pero Carlos, además debo ser sincera, ya que tú lo fuiste conmigo —esperó el permiso de Carlos para seguir—. Estaba nerviosa de presentarte a Justo porque pensaba que te interesabas en mí. Temía que cuando empezara a salir con Justo te sintieras celoso. ¿Tengo razón? ¿Te pusiste celoso porque fuéramos pareja?

Ahora ha llegado «el momento de la verdad» para Carlos. Puede negarlo todo o puede explicarle a Dora que su intuición está equivocada y que en realidad sucedía otra cosa en la que ella nunca pensó. O puede admitir que él se sentía exactamente como ella sospechaba. Quizá siente al mismo tiempo celos de Justo y a la vez sospecha que ella tiene vergüenza de presentarle a otra gente. De todas maneras, buscando qué parte de verdad hay en esa intuición, Dora consigue un diálogo emocionalmente maduro. En el ejemplo anterior, la negación absoluta de Carlos lleva a un muro emocional que deja a Dora sintiéndose confusa y desconcertada por los mensajes ininteligibles de Carlos. Una vez que Carlos aclara cuáles son sus sentimientos, Dora se siente profundamente tranquilizada y la relación entre ellos tiene una nueva oportunidad de continuar.

En ocasiones, toda la intuición puede ser correcta y no sólo una parte de ella. Por ejemplo, esta conversación podría haber confirmado fácilmente toda la intuición de Dora. Podría haber resultado de esta manera:

—Dora, en realidad me temo que tienes razón. Albergaba esperanzas de tener una relación contigo y me puse celoso cuando os fuisteis a vivir juntos.

O por el lado opuesto:

—Sí Dora, estoy enfadado contigo. De hecho, últimamente me ha enfadado mucho nuestra relación. No estoy seguro de que quiera seguir siendo amigo tuyo. Me estuve preguntando cuándo te darías cuenta y dejarías de llamarme.

Duras palabras por supuesto, y no muy educadas emocionalmente, pero mejor para Dora escucharlas claramente expresadas que tener que vivir en un clima emocional interminablemente confuso y doloroso.

Dora y Carlos pueden seguir explorando por qué ya no se sienten bien juntos, sus sentimientos dolorosos, y qué hizo ella para hacerle daño. O pueden dejar temporalmente el asunto y su amistad. En cualquier caso, ya han dado algunos pasos adelante en el proceso de la comprensión mutua y en el de vivir sus emociones con educación.

Normalmente, como en el caso de Carlos y Dora, las cosas no llegan tan lejos. La mayoría de problemas de este tipo se pueden resolver, y cuando es el caso, esta clase de diálogos pueden hacer maravillas para reparar los pequeños malentendidos que en caso contrario erosionarían una relación.

EL RESULTADO:
COOPERACIÓN EMOCIONAL AFECTUOSA

Conversar sobre los sentimientos mutuos puede dar resultados espectaculares, especialmente cuando ambas personas se comprometen a un diálogo emocional franco y cooperativo. En los talleres de educación emocional suelo explicar a los participantes que la intuición, cuando se utiliza bien, puede ayudar en gran medida a la comprensión mutua.

Por ejemplo, Sara y Julia eran dos compañeras de oficina que asistían a mis talleres. Tienen sentimientos encontrados.

Julia tiene 27 años y el físico de una modelo. Todos la consideran guapa, aunque no se arregla para evitar llamar la atención. Sara tiene 35 años y problemas de sobrepeso. Son compañeras de trabajo, y en los últimos tiempos habían tenido algunas discusiones desagradables. Su jefe las había animado a que acudieran al taller. Julia se sentía molesta por esas discusiones y hasta temía ir a trabajar.

En medio de una discusión acerca de la intuición, Julia preguntó a Sara si podía hablar acerca de una corazonada que tenía. Sara estuvo de acuerdo.

—Tengo la sospecha de que tú crees que soy incompetente y que estoy dispuesta a someterme a cualquier cosa que se le ocurra a la administración. ¿No es verdad?

Sara meneó la cabeza y respondió, nerviosa:

—No, en absoluto. Creo que tú eres muy inteligente.

Julia, desanimada, se sumió en su silla. Entonces yo expliqué que habitualmente hay algo de verdad en las intuiciones de la gente. Por lo tanto, sería mejor que en lugar de negar tajantemente las sospechas de Julia, Sara pensase en qué elementos de verdad, si es que existía alguno, podía haber en ellas.

—La educación emocional implica respetar la intuición de los demás, no desdeñarla —recordé a los asistentes—. Debéis tratar de buscar profundamente en vuestras propias motivaciones.

Les dejé reflexionar sobre esa idea durante unos segundos y después pregunté a Sara si había algo de verdad en la intuición de Julia.

Sara pensó y después asintió.

—Julia, creo que tu suposición es correcta en cierta forma—dijo nerviosamente—. Creo que eres inteligente, pero estoy enfadada contigo porque creo que te asustas con facilidad y le sigues la corriente a la gente que te intimida. Eso me hace pensar que eres débil. Pero estoy convencida de que eres inteligente.

Julia se sintió mejor al escuchar cuáles eran los verdaderos sentimientos de Sara y estuvo de acuerdo con ella en que se intimidaba fácilmente y que tenía grandes deseos de aprender a ser más firme. Entonces reveló otra de sus intuiciones:

—Tengo otra sospecha que me resulta muy difícil de expresar, pero supongo que si deseo ser sincera, debo hacerlo. ¿Quieres escuchar lo que estoy pensando?

—Está bien —respondió Sara, con una expresión alarmada.

—Bueno —dijo Julia—. También supongo que estás resentida porque soy más joven y los hombres de la oficina me encuentran atractiva. Me preocupa que tú me puedas ver como una especie de muñequita.

El grupo permaneció en silencio mientras miraban nerviosos a Sara y se preguntaban qué respondería. Yo también estaba preocupado. A pesar de la cantidad de talleres que llevo realizados, me pongo híper-alerta cuando surge un tema tan escabroso, ya que la seguridad emocional de los miembros del grupo está en mis manos.

—No es fácil, pero tengo que admitir que estoy celosa de la atención que consigues de los hombres que te rodean. Eso es parte de mi enfado —afirmó Sara—. No estoy orgullosa de ello, pero es verdad.

El grupo quedó en silencio mientras luchaban con la incomodidad que sentían. Marcos, otro miembro del grupo, rompió el hielo con una pregunta. Finalmente, Sara y Julia obtuvieron caricias muy sinceras por su coraje y honestidad. El grupo continuó explorando las sutilezas de las relaciones en la oficina. Después de un taller de dos días los miembros salieron sintiéndose optimistas y llenos de energía. Sara y Julia se habían reconciliado y se habían dado un abrazo sincero y prolongado.

Como puedes ver, cuando conseguimos «Abrir el Corazón» con estas dos técnicas —la declaración de acción/sentimiento y la validación de supuestos intuitivos— se produce un diálogo emocionalmente maduro que evita las sospechas, los temores, las recriminaciones y la culpa.

A partir de estos diálogos, la gente aprende a hablar sinceramente y a reunir información acerca de los sentimientos de unos hacia otros. Descubren cómo sus acciones afectan los sentimientos de los demás y cómo sus intuiciones reflejan y a la vez distorsionan la realidad. Todo esto se logra sin enjuiciamientos, acusaciones ni caos emocional, y se trabaja en pos de la confianza. El resultado final es la cooperación emocional afectuosa en la que todo el mundo consigue lo que quiere: amar y ser amado.

CÓMO MADURA LA EMPATÍA

A medida que la confianza y la comunicación sincera se van desarrollando en una relación, la gente comienza a compartir sus intuiciones y a encontrar el grano de verdad que les permite legitimar las intuiciones del otro. Este diálogo continuado afina la comprensión que la gente se tiene en el terreno emocional. Se aprende cómo pueden sentirse los demás ante ciertas situaciones: qué les preocupa y qué cosas les tranquilizan. Con estas transacciones, y practicándolas a lo largo del tiempo, la intuición va madurando y se convierte en un poderoso sentido de la empatía.

La intuición a menudo empieza siendo una vaga comprensión de la que apenas tenemos conciencia, para convertirse después en una poderosa linterna que ilumina el paisaje emocional, haciéndolo familiar y accesible. Esta capacidad centrada en el corazón de sentir lo mismo que otro es un componente esencial para el siguiente paso: Asumir Responsabilidad.

Otro Caso de Estudio del Paisaje Emocional: Juntándolo Todo

Veamos ahora qué sucede cuando juntamos los pasos que hemos cubierto hasta ahora.

Ramón y Sandra trabajan juntos. Sandra, la dueña de la empresa, es la jefa de Ramón. Hace alrededor de seis meses que comenzaron una relación sexual. Ahora, tras meses de bienestar romántico, han empezado a discutir. Me pidieron, como amigo, que les ayudase a desentrañar los conflictos y sentimientos negativos que les asediaban. Yo simpatizo con ambos y me preocupaba que se hubiesen empantanado en un conflicto insuperable. Temía que debiesen dejar de trabajar juntos, romper la relación o ambas cosas. Ellos deseaban saber si era posible seguir trabajando juntos y además mantener el vínculo de pareja que les unía.

Pese a las dificultades que estaban teniendo, sostenían que tenían sentimientos muy fuertes el uno respecto del otro y que les gustaría llegar a un compromiso duradero. Sus peleas habían comenzado en el trabajo con discusiones acerca de las políticas empresariales y las relaciones con los clientes. Ramón es amistoso e informal con los clientes, mientras que Sandra tiende a ser más seca y formal. Normalmente esto logra un buen equilibrio, pero en este caso, tres clientes a los que Ramón había concedido crédito dejaron de pagar sus deudas en un mal momento de la economía. Sandra quería que él exigiese el pago inmediato y Ramón rehusó hacerlo. Ambos piensan que el otro no está siendo razonable. Sandra cree que Ramón está perjudicando las finanzas de la empresa, y Ramón piensa que la actitud de Sandra va a dejarlos sin clientes. Este conflicto en el trabajo se infiltró en sus vidas personales. Ahora parece que están en desacuerdo en todo. Su relación sexual está prácticamente terminada y la luna de miel parece que toca a su fin.

Después de varias conversaciones telefónicas, les invité a cenar para hablar del problema. Tras el postre, les sugiero que comencemos la charla. Sandra está triste y Ramón parece irritado, pero ninguno de los dos habla de sus sentimientos. En lugar de eso, se dedican a criticarse mutuamente. Sandra se queja de que Ramón siempre había sido apasionado, pero ahora es perezoso con el sexo. Ramón dice que se siente constantemente hostigado y criticado.

Después de escucharlos un rato, intervine.

—Mirad, está claro que ambos estáis bastante molestos, ¿estáis de acuerdo?

Sandra asintió. Ramón, inexpresivo, parecía querer escucharme.

—Comencemos buscando qué es lo que os gusta a cada uno del otro. Cuando la gente se mete en discusiones como ésta se olvidan de aquello que les unió al principio. ¿Os apetece hacerlo?

Ambos estuvieron de acuerdo e intercambiaron sus opiniones mutuas. Ella habló de lo atractivo y fuerte que era y él la halagó por su alegría vital y su inteligencia. Era un intercambio un poco con la boca pequeña pero les relajó lo suficiente como para darse cuenta de que su disgusto no era tan grande como parecía.

—Ahora me gustaría ayudaros a aclarar por qué estáis tan enfadados, y para ello sugiero que utilicemos lo que llamo la técnica de acción/sentimiento. ¿Estáis dispuestos a probar?

Ambos asintieron.

—Es muy sencillo. Por turnos, se trata de ir rellenando los espacios en blanco de una declaración acción/sentimiento del tipo: «Cuando tú (acción), yo sentí (emoción)». El objetivo es describir acciones específicas y los sentimientos o emociones resultantes. Sin adornos ni rodeos, sólo esos dos hechos; un acto y los sentimientos producidos.

—¿Quién desea empezar? Creedme, será interesante. Se trata de que tengáis una idea de vuestro paisaje emocional y de explorar lo que sucede entre vosotros. Una cosa más antes de comenzar.

Les expliqué entonces lo importante que era pedir permiso antes de decir algo emocionalmente cargado.

Después de un incómodo silencio, Sandra fue la primera en intervenir.

—¿Puedo decirte algo que sentí la otra noche?

Después de que Ramón asintió, continuó.

—Cuando la otra noche me desilusionaste, sentí que ya no me amabas.

—Para, Sandra, espera —interrumpí—, tendremos que modificar esto un poco para transformarlo en una declaración acción/sentimiento. ¿Puedo intentarlo?

Ella asintió.

—Dijiste que te desilusionó. Eso no es una acción bien definida. ¿Qué fue lo que hizo?

—Él lo sabe. Después de animarme durante toda la noche, se dio la vuelta en cuanto nos fuimos a la cama y se durmió —dijo Sandra—. Eso fue muy frustrante y me hizo pensar que ya no me quería.

—Aquí lo que buscamos —dije— es una sencilla declaración de las emociones que siguen a una conducta concreta. Primero acordemos que estamos de acuerdo en que se fue a dormir.

Miré a Ramón y vi que él no discutía ese hecho. Me volví entonces hacia Sandra y le pregunté:

—¿Qué fue exactamente lo que tú sentiste cuando él se durmió? Vamos a referirnos a sentimientos primarios como tristeza, enfado o vergüenza.

—Los tres —respondió instantáneamente.

—Bien, ¿cuál de los tres apareció antes y con cuánta fuerza? —pregunté.

—Vergüenza. Me avergoncé de lo muy necesitada que estaba sexualmente y me entristecí, luego vino la tristeza y ahora estoy enfadada, muy enfadada —las lágrimas le inundaron los ojos.

—Bien. Ahora, con la información que me has dado, construiré una declaración de acción /sentimiento, dejando de lado las acusaciones: «La otra noche, cuando te dormiste en lugar de hacerme el amor, me sentí herida, triste y después enfadada». ¿Te das cuenta?

Sandra asintió, secándose los ojos.

Ramón seguía sentado sin expresión en el rostro. Me volví hacia él.

—¿Comprendiste lo que dijimos, Ramón?

—Sí, pero en realidad yo no...

—Estoy seguro de que tienes muchas cosas para decir acerca de esa situación —le interrumpí—, pero en este momento quiero sencillamente que me digas si comprendiste lo que dijo Sandra. Literalmente, que ella se sintió avergonzada, triste y enfadada porque te dormiste en cuanto te acostaste la otra noche. Esto ayudará a aclarar lo que está sucediendo entre vosotros.

—Está bien, lo veo. ¿Puedo decir cómo me siento?

—Por supuesto.

—Siento que me he convertido en el chivo expiatorio de Sandra. Ella me critica y después quiere que le haga el amor apasionadamente. Yo no puedo hacer lo que ella quiere en el trabajo y en la cama, y me siento mangoneado.

Expliqué nuevamente el problema de que sentirse «mangoneado» o «el chivo expiatorio» no es un sentimiento, y la necesidad de una declaración concisa que relacione actos con sentimientos. Por fin Ramón se refirió a diferentes ocasiones específicas en las que Sandra había hecho comentarios críticos. Finalmente, pudo articular los sentimientos que había experimentado: «ira y tristeza».

Siguieron hablando. Sandra se refirió al modo despreocupado con el que Ramón encaraba las finanzas de la empresa y cuánto la asustaba eso, y Ramón mencionó que se sentía incómodo cuando Sandra dejaba claro quién era la dueña de la empresa y que había recibido una educación mejor que la suya. Aunque les animé a expresar solamente sus estados emocionales primarios —dolor, tristeza, vergüenza, ira— seguían apareciendo reacciones emocionales más complejas. En tan sólo una hora habíamos logrado sacar mucha información. Seguimos adelante y les expliqué que las reacciones emocionales complejas como éstas consisten en emociones primarias que llevan a intuiciones negativas. Por ejemplo, la creencia de Sandra de que él la despreciaba sexualmente y ya no la amaba, y la creencia de Ramón de que Sandra le criticaba su educación inferior y le utilizaba sexualmente.

Les dije que ya estábamos preparados para tratar esas especulaciones y les pedí que expusieran sus sospechas, las mismas que anteriormente les había pedido que callaran. Pero seguía poniendo una regla; escucharse mutuamente con la mente abierta. En lugar de negarse las acusaciones recíprocamente, tendrían que buscar la parte de verdad que contuviesen, por pequeña que ésta fuese.

Comencé con una pregunta: ¿Pensaba Sandra en Ramón sólo como un hombre sexy pero sin cerebro? Éste era uno de los temores de Ramón, que ella negaba categóricamente. Invité a Sandra a pensarlo otra vez.

—Sandra, partamos de la idea de que Ramón no está loco y por lo tanto, si él cree estas cosas, puede haber algo de verdad en ellas. Descontar lo que él siente no aporta nada bueno. En vez de eso, ¿por qué no piensas qué hay de verdad en esos temores, aunque sólo sea en alguna pequeña parte de ellos?

Ella frunció el entrecejo y permaneció en silencio. Finalmente habló:

—Ramón, es verdad que aprecio el modo en que me haces el amor. También es cierto que deseo eso tanto como otras cosas que me das. Creo que cuando hacemos el amor eres maravillosamente irracional. Sin embargo, considero que estás en lo cierto; ese sentimiento forma parte de cómo te veo todo el tiempo, y es posible que eso te haga daño.

—Sí me lo hace —respondió Ramón.

Después de unos instantes de incómodo silencio, Sandra preguntó a Ramón:

—¿Puedo decirte algo que temo que tú pienses de mí?

Él estuvo de acuerdo en escuchar lo que ella fuese a decir:

—Me cuesta mucho decirlo, pero temo que tú pienses que soy frígida.

—¿Te refieres a sexualmente frígida?

—Sí —respondió Sandra, al borde de las lágrimas. Él pensó durante un largo rato y me miró, confundido.

—Piénsalo —dije—. ¿Qué le daría esa impresión? ¿Piensas que ella es fría en algún aspecto?

—Bueno, sí, creo que a veces es fría —respondió, volviéndose hacia Sandra— La forma en que tratas a los clientes es fría, y a veces también me tratas a mí así. Lo he pensado alguna vez. Pero, en la cama, cuando quieres, eres apasionada, o tal vez debería decir que lo eres cuando te sientes bien conmigo.

Sandra estuvo de acuerdo.

—Creo que tal vez era eso lo que sentía: que tú me encuentras frígida en la manera como dirijo los negocios. Odio ese aspecto frío que tengo —dijo, otra vez al borde de las lágrimas.

Ramón se acercó y la abrazó:

—Yo no lo odio. Lo admiro. Admiro la manera como te ocupas del negocio. Pero no quiero que cierres mi cuenta.

Ambos rieron. La conversación continuó y seguimos trazando los sentimientos que tenían ambos. Vimos cómo habían estado muy ocupados sacando conclusiones negativas acerca de las acciones del otro y creando sentimientos desagradables entre ambos. Les expliqué que nuestras relaciones tienden a caer en rutas o canales que tienen dos direcciones posibles, positivas o negativas.

El amor, el respeto mutuo, la confianza, la gentileza, la satisfacción sexual y la admiración personal pueden ir alimentándose recíprocamente para crear una buena relación, de la misma forma en que la ira, el egoísmo, el resentimiento y las opiniones negativas pueden irse potenciando hasta arruinarla. La relación de Sandra y Ramón había pasado de un estado positivo —la luna de miel de afecto y pasión crecientes— a uno negativo. Harían falta energía y esfuerzo para regresar al ciclo positivo y asentarse en él, pero ahora sabían lo que sentían, con cuánta fuerza y por qué, y eso sin duda los ayudaría.

Sandra y Ramón terminaron la conversación con un abrazo y un beso espontáneo, y con agradecimiento muy efusivo hacia mí. Iniciaron una terapia de pareja y continuaron con su educación emocional. Hasta esta fecha parece irles bien y afirman que nuestra conversación después de esa cena fue el comienzo de una relación renovada.

RESUMEN

Examinar el Paisaje Emocional

A pesar de lo quieran hacer creer algunos psicólogos populares, uno puede causar emociones en otra persona, y a la inversa. Por eso es tan valiosa la declaración acción/sentimiento. Se puede utilizar para explorar los sentimientos causados por uno al otro y viceversa sin hacer acusaciones ni enjuiciar a nadie.

El formato es simple: «Cuando tú (acción), yo sentí (emoción)». Si utilizas correctamente las declaraciones acción/sentimiento, después de un tiempo habrás iluminado el paisaje emocional que te rodea. Tendrás una herramienta para aprender lo que siente la gente, con qué fuerza y por qué, y cómo esos sentimientos se relacionan con las acciones de otros. En este proceso, es muy importante aprender a escuchar y entender el efecto que nuestras acciones tienen sobre los demás, sin ponernos a la defensiva.

A medida que aumentes tu educación emocional, podrás sentir lo que sienten los demás utilizando tu intuición. Aprenderás a manifestar tus presentimientos intuitivos a la gente, y a medida que esos presentimientos sean confirmados, tu intuición madurará hacia un sentido empático. Este sentido empático afectivo es el fundamento del comportamiento emocional educado. Con él podemos afrontar situaciones emocionalmente difíciles y evitar que se produzca una escalada, al mismo tiempo que abrimos la puerta a relaciones más ricas y satisfactorias.

6. LOS ERRORES QUE COMETEMOS Y POR QUÉ LOS COMETEMOS

Antes de ir a la tercera etapa, la más difícil en la educación emocional, veamos los errores que cometemos y por qué los cometemos.

Sabemos que, antes o después, todos cometemos grandes errores y también otros más pequeños. Herimos a la gente que amamos, mentimos a nuestros amigos, traicionamos a los que confían en nosotros, intentamos ayudar y cuando no lo conseguimos Perseguimos a los que nos necesitan. Cuando cometemos estas equivocaciones y nos damos cuenta, nos culpamos, culpamos a nuestra Víctima o damos una disculpa hueca. La mayoría de las veces, lo que hacemos para enderezar las cosas no parecen funcionar bien. Necesitamos comprender por qué seguimos repitiendo estos errores y a continuación dar los pasos necesarios para corregirlos.

Eric Berne, con su teoría de los juegos y los guiones, nos dio una manera muy efectiva de comprender por qué cometemos esos errores emocionales y sugirió un método muy efectivo para dejar de hacerlo. Deja que te lo explique.

LOS JUEGOS QUE LA GENTE JUEGA

Si observas a la gente y escuchas sus conversaciones te darás cuenta de que algunas personas incurren una y otra vez en el mismo tipo de transacciones desagradables. Algunas personas se vuelven agresivas e intimidan a los demás. Otras personas resultan heridas continuamente. Algunos transforman en chistes todas sus conversaciones. Otros deprimen a todo aquel con el que hablan. Ciertas parejas o familias se engarzan en peleas acerca del dinero, la educación de los hijos o del sexo y parece que no pueden salir del tema. Casi todos seguimos algunos de estos modelos o más de uno, y lo repetimos una y otra vez. A estos patrones repetitivos se les llaman juegos.

Si prestamos atención podemos notar los sentimientos que se derivan de estas interacciones. En las conversaciones en las se hace un juego, una o más personas acaban sintiéndose mal; heridas, enfadadas, asustadas, etc. Otras conversaciones se desarrollan tranquilamente y la gente se siente bien después de ellas. Probablemente estén libres de juegos. En todos los casos, la gente está recibiendo «caricias». Cuando participa en juegos, sobre todo se intercambian caricias negativas. Cuando las interacciones están libres de juegos, las transacciones son positivas y las caricias buenas. Berne descubrió que existen diferentes tipos de juegos. Por ejemplo, algunas personas juegan juegos deprimentes como «Dame Una Patada», otros juegan juegos agresivos como «Ya Te Tengo» e incluso hay quien se dedica a los juegos autodestructivos como «Alcoholismo»[31].

¿Por qué la gente juega estos juegos? Hay diferentes teorías. Una es que la gente que juega estos juegos está haciendo esfuerzos equivocados para obtener caricias positivas, pero esos intentos salen al revés y se vuelven contra ellos produciendo contactos negativos. Yo coincido con esta teoría y he llegado a la conclusión de que la gente participa en estos juegos porque está hambrienta de caricias y las conseguirá a cualquier precio, incluso si todo lo que sacan son malas caricias. Llamo a esta teoría «análisis transaccional centrado en el corazón».

GUIONES; LAS DECISIONES QUE GOBIERNAN NUESTRAS VIDAS

Aunque los juegos sean intentos fallidos y dañinos para conseguir contactos o caricias, cada juego que termina da al jugador caricias, aunque sean negativas. También dan al jugador otra recompensa: el juego confirma la visión del mundo que el jugador ha decidido adoptar. Esto genera una «ventaja existencial» que capacita al jugador para ver su vida como algo coherente e inteligible, aun cuando su visión de la vida sea negativa. Algunos puntos de vista típicamente negativos sobre la vida son «Los buenos siempre pierden», o «Nunca confíes en una mujer (o en un hombre)», o «Métete conmigo y te arrepentirás». Aunque se traten de ideas negativas, el jugador tiene la sensación de que comprende la realidad, aunque sea una realidad podrida.

A una edad temprana, la gente ya decide sus expectativas existenciales. Estas decisiones se transforman en planos o guiones para la vida, semejantes a los de una película o una obra de teatro. Mucha gente lee su papel en estos guiones durante el resto de su vida. Cada vez que una persona juega un juego hasta el final, obtiene un sentimiento agridulce llamado la «recompensa del guión (o existencial)». Este sentimiento le está mostrando que aunque se encuentre mal, al menos sabe quién es y cuál es el significado de su vida. Algunos principios existenciales realmente nocivos, pero que de todos modos dan significado a la vida, son: «Nacido para perder», «Todos me odian», «Soy malo (o estúpido)», «Todo me sale mal».

Al cabo de un día terrible, al menos podemos decirnos: «Ya lo sabía. La vida es un infierno y después te mueres». Al final de una vida terrible, podemos decirnos: «Justo lo que pensaba. La vida fue un infierno y ahora me estoy muriendo».

Los juegos son una parte de estos modelos de vida o guiones. Quien juega a «¿Por qué no...? Sí, pero...» está jugando un juego depresivo; el jugador del «Dame Una Patada» ha adoptado un guión de Víctima; el jugador agresivo tiene un guión de Perseguidor, el alcohólico tiene un guión trágico y autodestructivo, y así sucesivamente. Los juegos en que participamos y las caricias obtenidas dan significado a nuestras vidas.

Un tipo de decisión de guión que tomamos precozmente es el referente a las emociones. A menudo optamos por un extremo emocional o por el opuesto. Podamos nuestros sentimientos y acabamos permanentemente embotados, o decidimos dar rienda suelta a las emociones y acabamos en un caos emocional. Decidimos no amar y nos volvemos duros y fríos, o decidimos amar siempre y acabamos continuamente desilusionados. Decidimos evitar la ira a cualquier precio y nos volvemos totalmente pasivos o decidimos expresar la ira libremente y nos volvemos violentos. Decidimos dejar de sentir o decidimos dar rienda suelta a cualquier sentimiento que tengamos.

Para arreglar todo esto lo que debemos hacer es examinar los principales patrones de nuestra vida. Todo aquel que regularmente tiene problemas con los demás, si reflexiona, se dará cuenta de que probablemente está atrapado en una serie de juegos que conforman un guión para su vida, normalmente adoptado en la infancia.

Tomemos el caso del hombre a quien habitualmente despiden del trabajo. O el de la mujer que es abandonada por sus amantes una y otra vez. O el de quien se emborracha con frecuencia. Si siempre llegas tarde, siempre tienes deudas, siempre olvidas las cosas, siempre mientes para ocultar tus errores, o siempre te engañan, lo más probable es que estos problemas interminables sean parte del guión de toda una vida. Hay muchas teorías que intentan explicar por qué nuestras vidas se complican tanto, por qué nos deprimimos tanto que perdemos interés por la vida, o por qué enloquecemos, nos hacemos adictos o herimos a las personas que nos rodean. La mayoría de estas teorías tienden a culpar a nuestros padres de una manera u otra. Algunas culpan a los genes de nuestros padres considerando que estos problemas son hereditarios. Otras ponen la culpa en el comportamiento de nuestros padres, afirmando que ellos nos maltrataron y nos enseñaron a ser depresivos, locos o borrachos.

Todas estas teorías son un poco ciertas para algunas personas y muy ciertas para otras. Hay algunos aspectos hereditarios en el alcoholismo, la locura y la depresión. Es verdad que algunos aprendemos de nuestros padres a ser depresivos, mentirosos, irascibles o a actuar de manera desvariada. Por último, algunos hemos tenido una infancia difícil que nos dejó mal informados, confusos y atemorizados. De todos modos, aun cuando en nuestros genes haya algo que nos haga actuar tal como lo hacemos, e incluso cuando las experiencias de nuestra infancia o posteriores nos hayan perjudicado mucho, la vida se sigue componiendo de experiencias cotidianas que se van conformando de acuerdo con nuestras decisiones y nuestro comportamiento diario. Si modificamos esas experiencias cambiando nuestras decisiones y comportamientos y rectificando nuestros errores, también nuestra vida puede cambiar.

Podemos cambiar los patrones de nuestras vidas decidiendo cambiar nuestros guiones y encontrando significado a una vida en la cual nos tratamos bien a nosotros y a la gente, en lugar de herirla constantemente. Ésta es una decisión en favor de la educación emocional que tiene un efecto transformador sobre los que nos rodean y sobre nosotros mismos.

RESCATADOR, PERSEGUIDOR Y VÍCTIMA

¿Cómo escapar de estas trampas emocionales? Como los guiones no están impresos de manera indeleble en nuestro cerebro ya que se originan en decisiones propias, no estamos atados a ellos, se pueden redecidir. Podemos alterarlos cambiando nuestra manera de pensar y comportándonos de formas nuevas y más productivas.

El primer requisito para cambiar los guiones es comprender los tres roles destructivos que la gente suele desempeñar en los juegos y guiones. Estos roles son los de Rescatador, Perseguidor y Víctima. Son comunes a todos los juegos. Cuando estamos representando nuestro guión alternamos entre estos tres papeles. Si dejamos de participar en los juegos del guión y en sus papeles matamos literalmente de hambre al guión al privarlo de las caricias negativas que lo alimenta.

• Los Rescatadores cuidan a la gente que se debería cuidar a sí misma, librándola de su responsabilidad e impidiendo

que tome sus propias decisiones y encuentre su propio camino.
- Los Perseguidores critican, juzgan, predican y castigan.
- Las Víctimas permiten que otros se hagan cargo de sus vidas y cuiden de ellos.

¿Por qué nos apegamos a esos roles? Porque hemos aprendido a recibir caricias de ese modo y porque estos papeles dan significado a nuestras vidas. Es más, Berne halló que toda persona que participa en juegos al final interpreta todos los papeles del juego. Por eso, siguiendo la sugerencia de Stephen Karpman[32], en el Análisis Transaccional situamos estos tres papeles principales en un triángulo para mostrar cómo la gente va de uno a otro punto como en un carrusel interminable.

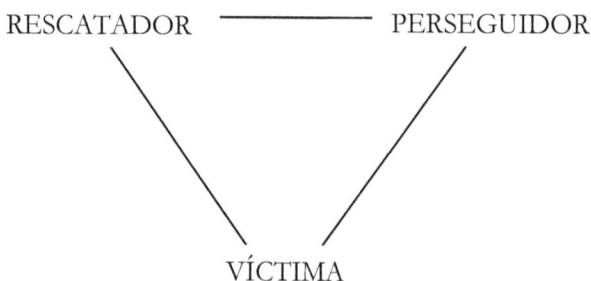

RESCATADOR ——————— PERSEGUIDOR

VÍCTIMA

FIGURA 3. El Triángulo Dramático

De hecho, estos roles son tan importantes para nosotros que cada uno de ellos ha sido legitimado como base de una ideología política. El del Perseguidor ha sido adoptado por los conservadores extremistas, que no quieren tener ninguna responsabilidad por sus semejantes y que desearían encarcelar y desposeer a cualquier persona que no sea un «buen ciudadano». El rol del Rescatador es desempeñado por la izquierda, que parte de la premisa de cobrar impuestos y gastar dinero y que están dispuestos a sacrificar todos los recursos para cuidar de la gente. El papel de Víctima es el preferido de

166

aquellos grupos cuyos miembros combaten a la sociedad o que no quieren hacerse cargo de ellos mismos y aspiran a que otros les cuiden. Todo esto no implica que estas actitudes no sean en ocasiones legítimas. Cuidar a otros puede ser loable. Es importante pedir que la gente se haga cargo de ella misma. Es razonable pedir ayuda cuando no podemos seguir adelante solos. Es importante que la gente se queje cuando la tratan mal. Pero cuando alguna de estas actitudes se convierte en un dogma político rígido e indiscutible, se convierte en algo perjudicial e improductivo.

Una forma fructífera de observar este comportamiento es la de que los papeles de Perseguidor y Rescatador corresponden a conductas emanadas de porciones distintas del cerebro triuno, según se presentó en el Capítulo 2. Desde esta perspectiva, el papel de Perseguidor se origina en el cerebro reptiliano y el de Rescatador en el cerebro límbico. Cambiamos de uno a otro según percibamos a la Víctima. Si la Víctima parece indefensa la Rescatamos. Si la Víctima parece rebelde la Perseguimos.

Alguna gente parece inclinada políticamente de manera innata o por su crianza a ver a la gente impotente como predispuesta para tomar lo que no es legítimamente suyo. Ante una conducta de impotencia reaccionarán con una respuesta territorial y reptiliana («Lo mío es mío», e incluso «Puedo matar por aquello que me importa»). Otros tienen la predisposición de ver a la gente impotente como indefensa. Reaccionarán a la impotencia con una respuesta protectora y límbica («Lo mío es tuyo» y «Si debes, llévatelo todo»).

Está claro que cualquier tipo de reacción no pensada ante la impotencia es probable que sea improductiva. Necesitamos usar nuestro estado del yo Adulto y neocortical para evitar Rescates y Persecuciones y para responder con protección o para defender nuestras fronteras según sea lo más beneficioso para todos los implicados.

167

¿Cómo romper con los guiones, detener los juegos y reivindicar una vida sana y natural? La respuesta es que es necesario dejar de lado los roles de Rescatador, Perseguidor y Víctima. Pero cuando lo hagamos, debemos tener cuidado y asegurarnos de que no estamos pasando simplemente de un rol a otro. Cuando una persona trata de dejar de jugar juegos, su primera tendencia es pasar a otro papel del mismo juego. Si eres una Víctima en el juego del Alcoholismo (es decir, eres el alcohólico indefenso) puedes pensar que estás cambiando al asumir el rol del Perseguidor agresivo o el del amable Rescatador, pero esto no es una mejora. Simplemente estás en el mismo juego con los papeles intercambiados.

Eric Berne creía que la mayoría de nosotros tiene una tendencia innata a encontrar la felicidad y a vivir vidas mentalmente sanas. De ahí el famoso dicho «Yo estoy bien, tú estás bien». Para hacer los cambios necesarios, cada persona necesita encontrar en ella su «núcleo de estar bien», y reconocerlo en la gente cercana. No hay mejor manera para encontrar tu «núcleo de estar bien» que decidirse a actuar de manera diferente a partir de este momento: quererse y cuidar de uno mismo al mismo tiempo que quieres y cuidas de los demás. En otras palabras, no Rescatar, no Perseguir, y no ser una Víctima. Y nada nos recordará mejor nuestros errores previos que pedir disculpas por ellos y enmendar la situación de manera sincera y de corazón. Por eso esta última parte del programa te enseña a pedir disculpas y a enmendar errores.

El Carrusel del Rescatador, el Perseguidor y la Víctima

Veamos estos roles con más detalle y cómo trabajan para mantenernos atrapados en melodramas sin sentido, improductivos, cambiantes y revoltosos.

El Rescatador. Un rescate es un suceso transaccional, parte de una forma de conducta muy común también conocida como «codependencia» o «capacitación». Normalmente comienza con unas ganas excesivas de ser útil, algo que más tarde causa problemas y conflictos. Interpretamos el Rescatador a) cuando hacemos cosas que no queremos hacer para otras personas, o b) cuando hacemos más de lo que nos corresponde. Las personas nos inspiran a Rescatarlas cuando parece que son incapaces de hacerse responsables de ellas mismas. Algunas personas son Rescatadoras natas, y Rescatarán a los demás a la más ligera provocación, incluso si la otra persona no tiene un deseo real de ser Rescatada. Cuando actuamos así normalmente es porque:

1. Nos gusta sentirnos necesarios.
2. Confundimos a gente competente que está teniendo dificultades con gente indefensa incapaz de cuidar de sí misma.
3. Nos educaron para que creyéramos que tenemos que conseguir que la gente sea feliz a cualquier precio.

Alicia es una Rescatadora habitual. Se entera de que Ricardo, su vecino de siempre, tiene SIDA. La próxima vez que lo ve se siente impelida a ser muy reflexiva y a aludir a su enfermedad únicamente con el tacto más exquisito. Al final, el esfuerzo para evitarle a Ricardo su dolorosa condición y que se sienta bien hace que a ella le resulte desagradable incluso verlo. Alicia tiene una vaga conciencia de que Ricardo es un hombre autosuficiente y de espíritu equilibrado que en realidad no necesita su profunda emoción de pena. Sin embargo, Rescatar es un hábito tan arraigado que ella no sabe cómo pararlo. Por su parte, Ricardo puede ser arrastrado por Alicia a conversaciones sobre su enfermedad en contra de su buen juicio. La tendencia de Alicia al Rescate convierte en agotadora su relación con Ricardo, hasta el punto de que ella empieza a evitarlo. Aún más, sabe que está empeorando la situación para Ricardo y se siente culpable por llevarlo al papel de Víctima con su conducta Rescatadora.

La situación es típica para Alicia, que constantemente está intentando hacer el bien a los demás, pero que a menudo crea problemas a la gente en vez de resolvérselos. Los Rescates también pueden partir de un deseo sutil de lograr que los demás estén en deuda con nosotros, o por la incapacidad de decir «No» cuando se nos pide algo. Cuando nos tememos que estamos atrapados en un Rescate propio puede ser difícil estar seguro de ello. Aquí están dos criterios muy específicos que definen una transacción de Rescate. De nuevo, Rescatamos cuando:

• Hacemos algo que no queremos hacer, o
• Hacemos más de lo que nos corresponde en una situación dada.

Es muy importante distinguir el rescate como una actividad humanitaria del Rescate como un papel emocional dañino. Por eso en análisis transaccional lo escribimos respectivamente con minúsculas y mayúsculas. Está claro que si alguien está indefenso y necesita alimento, cuidado médico o refugio, podemos ser de ayuda y deberíamos hacerlo. Si aparecemos en un momento crucial y literalmente la salvamos la vida a alguien, lo hemos rescatado de una manera profundamente positiva. No obstante, muy a menudo, en casos en los que «ayudamos» a alguien, en realidad le estamos haciendo daño, aun cuando creamos que le estamos haciendo el bien.

Una persona que es Rescatadora habitual, haciendo siempre más de lo que le corresponde y enzarzándose en actividades en las que ella realmente no quería participar, lo más probable es que cree problemas interpersonales para ella y para los demás. El Rescate no deseado fomenta el egoísmo, la dependencia y la indefensión por parte de la Víctima. También arrasa la iniciativa de la persona Rescatada y su poder personal, que al final generará ira y resentimiento tanto en el Rescatado como en el Rescatador. Además, ata al Rescatador y a la Víctima en una relación de dependencia mutua o codependencia, en la que resulta que el Rescatador necesita a la Víctima tanto o más de lo que la Víctima necesita al Rescatador.

El Perseguidor. El papel de Perseguidor es más fácil de ubicar que el de Rescatador. Puede ser emocionalmente frío o implicar ira, críticas y juicios desfavorables, y tener una actitud de superioridad. Nuevamente una característica de estos tres papeles es que si interpretas uno, al final vas a interpretar también los otros dos. Por ejemplo, es inevitable que los Rescatadores al final Perseguirán a sus Víctimas cuando se vean superados por las necesidades de aquellos a quien están Rescatando. Al cuidar de otros se cansarán de hacer más de lo que les corresponde y desarrollarán resentimiento o hasta odio hacia aquellos que han Rescatado por demandar y necesitar tanto. Por eso es esencial que al ayudar a alguien estemos seguros de que damos nuestra ayuda con sinceridad y ganas, y que nunca hagamos más de lo que nos corresponda en el proceso.

Cuando el Rescatador se convierte en Perseguidor no es probable que se enfade consigo mismo, aunque fuera él quien cometiera el error inicial de Rescatar. En su lugar, se enfadará con aquellos que Rescató y a los que tanto dio. Después de todo, preguntará «¿No lo di todo y no recibí nada a cambio?». Veamos un ejemplo de cómo los Rescatadores se convierten en Perseguidores de sus Víctimas.

CAMBIO DE ROLES

Enrique es un alcohólico. Bebe diariamente y se emborracha todos los fines de semana. Elena, su esposa, bebe moderadamente, normalmente con él, y fuma como una chimenea.

Tras el trabajo, y ya que es un trabajo duro y no tiene previsto volver a casa para tener que enfrentarse con sus problemas y los de Elena, Enrique habitualmente va al bar y se toma un par de cervezas. Cuando llega a casa está ligeramente bebido. Abre otra cerveza y se planta delante de la tele, esperando a que Elena vuelva a casa y prepare algo para cenar.

Cuando ella llega a casa, cocina y recoge. Pensando que su trabajo es muy estresante, siente que no debería darle la lata para que la ayude. Lo habitual es que cuando llega la hora de ir a la cama Enrique está casi en coma tras otro par de cervezas más y un porro. Hace seis años que no tienen sexo.

Las finanzas de Enrique y Elena están exhaustas por tanto gasto comiendo fuera de casa y por los pagos de un préstamo que tuvieron que tomar para pagar el arresto de Enrique por conducir borracho. Sus ingresos, que su suponen suficientes para una buena calidad de vida, apenas son suficientes para llegar a fin de mes.

Elena ha estado Rescatando a Enrique durante años. Un día lee algo acerca de la codependencia y decide dejar de Rescatar a Enrique. Rompe todas las botellas de alcohol que hay en su casa, cambia la cerradura y le dice a Enrique que no puede entrar en la casa bebido. Cuando Enrique llega a la casa después de haber tomado unas copas en el bar, ella no lo deja entrar y cuando él comienza a golpear la puerta, llama a la policía. Cuando llega la policía, deja entrar a Enrique y la policía se va.

Pero Elena ya ha tenido bastante. Encuentra a un compañero de trabajo, atractivo y sobrio, y hace el amor con él, en parte para devolvérsela a Enrique. Le gusta este hombre nuevo y un par de meses después, durante una discusión sobre quién lava los platos, Elena anuncia a Enrique que lo abandona.

Enrique se queda noqueado por este revés. Llora, grita y no entiende nada. Se va al bar y habla con el camarero. Escucha canciones sobre la crueldad de las mujeres. Ahora es una Víctima completamente indefensa y Elena es su Perseguidora.

Embravecido por algunos malos consejos y por mucho licor, decide volver a casa y hacerse con el mando de la situación. En esta ocasión derriba la puerta cerrada y amenaza a Elena. Enrique ha cambiado otra vez, en este caso de Víctima ha escalado a una conducta de Perseguidor, y ahora es Elena la Víctima aterrorizada. Ella se va a casa de su madre, que también está casada con un alcohólico. Su madre no quiere hacerse cargo de ella y se alinea junto a Enrique, argumentando que «una mujer debe permanecer junto a su hombre». El resultado es que Elena se pasa una semana con una profunda depresión e inseguridad, culpándose a sí misma de todo el problema.

Al final habla con un orientador familiar que se pone de su parte. Cambia otra vez de Víctima a Perseguidora. Consigue una orden de alejamiento contra Enrique y busca un abogado para el divorcio. Enrique pasa ahora de Perseguidor a Víctima, acude a Alcohólicos Anónimos, deja de beber, se disculpa y le ruega que lo perdone. Elena siente lástima de él y accede a volver nuevamente con él a casa., y por tanto cambiando una vez más de rol, en esta ocasión de Perseguidora a Rescatadora familiar. Tras una semana sin beber, Enrique se siente limpio y autojustificado. Empieza a Perseguir a Elena por fumar, mientras intenta persuadirla de que ella también es una alcohólica y de que debe dejar de beber completamente. Pero en una semana Enrique está bebiendo otra vez y el proceso se repite, sólo que esta vez, en un ataque de celos por su aventura ya extinta, Enrique pega a Elena.

Circulan por el carrusel del Rescatador-Perseguidor-Víctima durante algunos años más hasta que Enrique deja a Elena por otra mujer a la que no le importa que beba y que lo encuentra encantador. Es el turno de Elena y ahora es ella quien queda noqueada por el revés y ahora persigue a Enrique con la custodia de los hijos. Sin la ayuda de una intervención, ambos continuarán jugando este juego con la familia y los amigos, probablemente hasta que mueran.

Años atrás, Elena debería haber parado este proceso y haber rechazado Rescatar, Perseguir o ser Víctima. En vez de cambiar repentinamente de Rescatadora a Perseguidora, ella debería haber buscado apoyo de amigos o de algún grupo de autoayuda, haber desarrollado a continuación un plan de acción para cuidar de sus necesidades y ayudar a Enrique a decidir qué hacer para cuidarse de sí mismo.

Entonces debería haber hecho algo que parece completamente erróneo para la mayoría de la gente pero que tiene sentido desde el punto de vista de la educación emocional: debería haberse disculpado con Enrique por Rescatarlo y haber prometido no hacerlo nunca más. Una vez realizado todo esto, ella podría haber decidido que la relación era insostenible y podía decidirse a abandonarlo. Si lo hiciera no hubiera sido sólo otro cambio de rol en la Persecución sino un auténtico cambio de guión. Por otra parte, su rechazo a participar en el juego y sus roles también podría haber ayudado a Enrique a dejar de jugar y así hubiera podido abandonar su guión y tener una vida mucho mejor. Hay un ejemplo de cómo hacer esto más adelante en este capítulo.

La Víctima. Como acabamos de ver, cuando la gente Rescata, al final terminan enfadados. Cuando esto sucede, la Víctima en el juego tomará más conciencia de la ira y el desprecio del Rescatador. La Víctima/Rescatada destinataria de la generosidad mal entendida del Rescatador empezará a sentirse degradada y tratada como un caso de caridad. Poca gente disfruta siendo vista como una Víctima, ya que cuando se da cuenta de que la están Rescatando se sienten humilladas y resentidas y Persiguen a sus Rescatadores.

La historia de Elena y Enrique es un ejemplo de la vida real del deprimente círculo del Rescate. Eric Berne solía decir que los juegos se jugaban en primer, segundo y tercer grado[31]. Se puede hablar de la severidad de estos papeles según el daño que finalmente reciba la Víctima. Si la Víctima sufre abuso físico, como en el caso de Elena, tenemos un caso de Rescate y Persecución de segundo grado. En los casos más comunes de primer grado, el daño a la Víctima está en el área de la humillación, el dolor y la tristeza. Los casos en los que se juega hasta el tercer grado terminan en suicidio, asesinato o mutilación.

Ahora llegamos al delicado asunto del papel de Víctima y a su responsabilidad en lo que está sucediendo. Está claro que algunas personas son incapaces de defenderse a sí mismas ante los propósitos de otras de Perseguirlos y hacerles daño. Hay cuantos ejemplos quieras: la incansable victimización de los judíos en la Segunda Guerra Mundial, los católicos y los protestantes en Irlanda, israelíes y palestinos, los americanos de raza negra en las ciudades interiores del país, o las víctimas de violaciones e incestos.

Pero en situaciones menos obvias, la Víctima contribuye a la situación al aceptar la Persecución. Sin duda, Elena ha estado colaborando durante años con lo que le estaba sucediendo. Hay una tendencia a culpar a las mujeres que son víctima de abuso marital, o a los hijos que no logran abandonar las terribles circunstancias en las que han caído. Pero cuando una mujer está en las garras de una situación violenta sin los recursos para salir ella misma, es necesario considerar la posibilidad de no atribuirle tanta responsabilidad. En otros casos, la Víctima debe tomar en la situación tanta responsabilidad como el Rescatador o el Perseguidor.

Lo más importante a recordar es que los Rescates final e inevitablemente producen ira; el Rescatador termina harto de situaciones injustas o de hacer cosas que en realidad no quería hacer, y la Víctima termina harta ser tratada como alguien que no puede cuidar de sí misma. Inevitablemente, el Rescatador Perseguirá a la Víctima y/o la Víctima Perseguirá al Rescatador. La ira se expandirá por todas direcciones. Cuando nos demos cuenta de que hemos estado jugando alguno de estos tres papeles, lo correcto según la educación emocional es dejar de hacerlo, disculparse y rectificar la situación.

RESUMEN

Los Errores Emocionales que Cometemos

Las personas necesitan caricias. En términos humanos, eso significa que necesitan amor y afecto. Necesitan amar y ser amadas, y para conseguir lo que necesitan, las personas llegarán a extremos similares a los que llegan cuando están hambrientos de comida.

Cuando no hay caricias disponibles, la gente las conseguirá participando en juegos emocionales. Por desgracia, las caricias que se obtienen en esos juegos son negativas en su mayoría y tienen efectos secundarios dañinos. Las personas que consiguen sus caricias de esa manera lo hacen con una sucesión interminable de juegos, ajustándose todos ellos a un plan de vida. Cada plan de vida diferente lo adopta el niño pequeño a una edad temprana y clama por la aceptación de un conjunto de juegos y papeles, generando cada uno de ellos una clase distinta de conjuntos de errores emocionales muy costosos. Los papeles de estos juegos son Perseguidor, Rescatador y Víctima, y cuando la gente participa en juegos cambian de un rol a otro en un carrusel de infinita tristeza emocional.

7. HACERNOS RESPONSABLES

Actualmente hay un gran interés por las disculpas. Desde altos oficiales a gobiernos completos que se están disculpando ante sus pueblos o ante los de otros países, hasta el variado jardín cotidiano de las disculpas en casa, en la calle y en el trabajo.

Disculpas y expiaciones son tan antiguas como la culpa. La fe judía establece en periodos anuales una semana de autoexamen y expiación. La religión católica hace de la confesión, de la disculpa y del perdón de Dios un aspecto principal de su catecismo. El programa de recuperación de Alcohólicos Anónimos se basa fundamentalmente en la disculpa y en el propósito de enmienda. La disculpa se ha convertido en materia de discusión entre eruditos [33, 34]. Sin embargo, en demasiadas ocasiones estas disculpas se han convertido en rituales, que si bien dan paz mental a quien hizo el mal, casi nunca tienen como resultado corregir los errores que las personas se infligen unas a otras.

Los errores que cometemos, y que habitualmente ocultamos bajo la alfombra, tienen un efecto acumulativo, duradero y corrosivo sobre nuestras relaciones. Después de años acumulando daños emocionales muchas relaciones se tornan frías y distantes o simplemente se terminan. Para que se produzca un cambio duradero y real en las relaciones que hayan sufrido daños debido a errores emocionales es necesario asumir nuestras responsabilidades. Después de todo, nos podemos volver receptivos abriendo nuestro corazón y siendo capaces de observar el paisaje emocional en el que vivimos, pero los daños inevitables que se producen entre dos personas no pueden repararse a menos que se haga un esfuerzo para definir y aceptar los errores y las faltas cometidas. El problema es que existen pocas personas con la suficiente educación emocional como para disculparse de una manera sincera y no defensiva. En resumen, muchas personas no saben decir «Lo siento» con sinceridad.

La habilidad final para la educación emocional que enseño tiene que ver con el arte de reconocer los errores y pedir perdón, o si es necesario hasta suplicarlo. La sola idea de pedir perdón suele despertar terror en el corazón de una persona común y corriente. Perder la cara, echarse atrás, tragarse el orgullo; todo despierta recuerdos de humillantes pugnas escolares y de enfrentamientos con padres acusadores. Además, aprendimos a creer que echarse atrás era una humillación y un signo de debilidad. No obstante, una persona madura puede reconocer sus errores y disculparse por el daño que causaron sus actos. Puedo usar un ejemplo propio para ilustrar este punto.

UN CASO PERSONAL SOBRE ESTE ASUNTO

Acababa de llegar a Chicago proveniente de Europa y fui inmediatamente a un hotel en el cual había hecho una reserva. Estaba agotado por el vuelo y esperando tomar un baño caliente y dormir toda la noche. La empleada, una amable joven, miró el libro y meneó la cabeza amablemente.

—Lo siento, Dr. Steiner, pero no tenemos ninguna reserva a su nombre para el día de hoy. Su reserva es para mañana, y hoy no tenemos ninguna habitación disponible.

Me sentí muy indignado por la noticia.

—Pero yo llamé específicamente hace varias semanas...

—Sí, y aquí veo que está apuntada su reserva para mañana —insistió ella.

—Bueno, ¡pues se equivocaron! —vociferé.

Mientras gritaba comencé a darme cuenta por dentro de que estaba equivocado. Yo había supuesto que la reserva era para el día siguiente de salir de Francia, pero había olvidado que en realidad iba a llegar el mismo día, dada la diferencia horaria entre Europa y Estados Unidos. Mientras tanto, la recepcionista había llamado a alguien por teléfono y le explicaba la situación. Al cabo de un minuto, colgó el teléfono y me dijo:

—Dr. Steiner, estamos tratando de conseguirle una habitación, pero...

En ese momento yo ya no escuchaba. Había estado enseñando educación emocional en Europa y sabía que debía practicar lo que predicaba, aun cuando corriera el riesgo de quedarme en la calle.

—¿Puedo disculparme? —pregunté, sonrojándome de vergüenza.

Me miró perpleja.

—Me acabo de dar cuenta de que tenía razón —continué—. Cuando llamé para hacer la reserva, suponía que llegaría al día siguiente de salir de París.

—Está bien —dijo ella—, eso pasa muchas veces. La gente no se da cuenta de que cuando llega no cambia de día. Pero nadie se disculpa.

—Bueno, yo le debo una disculpa por el tono en que le hablé, ¿la acepta?

—Claro, está bien —respondió ella mirando su libro.

—No, no, en serio, se lo ruego ¿acepta mis disculpas?

Ella me miró y sonrió.

—Claro, ¿por qué no? La aprecio realmente. En general la gente espera que nos disculpemos por nuestros errores pero raras veces se disculpan por los suyos.

Como puedes suponer, la historia tuvo un final feliz. Encontró una habitación para mí y al cabo de un rato estaba cómodamente dormido. Había practicado lo que predicaba y me sentía muy bien por eso. Tenía una habitación y había disfrutado de una interacción sincera con una joven agradable. Mi educación emocional había funcionado.

OBSTÁCULOS PARA ASUMIR LA RESPONSABILIDAD

Existen varios obstáculos que debemos superar antes de que podamos asumir la responsabilidad por un error y disculparnos sinceramente:

1. Admitir ante nosotros mismos que hemos cometido un error. A la mayor parte de la gente le resulta difícil aceptar que ha cometido un error porque ello la hace vulnerable a las recriminaciones del Padre Crítico.

Es típico que escuches en tu mente:

- «Estúpido. ¿Cómo pudiste hacer semejante tontería? Y después tuviste que empeorarlo aún más poniéndote a discutir» o,
- «Igual que siempre. Nunca haces nada bien...» o,
- «Siempre has sido un loco ¡Fíjate lo que has hecho ahora!».

Recordemos que la meta del Padre Crítico es hacernos sentir inadecuados y que no estamos bien, y cuando lo admitimos le damos al Padre Critico la oportunidad perfecta de confirmar su tajante opinión.

2. Admitir el error ante los demás. Por si admitir nuestros errores no fuera suficiente, cuando admitimos el error ante otras personas nos arriesgamos a la ira y el desencanto proveniente de *su* Padre Critico y a una mayor crítica y desaprobación por parte de nuestro Padre Crítico. Esto puede constituir un gran y humillante obstáculo, pero debemos aprender a superarlo. Admitir los errores es una experiencia importante y benéfica por la que debe pasar todo aquel que desee tener Educación Emocional.

3. Sentir y mostrar un verdadero arrepentimiento. Aquí es donde resulta indispensable tener el corazón abierto, porque aunque sepamos y admitamos que hemos cometido un error, eso no implica que lo reconozcamos ni que nos arrepintamos del daño que hemos hecho. Por eso esta fase de la Educación Emocional es la última: *porque es difícil disculparse por un daño emocional que no entendemos.* Antes de reconocer el daño que causamos a los demás con nuestras acciones es necesario que desarrollemos la empatía. Sin ese reconocimiento es difícil asumir la responsabilidad. A través del desarrollo de la empatía podemos darnos cuenta de cómo nuestras acciones hacen que otra persona se sienta herida, triste, avergonzada, enfadada o asustada. Sólo cuando verdaderamente percibamos esto, será posible arrepentirnos de nuestras faltas.

4. Por último, admitir que hay que hacer enmiendas. Responsabilizarse de un error normalmente significa repararlo. Enmendarse significa cambiar nuestro comportamiento y remediar el daño hecho. Cuando nos enmendamos no volvemos a hacer las cosas que hicieron daño a otros. Dejamos de desempeñar el rol que empleamos en el pasado. Remediar el daño hecho es importante para poder obtener el perdón. Al hacer enmiendas, seguimos el principio «hechos son amores y no buenas razones». En muchos casos no es posible el perdón sin reparar los daños.

Siguiendo el consejo presentado aquí, comprenderás lo que significa responsabilizarte de tus acciones. Aprenderás cómo admitir —ante ti y ante tus víctimas— que has hecho algo que está mal y que estás dispuesto a hacer lo necesario para arreglar las cosas.

Recuerda, todos cometemos errores, incluyendo errores emocionales. Aprender educación emocional nos ayuda a evitar los errores y a rectificar los hechos lo antes posible.

Transacción de Educación Emocional N° 10: Disculparnos por Nuestros Rescates

Aunque hacer cosas por los demás sea tentador y decir «no» sea muy difícil, si una persona desea preservar y enriquecer sus relaciones significativas, debe aprender a no Rescatar. Cuando nos demos cuenta de que interpretamos el papel del Rescatador en un ciclo repetitivo de codependencia, es importante que corrijamos el error reconociéndolo, parando y disculpándonos. Eso se hace de la siguiente manera:

«Cuando yo (describir la acción), te Rescaté porque

a) en realidad no quería hacerlo, o

b) porque creo que estaba haciendo más de lo que me correspondía.

Lo siento, y la próxima vez actuaré mejor. ¿Aceptas mis disculpas?».

Es necesario tratar con cuidado este tipo de situaciones. Descubrir que alguien nos ha estado Rescatando puede ser muy humillante y puede generar mucha vergüenza e ira, especialmente si no pediste ser Rescatado. También darnos cuenta de que alguien cercano nuestro ya no desea hacer algo que ha estado haciendo se puede percibir como una forma de abandono y generar sentimientos de temor. Es importante abordar la situación con suavidad y es muy importante ser todo lo cuidadoso que seamos capaces al asumir la responsabilidad por el error de haber Rescatado.

Para dejar de Rescatar, hay que tener claro lo que uno desea y lo que no desea hacer, y lo que es justo. Y por supuesto tienes que decidir exactamente qué acción tuya constituye un Rescate. La mejor manera de hacerlo es haciéndote preguntas acerca de las cosas que estás haciendo y saber si deseas seguir haciéndolas. Por ejemplo, puede que necesites preguntarte:

- ¿Quiero continuar con esta conversación?
- ¿Quiero tener relaciones sexuales?
- ¿Quiero reparar el automóvil?
- ¿Quiero ir al partido de fútbol?
- ¿Quiero pasar tiempo con la familia de mi esposo?
- ¿Quiero cocinar esta noche?

A veces tus Rescates consisten en hacer más de lo que te corresponde. Si ése es el caso, debes preguntarte cuál es la cantidad justa de esfuerzo dentro de una relación. Las preguntas que debes formularte son de este tipo:

- ¿Es justo que yo lave los platos si María cocina, o también debería limpiar yo el suelo?

- ¿Es justo que siempre deba ser yo quien inicie las relaciones sexuales?
- ¿Debo pagar yo cada vez que salimos a cenar?
- ¿Es justo que siempre sea yo quien recoja a los niños en la escuela?

Sol ha estado contándome durante meses los problemas que tiene con su hermana. ¿Debo permitir que lo siga haciendo o debo decirle que estoy aburrido del tema? He estado tratando de ayudar a Tomás con sus problemas con la bebida pero él sigue bebiendo. ¿Estoy yo más interesado que él en que lo deje? ¿Lo intenta él tanto como yo?

En otras palabras, debes aprender a saber qué quieres hacer o cuáles piensas que son las cantidades justas de responsabilidad que deben distribuirse en una relación. Usaré el ejemplo de Enrique y Elena para aclarar este punto.

- Cuando Elena prepara la cena todas las noches mientras Enrique mira televisión, ella está haciendo más de lo que le corresponde y actúa como Rescatadora, aunque le guste cocinar y desee hacerlo.
- Cuando lava los platos porque Enrique prefiere dejarlo para la mañana siguiente, ella está haciendo algo que odia hacer, por lo que está Rescatando.
- Cuando acepta tener relaciones sexuales sin desearlas, también está actuando como Rescatadora.

Cuando paramos un Rescate tendemos a la sobrecompensación y terminamos Persiguiendo. Por tanto, a la vez que debemos parar el Rescate, es importante mantener una actitud protectora y cariñosa. Dejar de Rescatar tiene que ser un acto de amor —hacia los demás y a uno mismo— y existe una fina línea entre no Rescatar y Perseguir. Para la Víctima a la que ya no se Rescata más la diferencia es como de la noche al día y es devastadora, poderosa o ambas cosas a la vez.

Transacción de Educación Emocional Nº 11: Disculparnos por una Persecución

El rol del Perseguidor es mucho más evidente que el del Rescatador. No es necesario explicar por qué es importante que el Perseguidor se disculpe, la mayoría de nosotros nos damos cuenta de que está mal Perseguir a los demás. De todas formas, hay alguna gente que está segura de que es tarea suya corregir el pensamiento y la conducta de los demás, de mala manera si es necesario. Algunas personas son Perseguidores habituales atrapadas en un rol de ira y violencia. Nada les parece bien, todo es culpa de los demás y están continuamente indignados con algo o alguien. Cuando Perseguimos solemos ser irritables y testarudos. Podemos insultar, burlarnos, despreciar, ignorar, interrumpir, gritar, dar sermones o contradecir permanentemente al otro. O podemos mentir. Todos éstos son juegos de poder y la Persecución tiene que ver fundamentalmente con la utilización de juegos de poder para controlar a los demás. De una manera más sutil, el Rescatador y la Víctima también realizan juegos de poder porque también buscan manipular a los demás.

La Persecución puede ser muy sutil, muy obvia, o cualquier posición intermedia. En cualquier caso, más que estar metido continuamente en el rol del Perseguidor, la mayoría de la gente cambia de un comportamiento razonable y normal al papel de Perseguidor sólo durante una o dos transacciones en las que los Perseguidores asumen que están justificados y que incluso son beneficiosos. Después, sin ninguna conciencia de lo que han hecho y de sus efectos, vuelven a la normalidad como si nada hubiese sucedido.

Los daños causados, grandes o pequeños, se van acumulando y provocan resentimiento. Con el tiempo, esta situación hace que proliferen las acciones nocivas y que el resentimiento sea aún mayor.

Con un estilo de vida arrastrado por los juegos y dirigido por el guión, la gente absorbe estas situaciones, cree que las ha superado y continúa hasta el siguiente episodio del melodrama; así es justamente como se crea el embotamiento emocional. Pero si vamos a tener vidas emocionales plenas no podemos dejar pasar estos daños y necesitamos poner esto en claro. Remediar la Persecución requiere de los mismos pasos que hacen falta para remediar el Rescate. Veamos un ejemplo:

DON DESORDENADO Y DOÑA METICULOSA

Beatriz acaba de irse a vivir con Ricardo. Es limpia y ordenada. También se preocupa mucho por sus posesiones. Cada álbum de discos, cada libro, sus ropas, hasta sus revistas son como pequeños tesoros que ha acumulado cuidadosamente y que ha cuidado a través de sus muchas mudanzas de apartamento en apartamento. Ricardo es un creador de caos irredento. Vive entre pilas de papeles y de aparatos, con la ropa desordenada siempre por medio.

Ricardo, sin intención, tiende a poner sus cosas por encima de las de Beatriz. Esto la pone furiosa. Ella es muy detallista y siempre sabe dónde ha puesto cada cosa. Nunca arrojaría su chaqueta sobre los zapatos o las revistas nuevas de Ricardo. Además, está bajo mucha tensión por conflictos que tiene con su jefe y por las preocupaciones que le causa un hermano depresivo. Se da cuenta de que cada vez está más irritada por el comportamiento descuidado de Ricardo.

Como no está segura de cuál es la mejor forma de acometer el problema, suele usar un tono furioso y burlón al quejarse: «Querido... mira qué manual grasiento del coche sobre mis medias favoritas... eres malo, malo».

Ricardo la mira sintiendo una leve culpa y apenas consciente de que lo está reprendiendo. El problema continúa. Al final Beatriz se enfurece mucho:

—¡Maldita sea Ricardo! ¿Por qué haces esto? ¡Mira mis zapatos... están rotos! Busqué mi suéter durante una hora y finalmente lo encontré entre tu ropa sucia. ¡No toques mis cosas!

—¡Si están todas desparramadas por mi sala! —replica Ricardo a la defensiva.

—¿Tu sala? Si no puedo poner mis cosas sobre una silla en NUESTRA sala, entonces lamento haberme venido a vivir contigo. Tal vez debería mudarme para que tengas nuevamente TU sala.

En el fondo, Beatriz se siente incómoda por haber adoptado esa posición de bruja. ¿Qué es lo que fue mal? Desde una posición de Educación Emocional, esto es lo que fue mal: Ella debería haber intentado arreglar su malestar de forma serena desde el mismo momento en que empezó a usar una declaración acción/sentimiento después de obtener la atención de Ricardo. En lugar de hacer eso, comenzó quejándose tímidamente, con una broma ligeramente crítica, lo que únicamente confundió a Ricardo sin llegar a comunicarle su mensaje. Esencialmente, ella actuó como Rescatadora al tolerar su exagerado desorden. Después sus quejas se volvieron hostiles cuando se hartó de ser ignorada, un clásico cambio de Rescate a Persecución.

Aquí está un enfoque que podía funcionar mejor:

Al darse cuenta de su error, Beatriz pregunta a Ricardo cuándo tendrá tiempo para hablar. Él sugiere hacerlo después del almuerzo, y cuando llega el momento, el diálogo se desarrolla así:

—Ricardo, quiero disculparme por algo.

Ricardo que esperaba que ella lo Persiguiera está sorprendido.

—¿Qué?

—Sabes cómo nos hemos estado peleando cada vez que hacías con mis cosas algo que no me gustaba.

Ricardo levanta las cejas y chasquea la lengua, indicando que es muy consciente de sus «peleas», que a él le parecen más bien como arranques por trivialidades.

—Bueno, siento que te he estado Persiguiendo injustamente. Nunca me senté contigo para pedirte con tranquilidad que hicieses las cosas de otra manera. Además, supongo que no puedo esperar que cambies tus costumbres de un día para otro. He estado muy molesta por mi jefe y mi hermano, y probablemente descargué sobre ti parte de mis problemas. Siento haber sido hostil e impaciente.

Ella espera a que Ricardo lo reconozca y acepte sus disculpas y luego dice:

—Pero todavía sigo queriendo que tengas cuidado con lo que haces a mis cosas. Por favor, ¿harás el esfuerzo?

Al encarar ella el tema de esta manera, él puede llegar a responder:

—Está bien. No me di cuenta de lo mucho que te importaban tus cosas. Debería haber prestado más atención a lo que decías. Trataré de ser más organizado y lamento haber llamado «mi» sala a «nuestra» sala.

Este problema puede requerir apenas un instante para ser resuelto pero seguro que estas disculpas son de ayuda.

CULPA Y DISCULPA

Normalmente la disculpa está asociada con la culpa, especialmente si son disculpas por Perseguir, atacar o por dañar directamente a alguien. La palabra «culpa» se puede referir a un juicio como en «¡El acusado es culpable!» o se puede referir a una emoción. De todas formas, como emoción, la culpa ha llegado a ser vista como relativamente inútil en el sentido de que no necesariamente lleva a algún resultado positivo. No es probable que los sentimientos de culpa de una persona aporten cambios importantes o traigan una enmienda sincera. La situación entre Beatriz y Ricardo no mejora por la culpa de Beatriz por haberse enfadado ni por la culpa de Ricardo por cómo trata sus cosas. La culpa puede en ocasiones inhibir su mal comportamiento, pero no generará una mejora en su relación. La culpa es una emoción centrada en uno mismo («He sido malo») y no toma necesariamente en consideración a la otra persona.

No obstante, la culpa no es la única razón por la que uno se disculparía. El lamento es una emoción más cercana a la tristeza que a la culpa, emparejada con un darse cuenta de que tenemos alguna responsabilidad en el sufrimiento de alguien. A diferencia de la culpa, que provoca que la mayoría de la gente se ponga a la defensiva y no quiera disculparse, la pena mueve a la gente en dirección opuesta: hacia la disculpa y a hacer las cosas correctamente. Las disculpas más eficaces son manifestaciones de tristeza y pena que experimenta el Niño con un programa Adulto para enmendar la situación. Beatriz está triste por la forma en que su ira ha herido a Ricardo y lamenta haberlo Rescatado. Ricardo, cuando finalmente se da cuenta de que las cosas de Beatriz son muy importantes para ella, lamenta haberla hecho infeliz con sus descuidos. Ambos han sentido culpa antes sin provecho alguno; es mucho más probable que surjan cambios relevantes bajo la influencia de la pena.

Surge la cuestión de cómo ayudar a una persona a reemplazar los sentimientos de culpa con sentimientos de pena. La pena se basa en la empatía; ser consciente de la incomodidad o el dolor que hemos causado en otra persona. Beatriz necesitaba tomar conciencia de cuánto había afectado su ira a Ricardo, y Ricardo necesitaba tomar conciencia de los sentimientos de Beatriz sobre sus cosas. Invitar a la persona a trasladar su atención desde sus sentimientos de culpa hacia los sentimientos de tristeza, decepción, desesperanza o dolor que el otro experimentó es normalmente una forma efectiva de lograr el cambio deseado.

Hay quien ha argumentado que el sendero más educado es perdonar de forma unilateral, mostrar la otra mejilla sin necesidad de disculpa alguna. Otros pueden argumentar que el énfasis en la disculpa alienta el papel de Víctima y que en última instancia refuerza la conducta de juego. Ambos puntos de vista tienen su grano de verdad. Es verdad que algunos son capaces de perdonar incondicionalmente, pero la mayoría de nosotros no tenemos un ego tan desprendido, y cuando nos hacen daño necesitamos alguna clase de justicia y reparación. También es cierto que hay gente que ocupa encantada el papel de Víctima en el Triángulo Dramático y puede que no sean demasiado merecedores de una disculpa. Pero son excepciones; hay gente que son auténticas víctimas de las malas acciones de otras personas y merecedoras de una disculpa. Repitiendo, para que la mayoría de las relaciones florezcan y avancen, es esencial que corrijamos los errores que cometemos. Somos falibles y a veces damos paso a nuestro lado de jugador; cuando no se corrigen, estos errores se acumulan y pueden minar y finalmente matar la mejor de las relaciones. Una disculpa completa es una transacción que constituye una experiencia correctora.

REQUERIMIENTOS Y ERRORES DE UNA DISCULPA

Las tres claves que hacen a una disculpa efectiva son:

1. Para una disculpa completa se requieren ambas partes de la transacción (disculpa y respuesta).

Para que una transacción de disculpa sea completa tiene que ser plenamente escuchada, contemplada y respondida. Demasiado a menudo se estima suficiente una declaración de disculpa y una vez pronunciada se asume, y que una disculpa debería aceptarse y será aceptada por cualquier persona educada. Esto implica que la disculpa es un proceso unidireccional, cuando de hecho es un ciclo transaccional entre dos personas. Si cuando una persona hace daño a otra, ésta se disculpa de manera automática y la otra persona acepta la disculpa rutinariamente sin reflexionar, entonces la transacción no resulta sanadora y puede ser nociva. Si el ciclo se repite los participantes están atrapados en el Triángulo Dramático, y cada disculpa alimenta el guión de ambas personas en vez de producir resultados sanadores.

En una relación emocionalmente educada no hay sitio para una disculpa unilateral, sin importar lo bien que se haya dicho. Si no hay respuesta, la disculpa es incompleta en el sentido transaccional. Una disculpa de un único sentido puede ser mejor que nada en algunos casos, pero no es de lo que aquí se trata. Yo estoy hablando de una transacción de disculpa que rectifica con eficacia un error emocional cuando se completa.

2. Para que sea efectiva, una disculpa tiene que describir la ofensa.

Un daño se puede describir en los términos de la acción que causó ese daño. Para que funcione, la disculpa tiene que especificar un acto que la víctima percibió como dañina, aun cuando no hubiera intención de hacer daño.

En ocasiones la gente se disculpa por una acción que no era problemática, sin prestarle atención a la acción que sí lo fue. En una reunión de personal Juan ignora repetidamente las afirmaciones de María. Luego, ofrece café o té a todo el mundo excepto a María. Más tarde, ella se queja a él amargamente por su conducta.

—María, lo siento.

—¿De qué te estás disculpando? —dijo María.

—Por no ofrecerte café. ¿Me perdonarás?

—En realidad no me preocupa especialmente el café. Necesito que te disculpes por la forma en que has estado ignorando las sugerencias que hice en la reunión.

Con esto María ha descrito las acciones ofensivas de Juan. Ahora Juan sabe de qué disculparse si quiere tratar con María de manera efectiva.

3. Añadida a la descripción del comportamiento ofensivo, la disculpa necesita incluir un reconocimiento de su magnitud.

—¿En serio? No creí que fuera para tanto, pero lo siento —afirmó Juan.

—Ha sido para tanto y ha sido un poco peor de lo que pareces creer. Necesito que lo reconozcas.

Llegados a este punto Juan necesita examinar la situación un poco más seriamente. Quiere ofrecer una disculpa por el café. María tiene en mente una ofensa mayor. ¿Puede él aceptar que la ha descontado seriamente, y por tanto ha causado en María los sentimientos de enfado, tristeza, vergüenza y desesperación? Si lo hace reconocerá la magnitud de su descuento. Si pone excusas, puede que no satisfaga a María. Además, es necesario tener en mente los dos siguientes errores.

Error Nº 1 al Disculparse:
Cubrir el expediente.

Últimamente la importancia de las disculpas parece haber ganado un reconocimiento bien merecido. Hace mucho tiempo que Alcohólicos Anónimos incluyó las disculpas y la enmienda como dos de los doce pasos de su programa. Recientemente se han escrito numerosos artículos y libros sobre la disculpa. A la gente que está en contacto con el público — como telefonistas, azafatas y empleados de banco— se les enseña a pedir disculpas cada vez que sea necesario, como una manera de tranquilizar a los clientes airados. Lo cierto es que un telefonista no se puede disculpar por un error de la compañía con la tarjeta de crédito o por un pedido por correo.

La gente se disculpa todo el tiempo, pero eso no significa necesariamente que estén preguntando algo o que esperen una respuesta. Muy a menudo la disculpa es básicamente un ritual:

—Lo siento.

Y se responde:

—Nada, sin problema.

Para las ofensas más banales como chocarse con alguien o interrumpir ocasionalmente mientras alguien está hablando, esta clase de transacción es suficiente para remediar la ofensa mediante un par de caricias que eviten la aparición de la rudeza.

Pero más allá de estos ejemplos tan minúsculos, cuando alguien hace algo que daña a otro, será necesario algo más para restaurar la armonía y llevar de vuelta la relación al sendero sano de la cooperación.

Se puede intentar la disculpa y pedir perdón mediante una variada gama de actitudes improductivas.

• Una relación de las malas acciones sin emociones y hasta legalista. Suenan bien, pero no logran satisfacer. Por ejemplo, Guillermo (en tono serio): «Mostré mi falta de juicio. Puede que haya perdido la cabeza y me disculpo por ello».

• Otro ejemplo: Un auto-reproche cargado de culpa en respuesta al Padre Crítico que de alguna manera logra evitar la responsabilidad:

Juan (lloriqueando): «Fui débil, cedí ante el Diablo y merezco condena eterna. Ay, ¡cuán arrepentido estoy!».

• Una disculpa también puede ser hipócrita y conseguir aportar luz sobre el daño causado.

Marcos (sonriendo): «Lo sé, lo sé, soy horrible. Lo siento».

Cada una de estas transacciones refleja una actitud diferente (racional, de auto-desprecio, engreída). Estas actitudes tienen su fuente en un estado del yo Niño defensivo. Nuevamente, la actitud y el contenido emocional coherente que se requiere para una disculpa es una respuesta emocional sincera y empática al daño o al dolor que ha causado la conducta propia.

Por ejemplo, Enrique se disculpaba profusamente ante Elena con autodesprecio. Sin embargo, apenas se daba cuenta de lo que estaba diciendo y ciertamente sólo era mínimamente sincero. Sabía que eso pacificaba a Elena, así que seguía igual y se disculpaba cada vez que tenía algún problema con ella. Ella aceptaba sus disculpas pero a la vuelta de unos días —o de unas horas— ella se sentía estafada. Una disculpa debe ser sincera y debe referirse a un comportamiento específico. De lo contrario no tiene ni sentido ni efecto. Las palabras por sí mismas no cambian las cosas ni calman al agraviado. Y por supuesto, si una disculpa no viene seguida de un cambio en el comportamiento no tiene sentido.

Error Nº 2 al Disculparse:
Culpar a la Víctima

Cuando descubrimos que hemos estado actuando como Rescatadores de alguien, es muy probable que nos enfademos con esa persona. Tras muchos Rescates, Elena se puso furiosa con Enrique. Raras veces la ira es la respuesta adecuada y es la peor cuando decidimos dejar de actuar como Rescatadores. Enojarse puede dañar tu relación con la persona que has estado Rescatando y por eso es importante dejar de hacerlo *antes* de que aparezca la ira. Hazlo mediante una explicación suave y cuidadosa, y explica las cosas en vez de hacerlo con un abandono brusco. Sobre todo, no culpes a la Víctima de los errores que tú hayas cometido. No olvides que actuar como Rescatador fue sin duda un error tuyo y no necesariamente de la Víctima Rescatada, quien puede que ni siquiera sepa que tú la estabas Rescatando o puede que no quiera ser Rescatada.

Transacción de Educación Emocional Nº 12:
Disculparse por Interpretar el Papel de Víctima

El último, pero con certeza no el menos importante de estos procedimientos correctivos, es remediar el comportamiento de Víctima.

Una forma de obtener caricias y obtener algo de poder cuando nos sentimos completamente derrotados e impotentes consiste en participar en juegos con el papel de Víctima. Uno de los primeros juegos que Eric Berne descubrió y que ilustra bellamente este principio es «¿Por qué tú no...? Sí, pero...».

En este juego, la persona que desempeña el papel de Víctima engancha a una o más personas para que dé consejo acerca de un problema que considera insoluble. Por ejemplo: Bruno detesta su trabajo y a su jefe y está seguro de que sus compañeros le odian a él. ¿Qué hace? Se lo cuenta a varios amigos. Ellos tratan de ayudarlo:

T: «¿Por qué no te vas y buscas otro trabajo?».

Bruno: «Sí, es una buena idea, pero no hay trabajos tan bien pagados como éste».

N: «¿Por qué no buscas un mediador sindical y tratas de solucionar los problemas con tu jefe?».

Bruno: «Sí, pensé en hacer eso, pero ahora la mediadora sindical es una mujer, y las mujeres no comprenden esta clase de problemas».

F: «¿Por qué no vas a un curso de fin de semana de meditación y te rodeas de una luz blanca que te proteja de los males?».

Bruno: «Claro, pero ¿sabes lo que cuestan esos fines de semana?».

R: «Creo que tienes razón. No tiene solución. Yo en tu lugar me suicidaría».

Bruno: «Me parece que esto no tiene sentido. Chicos, supongo que no me podéis ayudar. En realidad es cosa mía, ¿no? Vamos a emborracharnos».

A estas alturas, todos están deprimidos. Bruno está desplegando todo su poder para deprimir a una sala llena de amigos y logra imponer su visión pesimista del mundo. Al día siguiente Bruno compró el libro *Educación Emocional* y leyó acerca del rol de Víctima. Se dio cuenta de su tendencia a la depresión y la desesperanza y de que la mejor manera de salir de ese papel era excusándose. Cuando volvió a reunirse con sus amigos, asombró a todos al decir «Amigos, quiero disculparme por algo».

Todos quedaron en silencio, asombrados.

Bruno: «Creo que cuando comienzo a quejarme acerca de mi trabajo y pido consejos que no acepto, no hago más que comportarme como una Víctima impotente y me doy cuenta que debe de ser muy molesto. Os pido perdón. No voy a volver a comportarme así».

R: «¿Qué es esto, la enmienda en Doce Pasos de Alcohólicos Anónimos o algo así?».

Bruno: «Algo así, pero hablo en serio y quiero que me disculpéis. ¿Lo aceptáis?».

Transacción de Educación Emocional N° 13:
Aceptar una Disculpa

Después de escuchar una disculpa y examinarla profundamente, podemos hacer algo de lo siguiente:

• Conceder el perdón.
• Posponerlo pendiente de enmiendas adicionales, o
• Negarlo.

El perdón es un regalo que no siempre se puede otorgar. Depende totalmente de si nuestro corazón responde de manera clemente a la disculpa y no es posible ni aconsejable forzar al corazón en cuestiones de amor, odio o de perdón. En consecuencia, en las relaciones emocionalmente maduras, es tan importante conceder o negar el perdón apropiadamente como saber pedirlo.

Evidentemente hace falta una gran habilidad para disculparse sinceramente. En cambio, pocas personas se dan cuenta de que es necesaria una capacidad igualmente importante para aceptar o rechazar una disculpa.

En el caso de Juan y María en la reunión de personal, la disculpa inicial de Juan (por el café y las galletas) no funciona. ¿Cómo maneja María la disculpa de su compañero sin aceptarla al instante?

Error N° 1 al Aceptar una Disculpa:
Perdonar con Demasiada Facilidad

María podía decir, «No te preocupes. No hay ningún problema». Sin embargo, si hiciera esto, probablemente estaría tratando de evitar ser humillada por una reacción condescendiente de Juan. O es posible que estuviera intentando Rescatar a Juan de su responsabilidad.

Es mejor no hacer eso. Una disculpa no arregla mucho en lo emocional si se acepta sin reflexionar. Si alguien se disculpa a la ligera y le contestas «No hay problema», probablemente te seguirás sintiendo tan mal o peor que antes. Probablemente aceptes la disculpa porque aprendiste que ésa es la respuesta que socialmente se espera de ti. Aun cuando la disculpa sea sincera, puedes convertirla en inútil si la aceptas a la ligera. La respuesta emocional adecuada siempre es pensar en la disculpa y decidir si quieres aceptarla o no. Si la disculpa no funciona es importante declinarla.

Hay dos razones muy válidas para que una disculpa no funcione:

• Que no parezca sincera.

• Que no especifique cuál fue la falta cometida.

Si no parece sincera, Raúl puede decir: «Escucha, Susana, aprecio el hecho de que vengas a pedir perdón, pero no estoy seguro de que verdaderamente seas sincera. ¿Lamentas lo que dijiste? Sé que hablé mucho en la reunión, pero me hirió que me trataras de esa manera. Me gustaría creer que verdaderamente lamentas la manera en que me hablaste».

De esta manera, Raúl registra, pero no acepta la disculpa.

Pero supongamos que Susana va a la oficina de Raúl y le dice:

—Escucha, Raúl, siento lo sucedido esta tarde.

Raúl podría aceptar la disculpa, pero se seguiría sintiendo mal. ¿De qué se está disculpando?

Puede entonces preguntar:

—¿Qué quieres decir? ¿Por qué te estás disculpando?

Si Susana contesta: «Porque estaba enfadada contigo y no te ofrecí café en el receso», está claro que esto no sirve.

Raúl debería contestarle algo como:

—Susana, me di cuenta de lo del café, pero lo que realmente me hirió fue el modo en que me pediste que me callara. Si quieres disculparte, para mí eso es lo que requiere una disculpa.

Susana se sorprende:

—Sí, tienes razón. Creía que tenías la piel muy dura... Lo siento. No debería haberte hablado de esa manera.

Ahora Raúl puede tranquilizarse. Ésta es una disculpa aceptable. Con todo esto quiero decir que una persona puede necesitar una disculpa más extensa que la que se le ha ofrecido.

Error Nº 2 al Aceptar una Disculpa: Machacar al Virtuoso

El otro error es lo que yo llamo «Machacar a quien ha cometido la falta». Volvamos al ejemplo de Raúl y Susana. Supongamos que Raúl se disculpa sinceramente por la manera desagradable con que le pidió que se callara. Susana ve ahora una oportunidad para devolvérsela y herirlo de la misma manera que se hirieron los suyos.

—Bueno, ya era hora de que te disculparas —podría decir—. Me sentí mal y estoy muy enfadada contigo. ¡A veces eres tan bastardo!

Si estás tratando de tener Educación Emocional, este tipo de respuesta no va a funcionar. Si Susana está enfadada, puede usar una afirmación acción/sentimiento para tratar su reacción. Por ejemplo puede decir: «Me enfadó mucho que me hablaras de esa manera y me sentí herida y alterada. Sin embargo, valoro tu disculpa. Por favor, no lo hagas de nuevo».

ACEPTACIÓN DE UNA DISCULPA CON CONDICIONES

Si la persona dañada escucha la declaración de disculpa y no se abre su corazón, quizá haga falta algo más.

Susana: «Lo siento, pero parece que no entiendes realmente lo difícil que me resulta tu conducta. Me temo que no puedo aceptar tus disculpas. Necesito algo más que palabras para sentirme bien». Pensándolo mejor, dice: «La apreciaría si te disculparas en la reunión y pidieras al resto de la gente que te lo recuerden si ven que lo haces otra vez. ¿Puedes hacer eso?».

Transacción de Educación Emocional Nº 14: Rechazar una Disculpa

He aquí algunos ejemplos más:

• Diana se sintió destrozada cuando su novio canceló la boda el día anterior a la ceremonia. Estaba deshecha y humillada. Días después, él fue a pedirle perdón, pero ella estaba demasiado herida y furiosa como para aceptar las disculpas. Sólo meses después, y tras varias conversaciones acerca de los motivos que le llevaron a cancelar la ceremonia y romper el compromiso, pudo finalmente aceptar las disculpas.

• Pedro, que ha sido víctima de una larga cadena de grandes compras compulsivas, no puede perdonar a su esposa. Necesita una disculpa mucho más amplia por tantos años de aprietos económicos y algunas garantías concretas de que ella va a cambiar su comportamiento. Tal vez ella no pueda hacer nada para remediar sus errores.

• Andrés, el esposo de Claudia, se disculpa por haber aceptado una invitación a una fiesta sin haberla consultado. Claudia empieza a sentir que Andrés está ignorando su disgusto por los actos sociales con desconocidos. Él siempre piensa que cada fiesta es una excepción. Ella rechaza su disculpa porque a él no parece importarle ponerla en situaciones incómodas.

A veces una disculpa no sirve porque la herida fue demasiado grande como para desagraviarla con una simple disculpa. Tal vez la Víctima necesite una explicación o una forma de retribución. Por ejemplo, Pedro, el hombre que ha sido perjudicado económicamente por su esposa, necesita que le explique qué ha cambiado en ella y que consiga un empleo para que salgan de la bancarrota. Claudia necesita que Andrés admita que ha aceptado invitaciones en su nombre con la esperanza de que así ella supere su timidez. Promete no volver a hacerlo y consultar con Claudia sobre cualquier situación social que incluya a ambos. Es importante tener en mente que la finalidad de una disculpa es dar a la víctima la oportunidad de sentirse mejor.

Estos ejemplos muestran que puede ser un error aceptar una disculpa que no te hace sentir realmente mejor. Deberías explicarle a la persona que se está disculpando por qué se ha quedado corta. Los demás pueden entonces tratar de disculparse de una manera que tenga en cuenta la verdadera naturaleza de la falta. Pero si el esfuerzo resulta en vano, la disculpa debería ser declinada con cortesía en favor de un esfuerzo renovado que la haga funcionar.

UN CASO PARA ESTUDIO:
LAS DOS CARAS DE UNA DISCULPA

He aquí un ejemplo de una disculpa bien formulada y aceptada: Con frecuencia Laura acepta tener relaciones sexuales que no desea con Bruno, su esposo. Él le explica que ha tenido un día difícil en el trabajo y que la necesita o que está agitado y no podrá dormir si no tienen relaciones. Si ella lo rechazara, él se sentiría enfadado u ofendido. En esas situaciones, Laura acepta sin importar lo que sienta.

Laura me consultó y me preguntó cómo cambiar su relación con Bruno. Lo amaba pero sentía que él se estaba aprovechando de ella. Últimamente había comenzado a estar resentida y a enfadarse por cuestiones irrelevantes. Pensó entonces que algo de educación emocional podría ayudarla y vino a verme para que yo le diese las herramientas adecuadas. Después de hablar con ella durante un rato, me di cuenta de que Laura era una Rescatadora habitual, no sólo en su relación con Bruno sino en toda clase de situaciones.

Con Bruno, su principal conducta Rescatadora era acceder a tener relaciones sexuales aun cuando no lo deseara. Ahora se sentía usada y quería Perseguirlo hasta el punto de que estaba pensando en dejarlo. Le expliqué lo importante que era asumir la responsabilidad de nuestros actos y le expliqué cómo disculparse por haber actuado como Rescatadora. Le dije también que debía dejar de Rescatar en toda clase de situaciones, pero que sería buena idea comenzar por Bruno.

Esto es lo que sucedió a continuación: El viernes por la noche Laura dijo a Bruno que quería hablar de algo muy importante. Bruno se alarmó un poco.

—Quiero que hablemos acerca de algo que he estado pensando —dijo Laura—. Prepararé la cena temprano y así podremos hablar tranquilos.

Tras la cena del sábado, Laura respiró profundamente y comenzó.

—Bruno, me he estado sintiendo mal por algo que ocurre entre nosotros. ¿Te lo puedo contar?

Bruno se encogió de hombros. Aunque sonreía estaba asustado.

—Bueno, parece que para eso estamos aquí, ¿no?

—Verás —empezó Laura—, me temo que te vas a enfadar por lo que estoy a punto de decirte —agregó tragando saliva—. Me siento mal porque últimamente a veces hacemos el amor cuando yo en realidad no lo deseo.

Miró nerviosa a Bruno tratando de calibrar su reacción. No descubrió nada en su rostro y continuó:

—Creo que no fui lo suficientemente clara cuando no lo deseaba y que te he dado señales contradictorias. Lo lamento.

—¿Qué quieres decir con eso? —intervino Bruno— ¿Que no quieres hacer el amor conmigo?

—No, no estoy diciendo que nunca quiera hacer el amor, sólo digo que hacemos el amor cuando tú lo deseas y no cuando yo tengo ganas y que no quiero seguir haciendo el amor cuando no lo deseo. No te culpo por lo que ha sucedido hasta ahora, porque accedí a tus deseos y dejé de lado los míos. Estoy tratando de asumir la responsabilidad por lo que hice, pero también quiero cambiar las cosas en el futuro.

—Bueno, suena como si yo ya no te atrajera, como si lo hicieras por caridad...

—No es eso. Te quiero mucho, pero a veces estoy cansada o preocupada, o simplemente no tengo deseos.

—¿Alguna vez los tienes? Porque me parece que si yo no lo inicio, tú nunca lo haces.

—Es verdad que usualmente no soy yo quien inicia la relación, pero a veces, cuando tú lo haces, me gusta de verdad. En cambio otras veces, estoy cansada y no tengo ningún interés. No deseo continuar teniendo relaciones de esa manera. Me avergüenzo de mí misma y a veces me enfado contigo.

Tal vez si no tuviésemos relaciones cuando no quiero, lo desearía más a menudo.

Bruno escuchó en silencio mientras Laura continuaba.

—La verdad es que no es tu culpa. Me hago responsable de haber aceptado, pero quiero que las cosas sean diferentes desde ahora. Quiero que sean mejores porque te amo.

—Está bien —dijo Bruno, dolido—. Voy a dejarte sola. No quiero ser tu obra de caridad. Cuando quieras hacer el amor, avísame.

Dicho esto, se fue al sofá y comenzó a ver el fútbol. Laura se enfadó mucho pese a que yo le había advertido que al comienzo Bruno podía actuar a la defensiva. También le dije que era probable que se tranquilizara una vez que superara la sorpresa y aceptara sus sentimientos y su propuesta. Laura se fue al dormitorio, donde sabía que no sería escuchada y llamó por teléfono a su hermana para desahogarse. Después se acostó y comenzó a leer una novela. Decidió dejar los platos para la mañana siguiente. Cuando Bruno fue a acostarse, fingió estar dormida para evitar una discusión. Él se metió en la cama sin rozarla y después de un rato se quedó dormido. Cuando ella escuchó la respiración regular del sueño, se acercó y le abrazó hasta que se quedó dormida. Estaba afligida pero se decía que las cosas mejorarían.

A la mañana siguiente, Bruno, que había notado que Laura lo había abrazado durante la noche, se había levantado y estaba leyendo el periódico mientras tomaba el café. Luego se fue inesperadamente, anunciando que había hecho planes de última hora con unos amigos. Cuando Bruno regresó por la tarde le entregó a Laura un pequeño ramillete de flores que había recogido por el camino de vuelta a casa. Ella le besó y él se sintió conmovido. Se sintió tentado de abrazarla y besarla, pero se detuvo, sintiéndose avergonzado.

Ella se dio cuenta de su confusión interna y se fue a la cocina a preparar té. Bruno se sentó en el diván, tratando de analizar sus sentimientos de vergüenza. «Después de todo ella no me culpa», pensó. Recordó otros momentos de la relación en los cuales ella había deseado tener relaciones pero él estaba muy cansado. Decidió entonces tratar de no tomarse la cuestión de una manera personal.

—Vayamos a comer a un restaurante —dijo impulsivamente.

Durante la cena, Bruno preguntó:

—¿Te puedo decir cómo me siento?

Laura aceptó, ansiosa.

—Cuando me contaste lo que te ocurría con el sexo, al comienzo me sentí enfadado y después temí que ya no te atraía. Después me entristecí pensando que habíamos estado haciendo el amor sin que tú lo disfrutaras y al final me ha dado vergüenza pensar que lo hacemos cuando tú no lo quieres. (Como ves, Bruno le había dado un vistazo a este libro).

Laura asintió.

—Acepto tus disculpas porque tú aceptaste esa situación. Veamos si podemos tener relaciones solamente cuando los dos lo deseemos.

Esa noche, después de cenar, se besaron en la cama. Bruno decidió no hacer ninguna sugerencia sexual y Laura se quedó dormida en sus brazos. Se sintió frustrado y se quedó despierto un rato, pero era bueno sentir que Laura lo abrazaba mientras dormía. Luego, como no lograba dormirse, se fue al salón y leyó hasta quedar dormido en el sofá. A la mañana siguiente hizo un esfuerzo para mantener una actitud cariñosa mientras explicaba por qué se había ido de la cama. Necesitaron algunos meses para superar las tensiones. Sin embargo, gradualmente él aceptó los deseos de ella y superó sus sentimientos de vergüenza y abandono. Ella, por su parte, hizo el esfuerzo de tomar la iniciativa sexual de vez en cuando, especialmente los fines de semana, cuando tenía más energía. A través de conversaciones y acuerdos, lograron salir del nocivo patrón de Rescate que estaba amenazando secretamente su vida sexual y hasta su matrimonio. Su vida sexual mejoró.

Transacción de Educación Emocional N° 15:
Pedir Perdón. Una Manera Emocionalmente Educada
de Pedir Disculpas por una Acción que Ha Herido
Profundamente a Otra Persona

Los pequeños errores emocionales se producen con frecuencia. Por eso es importante mantener las cosas en orden y hacer una limpieza emocional cuando sea necesario. Sin embargo, a veces cometemos errores importantes que pueden provocar daños duraderos. En esos casos, es importante disculparse más profundamente y hasta, si es necesario, pedir perdón.

UN CASO PARA ESTUDIO: SUPLICAR PERDÓN

Un ejemplo dramático de cómo se puede pedir perdón es la historia de Rosa y Emilio, una pareja de sesenta años que estaba a punto de celebrar su cuadragésimo aniversario de bodas cuando asistieron a uno de mis seminarios de educación emocional. Después de hablar acerca del poder de las disculpas, Emilio dijo que necesitaba hacer un poco de trabajo emocional con Rosa.

Con el permiso de ella explicó por qué. Hacía treinta y cinco años, la noche del nacimiento de su hijo, él se había acostado con otra mujer. Sucedió justo después de haber visto a su hijo y haber dejado a Rosa en el cuarto de recuperación. Salió del hospital tarde, pero estaba demasiado excitado como para ir directamente a su casa. En lugar de ello, se fue a un bar del vecindario a beber un trago. Mientras estaba sentado disfrutando de un whisky doble, vio a una joven compañera de trabajo. Le habló del nacimiento de su hijo y la invitó a tomar una copa. Una copa llevó a otra y, sin darse cuenta, estaban haciendo el amor en el apartamento de ella.

Cuando se fue a la mañana siguiente, Emilio estaba abrumado por la culpa. Se sentía muy mal por haber engañado a su esposa y de manera impulsiva contó a Rosa lo que había hecho. Rosa se sintió destrozada. Aunque él le aseguró que estaba ebrio y que no quería volver a ver nunca a esa mujer,

Rosa estaba desconsolada y no lo podía perdonar. Durante los siguientes treinta y cinco años cada vez que surgía una discusión aparecía ese incidente. Cada vez que Rosa se daba cuenta de que Emilio daba por hecha su relación o que no le prestaba suficiente atención ella sacaba a colación ese nefasto incidente. Los dos se sentían muy mal. Después de tantos años, el incidente seguía siendo para ambos como una espina clavada, una espina que se habían intentado quitar sin conseguirlo.

En esta ocasión, Emilio sintió que debía hacer algo que nunca había hecho: aceptar la plena responsabilidad por su infidelidad y rogar a Rosa que le perdonase. Lo hizo de la manera más conmovedora. Delante de todo el grupo, Emilio se puso de rodillas, tomó la mano de Rosa y con lágrimas en los ojos, comenzó a hablar.

—Rosa —preguntó—, ¿puedo decirte algo?

—Sí —asintió ella.

—Rosa, sé que me he disculpado cien veces por esto y que me he quejado porque la disculpa no funcionaba.

Ella asintió nuevamente.

—Gracias a lo que hoy se ha discutido aquí, me doy cuenta de que aunque me he disculpado, mis disculpas han sido vacías y no me sorprende que no hayan funcionado.

Rosa volvió a asentir.

—Comprendo por qué. Es porque no he admitido realmente el gran daño que te hice. No quería aceptar que te había herido tanto. Por eso buscaba excusas y tu dolor nunca cesaba.

Se enjugó los ojos y preguntó:

—¿Puedo disculparme ahora?

En este momento todos en la sala ya estaban llorando, Rosa incluida. Asintió nuevamente, esta vez con calidez, tomando las manos de su esposo.

—Rosa, después de tantos años, finalmente me he dado cuenta de lo mucho que te herí. Lamento muchísimo haberlo hecho y lamento muchísimo que me haya tomado tanto tiempo darme cuenta de lo mucho que sufriste. ¿Podrías, por favor, perdonarme?

Rosa se tomó mucho tiempo para pensarlo. Al final, rompió con una sonrisa cubierta de lágrimas y aceptó.

—Sí, lo haré, y debo decir que ahora pienso que he sido muy dura con mi ira. Desde el fondo de mi mente siempre he pensado que lo hiciste porque tras tener a nuestro primer hijo te sentías poderoso y muy hombre. Pero veo que al final has entendido cuánto me heriste. Te perdono.

Se abrazaron rodeados por todo un sonriente grupo de entusiastas colegas de la educación emocional.

Un año después me encontré con Emilio. Le pregunté cómo iban las cosas y me dijo que acababan de celebrar un aniversario maravilloso, rodeados de sus amigos y su familia.

—Además —agregó—, desde ese seminario, Rosa nunca volvió a referirse a aquel incidente.

Un Caso que No Funcionó

Lamentablemente, existen situaciones en las cuales el perdón no está de ninguna manera garantizado.

Carla pasó cinco años recuperándose de los efectos devastadores de un divorcio muy cruel. Benito, su esposo, la había abandonado repentinamente por una amante que tenía hacía seis meses y después había intentado sin éxito (porque Carla tenía un buen abogado) quitarle su parte de los bienes. Su dolor duró cinco años completos, hasta que finalmente superó el problema, conoció a otro hombre y se casó feliz nuevamente.

Hasta el día de hoy, los ojos de Carla se llenan de lágrimas cuando se refiere a su divorcio. Muy poco tiempo después del divorcio, la relación que Benito tenía se terminó e intentó ponerse en contacto con Carla y buscar su amistad. Carla no quería ni siquiera dirigirle la palabra, pero con el correr de los años, por intermedio de amigos comunes y por el bien del hijo adolescente de ambos, comenzó a hablar con él por teléfono de vez en cuando.

Hacía ya mucho tiempo que ella había llegado a la conclusión de que el matrimonio entre ellos no había sido bueno y que terminar con él había sido lo mejor que podía haber pasado. Sin embargo, no podía olvidar ni perdonar las mentiras que Benito le había dicho ni las maniobras financieras contra las que había tenido que luchar.

A través de amigos comunes, le hizo saber que ninguna clase de relación entre ellos, era posible si no recibía una disculpa.

Benito, ansioso por restablecer una amistad, le escribió una nota:

Querida Carla:
Quiero disculparme por haber herido tus sentimientos. Lo siento.
Benito

Cuando Carla recibió esa nota, se puso furiosa ¿Se suponía que debía considerar esa escueta nota como una disculpa? Ni siquiera se molestó en responder. Después de un tiempo Benito la llamó. Tras algunas formalidades le preguntó:

—¿Recibiste mi nota?

—Sí.

—¿Y bien?

—¿Bien qué?

—¿Me perdonas?

—¿Por qué?

—¿Qué quieres decir con por qué? Creí que querías una disculpa.

—Ah, ya veo. Pues... creo que no te perdono.

—¿Por qué no?

—Porque en realidad no te has disculpado.

—¿Y la nota?

—Tu nota está bien para comenzar. ¿De qué cosas te estás disculpando?

—Por haberte hecho daño.

—Yo necesito que te disculpes por las cosas que hiciste.

—¿A qué te refieres?

—Me mentiste, fuiste cruel y trataste de engañarme.

—No sé, ésa es tu opinión...

—Bien, ¿entonces por qué te estás disculpando? No es suficiente decir que hiciste algo para herirme. ¿Qué fue lo que hiciste? A menos que reconozcas las cosas que hiciste para herirme, no me interesa que te disculpes.

Ahí terminó la conversación. Varios años más tarde, Benito seguía deseando arreglar las cosas. Escribió entonces otra nota:

Querida Carla:
Pensé en lo que hablamos y estoy de acuerdo en que te mentí, pero fue porque creí que ibas a sentirte peor si sabías la verdad. En cuanto a lo económico, temía que me despojaras de todo. Lamento si herí tus sentimientos y te pido perdón.

Benito

Tampoco satisfizo a Carla. Benito había reconocido sus mentiras, pero sus racionalizaciones a propósito de las cosas que ahora admitía haber hecho restaban valor a la disculpa. Su corazón no se conmovía y no veía razón para permitir a Benito entrar nuevamente en su vida. Él parecía no reconocer cuánto daño le había hecho. Le respondió con una nota en la que decía:

Benito:
Recibí tu carta y veo que estás haciendo un esfuerzo para arreglar las cosas. Sin embargo, estás empleando más palabras en buscar excusas para las cosas que hiciste que para reconocer la brutal y dolorosa experiencia que yo tuve que atravesar. Los dos cometimos errores que estamos pagando. Yo no fui perfecta, pero si quieres que seamos amigos debo estar convencida de que te das cuenta de lo mucho que me heriste y de lo mucho que sufrí a causa de tus acciones. Además, tienes que sentir y comunicarme algún tipo de dolor, arrepentimiento o de culpa. Necesito experimentar esos sentimientos de tu parte y hasta entonces siento y creo que es mejor que nos mantengamos a distancia.

Carla

Las cosas quedaron así. Es posible que en algún momento Benito reconozca lo que debe hacer. También es posible que él decida que no puede o no quiere, pero Carla se está cuidando emocionalmente al no concederle el perdón prematuramente. Si ella se ablandara y dejara a Benito acercarse sin sentir la sana satisfacción de una disculpa sincera, en realidad nunca se abriría a Benito y su «amistad» con él sería un penoso engaño. El proceso de disculparse y perdonar es extremadamente importante en una vida emocional cultivada, y a veces vale la pena llegar a ciertos extremos.

Esto nos lleva al final de las quince transacciones de educación emocional de que consta la formación en educación emocional. A medida que las personas adquieren habilidad en el uso de estas técnicas suelen perder la incomodidad que sienten al comienzo. Pasan a formar parte del cuidado emocional cotidiano, como rastrillar las hojas, pasear al perro o cepillarse los dientes. Una vez que han sido asimiladas en la vida y el lenguaje diarios, estas quince transacciones contribuyen a una vida emocional ordenada en la cual se reconocen las emociones y se les da el lugar apropiado para que sean una fuente de poder y bienestar. Pero las recompensas de la educación emocional son algo más que tener una casa emocional ordenada. Cuando nuestras emociones son claras y plenamente expresadas y los sentimientos de los demás reciben la misma importancia que los nuestros, la vida se torna poderosamente conmovedora y a veces realmente dichosa. En esos momentos las recompensas de una vida emocional cultivada muestran totalmente su valía.

RESUMEN

Asumir Responsabilidad

Te darás cuenta de que la parte más difícil de la educación emocional es aceptar la responsabilidad de las faltas emocionales que has cometido en tus relaciones. En primer lugar, debes admitir que has cometido un error. Después debes admitirlo ante los demás. A continuación, debes sentir verdadero arrepentimiento y expresárselo a la persona a quien has herido. Finalmente, deberías estar de acuerdo en realizar en ti algunos cambios relevantes y auténticos, y puede que tengas que resarcir el daño hecho.

Cometer errores emocionales cuando nos dejamos arrastrar a uno de estos tres roles: Rescatador, Perseguidor o Víctima. Como Rescatadores, hacemos para otras personas cosas que no deseamos hacer y que ellos mismos deberían hacer. Como Perseguidores, nos enfadamos y atacamos a otros, a menudo a aquellos que antes hemos Rescatado. Como Víctimas, permitimos que un Rescatador se haga cargo de nosotros o que un Perseguidor nos ataque, actuando todo el tiempo como si no pudiéramos hacer nada para remediar la situación.

Si has actuado como Rescatador, Perseguidor o Víctima, o has abusado de otra persona de cualquier otra manera, la educación emocional requiere que te disculpes ante la gente que has herido o a la que has causado problemas y que te decidas a actuar en el futuro como un adulto responsable. Si has resultado herido, debes aprender a solicitar una disculpa. Si recibes una disculpa, es importante aprender la manera apropiada de dar, posponer o negar el perdón.

8. EDUCACIÓN EMOCIONAL CON PAREJAS Y NIÑOS

Para aprender educación emocional es necesario un grupo de personas; no se puede aprender en soledad. Un grupo muy pequeño lo constituyen una nueva pareja o un amigo. Los acuerdos que se requieren para hacer posible el aprendizaje emocional se pueden realizar más fácilmente entre dos personas, especialmente entre dos personas afines que no tienen un historial de asuntos interpersonales por resolver. Ya es difícil encontrar y mantener una buena relación. Encontrar a alguien que quiera llegar a un compromiso de igualdad y de total honestidad incrementa la dificultad. Mucha gente está descubriendo que el antiguo sistema de dominación/sumisión, en el que una persona guía y la otra le sigue, está muy obsoleto. Aun así, la gente que cree sinceramente en la igualdad a menudo recae en los patrones tradicionales de la desigualdad. En las relaciones entre hombres y mujeres, los hombres siguen tendiendo a ejercer el dominio, y a las mujeres les resulta difícil afirmarse. El mismo patrón parece surgir en las parejas del mismo género. Siempre parece haber un «arriba» y un «abajo» en todas las parejas. Por eso, hombres y mujeres necesitan estar alerta y trabajar continuamente para mantener los objetivos de la pareja, en los que las necesidades emocionales se satisfagan con igualdad.

La gente está confusa, y con razón, sobre cómo hacer que funcione el nuevo estilo moderno de relación. En el antiguo sistema patriarcal, las necesidades emocionales del hombre tenían prioridad, mientras que las prioridades de la mujer normalmente ni siquiera eran percibidas, y si lo eran se desestimaban y ridiculizaban como pueriles. En consecuencia, tras unos años de matrimonio (en torno a unos siete de media) muchas mujeres no podían soportar tal negligencia y se rebelaban con furia o se volvían locas por la frustración. El moderno sistema igualitario trae nuevos problemas. Uno de los problemas principales es que cuando se abandona la dominación/sumisión, se reemplaza por la competencia entre la pareja. En vez de una persona liderando y la otra siguiéndole, se ponen a competir y a discutir por todos los asuntos.

No es sorprendente que cada vez más personas sencillamente se rindan y opten por vivir solas[35]. Una alternativa es la relación cooperativa, tal y como se define en este libro, y que se basa en:

• La convicción de que ambas partes en la relación tienen iguales derechos,

• El acuerdo de no hacerse mutuamente juegos de poder, y

• El compromiso de ser sinceros.

IGUALDAD Y SINCERIDAD EN LAS RELACIONES ÍNTIMAS

A quienes deseen una relación emocional educada, les recomiendo establecer rápidamente un contrato cooperativo, basado en la igualdad y la sinceridad. Una relación colaboradora es una relación en la cual:

• Ninguna de las partes trata de manipular a la otra con juegos de poder.

• Nadie hace lo que no quiere hacer.

• Ambos miembros piden amablemente y con cariño todo aquello que desean.

• Escuchan con empatía las necesidades del otro.

Estas reglas básicas hacen necesario que superes los viejos modelos establecidos que implican juegos de poder, Rescates y mentiras. El cambio no es sencillo y no se produce de un día para otro, pero observarás que durante el proceso se liberan una energía y un optimismo que resultan refrescantes para cualquier relación, nueva o vieja.

Igualdad

La igualdad se basa en la idea de que es necesario que ambas personas tengan derechos iguales y que ambas deben hacer una contribución que sea idéntica para lograr el éxito de la relación. Igualdad no significa que las personas no puedan ser diferentes. Especialmente cuando se trata de hombres y mujeres, que de por sí son diferentes en muchos aspectos —por razones culturales y genéticas—, significa sencillamente que esas diferencias no dan a una persona privilegios sobre la otra.

La igualdad no significa que ambos miembros de la pareja deban trabajar y aportar igual cantidad de dinero o que los trabajos domésticos deban ser compartidos al cincuenta por ciento. La igualdad en una relación de pareja emocionalmente cultivada significa que ambos miembros hacen un esfuerzo igual para contribuir con lo que tienen para ofrecer, de tal manera que ambos se sientan satisfechos. Si alguno de los dos se siente insatisfecho con la contribución del otro, debe tener la libertad de expresarlo, con la seguridad de que su pareja trabajará para lograr un acuerdo justo.

Sinceridad

La sinceridad es el acuerdo más importante de una relación entre iguales. Nadie se involucra seriamente en una relación esperando que le mientan. De hecho, se supone que dos personas enamoradas no deberían mentirse nunca. Muchas relaciones se consagran en ceremonias en las cuales se hacen votos: «En la riqueza y en la pobreza, en la salud y en la enfermedad, prometo amar, honrar y cuidar». Normalmente no se incluye entre los votos la completa sinceridad. Esto no es sorprendente, ya que en la mayor parte de las relaciones, para el momento de la consagración, alguno de los miembros ya ha mentido acerca de algo. A veces, lo han hecho los dos.

Aun en la más sincera de las relaciones, seguramente hay alguna cosa escondida bajo la alfombra. Tal vez él siempre ha deseado más caricias acerca de su aspecto, pero le ha resultado incómodo pedirlas. O quizá ella no ha sido sincera sobre la falta de satisfacción al hacer el amor. Hasta los secretos o las mentiras más pequeñas tienen un efecto perjudicial en una relación íntima porque pueden ser las semillas de secretos o mentiras mayores en el futuro.

Cuando una pareja con una relación que existe desde hace mucho tiempo trata de aclarar las mentiras, pueden aparecer oscuros secretos que realmente perturben a la otra persona. Tal vez haya existido alguna aventura con una tercera persona, ocasional o no. O quizá alguno de los dos haya gastado mucho dinero de la cuenta conjunta sin decírselo al otro. Puede existir un malestar desde hace tiempo con la apariencia, la inteligencia, el sentido del humor o la sexualidad del compañero. Si éste es el caso, tal vez lo mejor sea librarse de esos secretos con la ayuda de una tercera persona, sea un amigo de confianza, un terapeuta o un sacerdote.

Las mentiras por omisión —generalmente se refieren al sexo, el dinero o el aspecto— no pueden seguir existiendo en una relación emocionalmente madura. Hay que revelar la verdad. Si uno de los miembros de la pareja tiene un secreto que no revela y el otro se entera, mi experiencia indica que el engaño daña más que el hecho en sí mismo. Cuanto más tiempo lleve en secreto más personas lo conocerán, y todas esas ramificaciones de la mentira a menudo son tan devastadoras que pueden dañar permanentemente la relación e incluso acabar con ella. Es difícil perdonar los errores, pero es aún más difícil perdonar las mentiras que los rodean.

Incluso las personas que sostienen que prefieren «no saber» suelen sentirse muy humilladas ante el descubrimiento de mentiras. Y es que cuando decimos «Preferiría no saber», en realidad no estamos anticipando lo mal que nos sentiríamos al descubrir por casualidad un secreto. Por eso mentir es muy perjudicial y debe ser excluido en cualquier relación que aspire a ser emocionalmente madura.

En Resumen

• *Para la igualdad se necesitan dos:* Ten en cuenta que una relación emocional educada requiere que ambas partes trabajen en ella por igual. Para eso hay que garantizar a ambas iguales derechos y esperar de las dos idénticas responsabilidades.

• *La colaboración es la clave*; pacta con tu pareja tener una relación de igualdad libre de juegos de poder, especialmente de mentiras y de Rescates. Deja claro que deseas una relación en la cual ambos puedan pedir todo lo que deseen y en la que nadie haga lo que no quiere. Si estás comenzando una relación, incluye esta noción desde el momento en que consideres que el vínculo tiene posibilidades de ser duradero. Comienza desde ahora a hablar acerca de una relación colaboradora. Esto es especialmente importante si estás enamorado, cuando todo se ve a través de un filtro radiante. Hablar simplemente con franqueza sobre estas cuestiones traerá claridad y realidad.

Acuerdo Emocional Prenupcial

Flora y Luis están enamorados. Están tumbados en el césped bajo el tibio sol primaveral pasando un día de campo. Ambos están de acuerdo en que les gustaría casarse. Ella ya ha estado casada antes con malos resultados y esta vez desea hacerlo mejor.

—Luis, ¿podemos hablar de algo que me gustaría tratar contigo antes de casarnos?

—Por supuesto. ¿De qué se trata?

—He estado leyendo un libro acerca de cómo construir una relación emocional educada.

—¿Qué clase de relación?

—Se trata de una relación en la cual uno esté emocionalmente comprometido y consciente. Es una relación de cooperación en la cual las dos personas se ponen de acuerdo de antemano acerca de una serie de cosas.

—¿Qué cosas?

—Bueno, el libro habla de una relación sincera entre iguales y realmente me gustó lo que decía. La idea es que tenemos que comprometernos a decir siempre lo que deseamos y asegurarnos de no ser presionados nunca para hacer lo que no deseamos.

—Me gusta la idea, pero me parece que ya lo hacemos. ¿No crees?

—Sé que los dos lo deseamos, pero me parece que a veces no lo hacemos.

—¿Estás pensando en algún ejemplo?

—Creo que los dos mentimos acerca de lo que queremos, y a veces nos adaptamos el uno al otro. Por ejemplo esta mañana, cuando fuimos a tomar el desayuno a La Granja. En realidad yo quería ir al bar México, pero mentí porque quería complacerte.

—¿Mentir? ¿Acaso eso no es ser generoso?

—En la educación emocional a eso lo llaman «Rescate» y dicen que no es bueno porque la persona que Rescata va acumulando irritación. Habitualmente soy yo la que me adapto a ti.

—Sé que lo haces, y eso es algo que me gusta de ti. Me malcrías. ¿Significa eso que más tarde vas a irritarte conmigo?

—Podría ser, eso es lo que me ocurrió en mi primer matrimonio y no me gustaría que sucediese otra vez. Tal vez también hay cosas que tú me estás concediendo a mí y yo no me doy cuenta ¿Las hay?

—Quizá haya un par de cosas, pero en realidad no tienen importancia...

—Bueno, yo creo que Steiner tiene razón. Sería mejor que fuésemos completamente sinceros en estas cosas. ¿En qué haces concesiones?

—¿Por qué deseas que busque de qué quejarme? ¡Yo te quiero!

—Yo sólo quiero que aprendamos a tener una relación sincera y de cooperación.

—Lo intentaré —piensa durante un momento—. Está bien, la verdad es que preferiría que no nos encontrásemos y saliésemos con todas tus amigas tan frecuentemente como lo hacemos.

—¿De verdad?

—Es algo que no me va mucho. Claro que me interesa conocerlas, pero no quiero dedicar tanto tiempo a cada una de ellas. No tengo tiempo suficiente como para conocer a todas tus amigas. Además... lo siento, ¿no es esto demasiado duro para ti?

—Un poco, pero está bien. Continuemos, y gracias por preguntar.

—Está bien, si así lo quieres —continúa, con una mirada de preocupación—. Hay otra cosa. Me encanta que me hayas presentado a tus padres, pero no me gustan mucho los asuntos familiares; por ejemplo, no me interesa ir a la fiesta del santo de tu tía. Empezó a resultarme excesivo conocer a tantas personas que no parecen tan importantes para nosotros.

—Ya —responde ella con voz rota—. Verás, me decepciona y me incomoda saber que mientras yo te presentaba a todo el mundo con tanto entusiasmo, en realidad tú hubieses preferido estar en otra parte.

—No fue tan malo. Simplemente hubiese preferido no hacerlo.

—Bien, a mí verdaderamente me gusta dedicar tiempo a mi familia. Lo he hecho desde pequeña. Pero puedo ir sola si tú prefieres no venir conmigo.

A esto siguió un profundo silencio, después del cuál Luis comenzó a hablar nuevamente:

—Te diré lo que podemos hacer: ¿por qué no me dices cuáles son las ocasiones que para ti son verdaderamente importantes y yo iré contigo a ésas? Tal vez tú podrías ir más temprano y yo me reuniría contigo algo más tarde para no tener que estar allí tanto tiempo.

—Eso me parece bien.

Se abrazan con fuerza. Los dos tienen cosas que pensar, pero Flora está orgullosa de haber sido la que inició un diálogo emocional maduro, y Luis está contento porque se liberó de algunos compromisos sociales no deseados.

Alguien puede preguntarse por qué dos jóvenes enamorados deben comenzar a hablar acerca de pequeñas insatisfacciones que en ese momento no significan nada en comparación con el gran amor que se tienen. Pero éstas son las cosas que, cuando comienza a empañarse la luz brillante de un nuevo amor y la realidad se hace patente, a menudo separan a las parejas que una vez pensaron que nada podría interponerse entre ellos. Flora aprendió la lección durante su primer matrimonio. Hace bien en tomar la iniciativa y comenzar un diálogo acerca de las reglas básicas para establecer un nivel de sinceridad y concienciación que después serán muy importantes para evitar un nuevo desastre emocional.

La Sinceridad es la Mejor Política

¿Tu pareja te conoce lo suficiente como para contar con un panorama claro acerca de quién eres? De no ser así, sé valiente y completa el cuadro. La sinceridad puede asustarnos, pero la recompensa es una relación más fuerte y más íntima.

Si estás manteniendo en secreto cierta información prepara a tu pareja y cuéntasela ahora. Esperar a un momento mejor no suele ser una buena política ya que en general ese momento mejor no llega nunca. No esperes; hazlo ahora.

Entiende que la sinceridad implica expresar lo que uno desea, hablar de lo que siente y pedir una disculpa cuando uno no puede pasar por alto un fallo de su pareja.

Salomón y Carolina están casados desde hace un par de años. Tienen una buena relación que data desde el bachillerato, donde eran conocidos por ser la pareja modelo del instituto. En un momento de romanticismo, Carolina le dice a Salomón lo bien que se siente con el hecho de que ninguno de los dos haya tenido nunca relaciones sexuales con otra persona.

Salomón traga saliva. Resulta que tres años antes, durante una separación de seis meses en la cual reevaluaron su relación, él se acostó una noche con una conocida de Carolina. En ese momento no se lo contó, porque se dijo a sí mismo que eso no formaba parte del acuerdo. Sin embargo, ahora siente que debe decírselo:

—Carolina, ¿estás de acuerdo en que si vamos a tener una relación permanente no deberíamos tener secretos entre nosotros?

Carolina se mostró alarmada:

—¿Por qué? ¿Acaso me has estado mintiendo todo este tiempo?

Salomón la miró a los ojos:

—No Carolina, no creo que sea así y no quiero comenzar a hacerlo ahora. Sentémonos. Hay algo que hasta ahora no había creído que fuera necesario decirte. ¿Te lo puedo decir ahora?

—¡Dios mío! ¿De qué se trata?

Salomón se aproxima a Carolina y mirándola fijamente, le pregunta:

—¿Te acuerdas cuando estuvimos un tiempo separados mientras estábamos en la universidad?

—Sí —responde ella, comenzando a comprender de qué se trata.

—Bien, durante esos meses no dejé nunca de pensar en ti, pero también pensé que tal vez no ibas a querer regresar conmigo. Estaba tratando de acostumbrarme a la idea y estaba muy deprimido. Una noche salí con Susana Guillén.

—¿Con Susana? ¿Mi amiga Susana? —preguntó, con voz chillona. Siempre se había sentido un poco insegura al lado de la bella y popular Susana.

—Sí, y creo que debo hablarte sobre esa cita.

—¡Dios mío, Salomón!

—Lo siento. Pensé que no tenía por que decírtelo, pero después de lo que dijiste de no haber tenido otros amantes, creo que debo hacerlo. Quiero que sepas todo acerca de mí.

Al mirarla y ver su expresión, se siente asustado, pero está decidido a continuar.

—¿Puedo decírtelo?

—Sí, dímelo —responde ella, empezando a llorar.

—Pasé la noche con Susana. Nos acostamos juntos.

Ella llora aún más.

—No fue nada importante, pero ocurrió.

Carolina lo mira con los ojos llenos de lágrimas y apoya su cabeza en el hombro de Salomón. Éste trata de abrazarla, pero ella no se lo permite.

—¿Por qué no me lo contaste antes?

—Aunque habíamos acordado que éramos libres de salir con otras personas sabía que iba a molestarte. Sé que a mí me hubiera molestado. Me sentí culpable y me dije a mí mismo que probablemente ambos nos habíamos acostado con alguien diferente durante ese período, y entonces pensé que yo no quería que me contaras nada si habías tenido otros amantes. Creí que a ti te sucedería lo mismo. Estoy muy feliz de saber que he sido el único hombre en tu vida. Tú eres la única mujer a quien he querido, y ésa es la verdad, Carolina. Cuando antes dijiste que ninguno de los dos había tenido ningún otro amante me sentí muy mal. No quería mentirte mientras tú te mostrabas tan cariñosa. Tampoco deseaba confundirte y por eso decidí que merecías saber toda la verdad. Ahora que lo sabes ya no debo preocuparme nunca más por estar ocultándote algo.

Carolina estaba muy molesta. Dijo que lo que le molestaba no era tanto lo ocurrido como el hecho de que se lo hubiese ocultado durante tanto tiempo. Se había sentido muy tonta al comprender que había tenido una falsa idea de su esposo, la persona con quien tenía la relación más estrecha de su vida. Temía que esta revelación estropearía su amor por él. Pero más que la aventura de una noche de Salomón, lo que más la había herido era la pérdida de confianza causada por un secreto guardado tanto tiempo.

Esa noche se abrazaron más fuertemente que nunca. Fue una noche para recordar y a Carolina le costó bastante tiempo recuperarse de esa herida. Pero más tarde, hasta se sintió halagada por el hecho de que Salomón la hubiese preferido a ella en vez de a la universalmente admirada Susana. Comprendió por qué no se lo había dicho y, aunque al principio le resultó algo difícil de aceptar, decidió que podía vivir con eso.

Posteriormente, cuando en algún momento se preguntaba si Salomón guardaba algún secreto, se sentía confiada al pensar que si había podido contarle su aventura, seguramente le podría contar cualquier otra cosa. Se sentía profundamente segura a su lado y su temor a que esa revelación pudiera estropear su relación no se materializó.

Muchas personas piensan que esta clase de sinceridad es innecesaria o aun peor, que es un acto irresponsable de crueldad sádica. Creen, además, que una persona que cometió un error como el de Salomón merece vivir con los remordimientos ulteriores y debe ocultar esa información dolorosa a su esposa. Estos argumentos ignoran algunos hechos importantes: el efecto nocivo que ejerce una mentira, por pequeña que sea, y cómo esas mentiras pueden dar paso a otras mayores, o que la información oculta atenta contra el proceso intuitivo y de empatía que debe darse en una pareja. Lo más importante es que olvidan el gran dolor que siente la gente cuando se entera de que se les ha mentido repetidamente, aunque sólo sea por omisión. Imagina cómo se sentiría Carolina en caso de coincidir casualmente con Susana Guillén cinco o seis años después si descubriese, a través de algún comentario del esposo de Susana, que ella y Salomón habían sido amantes.

Limpiar la Casa

Reserva tiempo para una limpieza emocional. Mi buen amigo David Geisinger dice que una relación es tan buena como el diálogo que exista entre las partes. Si el diálogo es reflexivo, sincero y afectuoso, así será también la relación. Contaros uno al otro vuestras sospechas, presentimientos y fantasías paranoicas. Escuchad con atención. Aprovechad la oportunidad para pediros disculpas por las veces que os habéis herido. Y sobre todo, encontrad tiempo para daros caricias.

No intentéis resolver los asuntos emocionales durante las pausas publicitarias de la televisión ni cuando estéis demasiado cansados para hablar. Reservad un tiempo de calidad para la conversación. Recomiendo hablar acerca de cuestiones emocionales durante un paseo. Otra posibilidad es establecer citas regulares en las que airear cuestiones emocionales.

Repasar, Repasar, Repasar

Asegúrate de revisar periódicamente tus acuerdos. En esta era de cambios rápidos, los acuerdos que eran buenos hace seis meses pueden no tener sentido hoy.

Habla con frecuencia acerca de temas como el dinero, el sexo y el tiempo, en especial acerca de dónde y cómo se debería emplear cada uno de ellos.

El hecho de que se hayan estado haciendo las cosas de una manera determinada desde hace tiempo no significa que ahora esa manera sea aceptable para tu pareja. Esto es especialmente cierto en lo que se refiere al sexo, que se puede transformar en una rutina aceptable para una persona e inaceptable para la otra.

Sé flexible, estate dispuesto a cambiar los acuerdos, aun después de haberlos negociado extensamente. Acepta los cambios y los nuevos puntos de vista. Después de todo, el objetivo es que ambos trabajéis juntos de manera cooperativa y que se generen sentimientos de afecto y esperanza en vez de resentimiento y desesperación.

Un Paseo por el Bosque

Guillermo y Mónica son personas muy ocupadas. No tienen hijos y trabajan mucho. Cuando finalmente se reúnen por la noche cenan y apenas les queda energía para hacer algunas tareas y ver un poco de televisión en la cama. Se abrazan mientras miran televisión y suelen quedarse dormidos antes de que el aparato se apague solo.

Aunque nunca han hablado al respecto, parecería que han hecho el acuerdo de no acometer temas emocionales complicados. Mónica siente que no tienen el suficiente tiempo de diálogo íntimo para resolver algunos problemas que han estado ignorando.

Una mañana, mientras se preparan para ir a trabajar, Mónica sugiere que el domingo se tomen la mañana libre, salgan a caminar y conversen acerca de algunos temas. Al comienzo Guillermo se resiste porque tiene una cita de golf, pero Mónica insiste, y él acepta finalmente.

El domingo siguiente, durante el paseo, Mónica dice:

—Estoy preocupada porque siento que nos estamos distanciando; aunque aparentemente nos llevemos bien y nos amemos, me temo que hay cosas que se están interponiendo entre nosotros y que nos hacen sentir mal, al menos a mí.

—Yo me siento bien en general —responde Guillermo—. ¿Hay algo que te haga sentir mal a ti?

—¿Ves? Aquí tenemos un problema. Tú no pareces darte cuenta de que tenemos pequeños desacuerdos y uno de los dos, normalmente yo, cede para evitarlos. Siempre pienso que estoy demasiado cansada, o que será mejor ocuparnos de eso al día siguiente o que tal vez estoy exagerando, pero estoy comenzando a sentirme mal.

—Ya me doy cuenta —la interrumpe Guillermo— de que tenemos estos pequeños problemas, pero creo que los vamos resolviendo sobre la marcha. Yo me siento bien.

—Entonces quizá éste deba ser el primer problema del que hablar, porque yo no me siento tan bien. ¿Sabes cómo me siento cuando dices que estamos resolviendo los problemas? ¿Puedo decírtelo?

Guillermo asiente.

—En realidad me siento muy enfadada.

Guillermo asiente nuevamente, pero está alterado. Mónica continúa:

—¿Puedo decirte lo que supongo? Creo que cuando no estamos de acuerdo tú no percibes que la mayor parte de las veces yo cedo solamente para que nos sigamos sintiendo bien.

Guillermo, algo asombrado, dice:

—No tenía ni idea. Creía que teníamos un acuerdo sincero. Esto es irritante de verdad.

Durante la hora siguiente, Mónica se dedicó a recordar una serie de incidentes en los cuales todo se había resuelto a la manera de Guillermo. Algunos de esos incidentes eran claramente triviales, como el hecho de que cuando caminaban por calles atestadas Guillermo solía ir por delante, que casi siempre era él quien conducía cuando viajaban juntos, que él no sugiriera ningún restaurante cuando salían a comer fuera o que a menudo cuando ella le hablaba él estaba distraído. En cualquier caso, eran cuestiones importantes para ella y necesitaba que se reconociesen.

Todas estas cosas estaban comenzando a irritar a Mónica. Él le señala que como ella no se queja, no se da cuenta de que está molesta. En realidad está algo sorprendido de que ella continuase la situación en contra de su propia opinión. Ella lo acepta, pero le dice que con frecuencia está demasiado cansada como para pelear por esas cosas y que le gustaría que él tuviera más conciencia de esas tensiones sutiles que existen entre ellos. La conversación se convirtió en una discusión que se fue acalorando. Ambos —Carolina fue la primera en señalarlo— se dieron cuenta de que necesitaban calmarse. Tas unos minutos, se pidieron disculpas mutuamente: Carolina por Rescatarlo y Guillermo por emplear sutiles juegos de poder.

Retomaron la conversación y se esclareció que el problema más serio era que no tenían tiempo suficiente como para estar juntos y que eso impedía que Mónica se sintiese feliz.

En cambio Guillermo parecía conformarse con ver juntos la televisión, dormir juntos, hacer el amor por las mañanas o los fines de semana y salir a veces a comer fuera, cosa que durante un tiempo también había satisfecho a Mónica.

Sin embargo, ella había comenzado a disgustarse con las relaciones sexuales, que eran cada vez más rutinarias. Aunque habían acordado que tener relaciones por la mañana era lo mejor para los dos, esa regularidad de horario estaba comenzando a molestar a Mónica.

—Ya no quiero hacer el amor por la mañana —dijo Mónica de repente.

—Bien, ¿entonces cuándo? Tú misma dijiste que por la noche estabas demasiado cansada. Los dos somos personas madrugadoras...

—Bueno, supongo que quiero que nos tomemos un tiempo en la noche, que salgamos, tomemos una copa, hablemos y nos pongamos al tanto de lo que le ocurre a cada cual.

Guillermo se sintió alarmado por esta propuesta. Siempre se había sentido bien con los acuerdos que tenían y temía que estas cosas consumieran mucho tiempo de las vidas que tenían tan exactamente programadas. Dudó, y Mónica se sintió irritada. Se pusieron de mal humor y cuando estaban a punto de cambiar de tema Mónica dijo:

—¿Ves? Así es como sucede siempre. No trabajamos sobre nuestros desacuerdos y si dejo pasar esto volveremos al punto de partida. Sigamos con esto, por favor.

Conversaron durante una hora más y llegaron a una nueva decisión. Guillermo se dio cuenta de que no había estado considerando a su esposa como una prioridad y aceptó probar la propuesta de Mónica. También acordaron que tendrían esos paseos para examinar la relación una vez al mes.

Al final las cosas no salieron exactamente como las habían proyectado, pero se tomaban a la semana una noche libre y sin televisión simplemente para estar juntos. Sólo dan juntos el paseo cada tres meses. Pero después de todo, la conversación ha tenido un efecto muy benéfico. Revisaron sus acuerdos con flexibilidad y establecieron las bases para que su relación continuara sobre la base de la educación emocional.

LA EDUCACIÓN EMOCIONAL Y LOS NIÑOS

La educación emocional se puede aprender en cualquier momento, pero se desarrolla mejor durante la infancia. Daniel Goleman lo llama la «ventana de oportunidad», durante la cual aprender habilidades emocionales es muy diferente a aprenderlas posteriormente. Por ejemplo, aprender a leer es fácil durante la niñez. Pero un adulto analfabeto puede tener muchas más dificultades para aprender a leer. Lo mismo ocurre con habilidades tales como practicar deportes, aprender lenguas extranjeras, música... y sí, también con la educación emocional.

Es durante este período crítico de aprendizaje en el que los niños aprenden mediante el ejemplo de sus padres y en el cual los niños establecen sus actitudes ante la vida. Comienzan a considerarse buenos o malos, hábiles o torpes, felices o infelices. Hasta pueden pensar en ellos mismos como si fuesen personajes de fantasía. Algunos niños, por ejemplo, se identifican con Blancanieves o con uno de los Siete Enanitos. Otros se verán como Superman o Lois Lane, el Flautista de Hamelín o Caperucita Roja, o hasta pueden identificarse con Jesucristo o el Demonio. También en esta etapa los niños adquieren hábitos emocionales que coinciden con la visión que tienen de ellos mismos; dulces, impacientes, imperturbables, santos o malvados. Además, una vez que un niño comienza a comportarse de una determinada manera, los demás le verán de esa forma y lo «etiquetarán» como bueno o malo, feliz o desdichado, amable o violento.

En general, estos modelos emocionales se aprenden de los padres y de otras personas que les rodean. Una vez que los adoptan, estos hábitos se transforman en modelos o guiones acerca de lo que es la vida y cómo será para ellos. A menos que se haga algo para cambiarlos, estos guiones pueden durar toda la vida.

Esencialmente:

• El niño que habitualmente está triste y asustado se puede convertir en un adulto depresivo y con tendencias suicidas.

- El niño que aprende a contener las lágrimas puede llegar a ser duro de corazón.
- El niño que no puede controlar sus arrebatos puede caer en adicciones cuando sea adulto.

Un Enfoque Bueno y Uno Malo

Como ejemplo del modo en que los padres establecen los patrones emocionales, demos una ojeada a una típica «minitragedia» doméstica y a dos maneras distintas en que los padres pueden manejarla.

En primer lugar, veremos la manera emocionalmente ignorante de manejar el problema:

Mateo, un niño de cinco años, acaba de caerse de la estantería de la cocina mientras intentaba tomar unas galletas. Está llorando a gritos. No sólo le duele la rodilla que se golpeó contra el suelo, sino que además se siente humillado porque lo sorprendieron a la caza de la caja de galletas. Se siente dolorido, enfadado, culpable y asustado, todo al mismo tiempo. Su padre entra en la cocina y se da cuenta de lo que su hijo ha estado haciendo. Se enfada.

—¿Qué ha pasado? ¿Te hiciste daño? —pregunta con tono molesto— ¡Deja ya de llorar!

¿Cómo debe Mateo interpretar todo esto? ¿Se supone que debe dejar de sentir dolor? ¿Y qué hacer con la culpa y el miedo? ¿Debe seguir sintiendo estas cosas, pero sin llorar? Enfadado y confundido, grita aún más. Si su padre tuviera educación emocional, dejaría que se calmase solo. Pero en cambio este padre considera que ésta es una buena oportunidad para enseñar a Mateo una lección acerca de la vida.

—Vamos, Mateo, deja de portarte como un bebé llorón. Eres peor que tu hermana.

Ahora Mateo aprende que llorar es malo y que es cosas de niñas. Intenta suprimir su llanto pero no puede. Frustrado, llora todavía más fuerte.

Supongamos ahora que el padre se enfada aun más y decide continuar con la lección.

—¡Mateo, ya está bien! Tú sabes hacer las cosas mejor. Sabiendo la respuesta, le pregunta:

—¿Qué estabas haciendo sobre la repisa? Te estás comportando como un mariquita.

Mateo ha oído hablar a sus compañeros de mariquitas y de niños que actúan como niñas. Ahora decide dejar de llorar como sea. Aprieta los dientes y se queda quieto.

—Así lo hace un niño bueno —dice su padre.

Muchos padres creen que no es bueno que los varones lloren. Esos niños, a quienes educaron para no llorar se convierten en adultos que se avergüenzan de llorar. Cuando un hombre educado así está tan triste que desea llorar ocultará el hecho con mentiras sobre sus sentimientos. Al final, será tan inconsciente de su propia tristeza que la negará incluso para sí mismo. También negará otros sentimientos de vulnerabilidad, como la vergüenza o el amor. Llegado hasta este punto, solo reconocerá los sentimientos más fuertes, como la ira o el amor desquiciado.

A las niñas se las trata de una manera diferente. Cuando lloran, se considera que es algo dulce y conmovedor. Casi nunca se les hace sentir que llorar no es femenino ni digno de una dama. Ésta es una de las razones por las cuales las mujeres suelen ser más emotivas que los hombres.

Un Enfoque Mejor

Ahora veamos una respuesta emocionalmente cultivada del mismo episodio. Cuando Mateo se cae de la repisa de la cocina, su padre lo levanta y le dice:

—¿Estás mal? ¿Te hiciste daño?

En lugar de responder, Mateo lanza un fuerte grito. Se siente dolorido por el golpe y culpable porque lo sorprendieron robando galletas.

—Me parece que estás enfadado conmigo —dice el padre, enjugando las lágrimas del niño.

—Síí... —dice Mateo.

—¿Por qué? Estoy tratando de ayudarte... ¿Puedo darte un beso en el chichón?

Aguanta a Mateo hasta que se calma.

—¿Estabas tratando de alcanzar las galletas?

Mateo comienza a llorar nuevamente.

—¿Te sientes culpable? ¿Temes que me enfade contigo?

Mateo no responde, pero se va calmando.

—Bueno, en realidad no me gusta que comas tantos dulces fuera de las comidas, pero lamento que te hayas golpeado — dice el padre—. La próxima vez no trates de tomar galletas por tu cuenta, ¿entendido?

En lugar de tratar de que Mateo dejase de llorar, su padre lo ha ayudado a comprender por qué se sentía tan mal. Le ha mostrado empatía mientras le daba caricias físicas con sus besos y abrazos. Cuando Mateo se calme, su padre hablará con él acerca de lo sucedido, cómo se sintieron ambos y cómo evitar esos melodramas en el futuro, además de sobre algunas cuestiones referentes a la caja de galletas. Mateo habrá aprendido que sus sentimientos de culpa, ira y temor son valorados y que los puede expresar con tranquilidad.

GUÍA PARA LA EDUCACIÓN EMOCIONAL DE LOS NIÑOS

Los niños pueden comenzar a aprender educación emocional en cuanto la pongas en práctica ante ellos. Puedes comenzar a hablar con ellos acerca de sus sentimientos a partir del momento en el que sean capaces de construir una frase. Entre los dos y tres años, los niños comienzan a sentir culpa y son capaces de experimentar empatía hacia los demás, de modo que pueden comenzar a disculparse por el daño que causen. En las relaciones entre niños y adultos hay que aplicar las mismas normas de cooperación que rigen para las relaciones entre adultos. La igualdad, la sinceridad y la supresión de los juegos de poder son tan importantes para los niños como para los adultos, aunque a veces deberán adaptarse a la situación. Normalmente esto significa que debes dar a los niños tanta independencia como sea posible, debes ser tan abierto como puedas y debes evitar las mentiras en todas sus formas. He aquí algunas indicaciones para enseñar educación emocional a tus hijos:

Mantén Abierto el Corazón

Besa y abraza a tus hijos a menudo y diles que los quieres. Como todo el mundo, buscan y necesitan afecto. Si les demuestras amor mediante caricias físicas cuando son pequeños, crecerán con un gran corazón.

No Les Hagas Juegos de Poder a Tus Hijos

Nunca pegues a tus hijos. Si utilizas juegos de poder para lograr de ellos lo que quieres, aprenderán a que sólo les motive el miedo y el control. Si incurres en un juego de poder con tu hijos (como todos hemos hecho alguna vez), asegúrate de disculparte y explicarle cómo te sientes. Dile que no lo volverás a hacer. Después, junto con él, y quizá algún otro miembro de la familia, busca un modo de que te lo recuerden.

Un ejemplo. Sol, de tres años, pulsa botones y gira los mandos cada vez que puede. Muchas veces ha apagado el fax, ha toqueteado los equipos de música y de televisión, ha hecho llamadas telefónicas y últimamente la han visto intentando encender el horno de gas. Isabel, su madre, muy asustada ante la posibilidad de un escape de gas, le ha dicho «¡No!» muchas veces, pero Sol parece estar empeñada en hacerlo. Una vez, Isabel sorprendió a Sol tratando de girar el mando del gas, perdió el control y mientras le gritaba, le dio una fuerte palmada en el trasero. Sol quedó petrificada y lloró a gritos durante unos minutos. Cuándo se calmó, sostuvieron la siguiente conversación:

—Sol, mi vida ¿todavía estás enfadada?

Sol asintió.

—Bueno, me enfadé mucho y lamento haberte pegado. Tú no tienes permiso para jugar con el horno.

—Sí lo tengo.

—No, no lo tienes. El horno está caliente y te quemará. Si vuelves a hacerlo, te castigaré a tu cuarto.

—No lo haré más, mamá.

—Está bien, si prometes que no volverás a tocar los botones, yo prometo no asustarte más. ¿Me prometes no hacerlo más?

Sol asiente imperceptiblemente.

—¿Eso es un sí?

Sol asiente nuevamente.

—Bien, si lo prometes no volveré a gritarte ni a castigarte. Y lamento haberte asustado.

Sol comienza nuevamente a llorar y abraza a su madre, que también la abraza.

—Está bien, cariño. Te quiero mucho y eres una buena niña.

Sé sensible con los deseos de tus hijos, aunque te parezcan nimiedades. Escúchalos con empatía. Trata de comprender que en ocasiones no quieren hacer ciertas cosas porque les asustan, les molestan o les ofenden su sentido estético o su gusto. Sé flexible en tus exigencias.

Sé Sincero

Ser sincero con tus hijos es muy importante. La única cosa más importante que eso es no hacerles juegos de poder. Explícales lo que sientes y lo que esperas de ellos. Nunca les diga mentiras descaradas, trata de que las mentiras por omisión sean mínimas y sincérate tan pronto como sea posible. Si quieres que ellos sean sinceros, primero debes serlo tú con ellos. Después de todo, los niños perciben cuando se les ocultan secretos, y si lo haces, también ellos aprenderán a hacerlo.

Si has sido sincero con tus hijos, deberás suponer que tus hijos lo serán contigo. Sin embargo, dado lo frecuente que es mentir, deberás vigilar que no mientan con el mismo cuidado con el que más tarde vigilarás que no se droguen. Tarde o temprano tu hijo te dirá alguna mentira grande, y pienso que esa será una oportunidad extremadamente importante para practicar lo que aquí has aprendido.

Serena, de trece años, acaba de regresar de la escuela y ha ido a su cuarto. Como se queda allí más tiempo de lo que acostumbra, vas a ver qué pasa y la encuentras leyendo:

—Hola, Serena, ¿Ya has vuelto de la escuela? Ella levanta la vista y parece cubrir con un libro aquello que está leyendo en realidad.

—¿Qué estás leyendo?

—Nada.

—Parece una revista.

—Dije que *nada*.

Con esto, ya sospechas que hay algún engaño. Te acuerdas de mantener la calma y permanecer en tu Adulto.

—Es una revista, ¿verdad?

—Sí, mamá —reconoce finalmente.

—¿De quién es?

—Es de Carolina. Me la ha prestado.

Ahora parece asustada. Mientras tanto, te has acercado a Serena y has tomado la revista.

—A mí me parece que es nueva. ¿Dónde la conseguiste?

—¡Ya te lo dije!

Te sientas junto a ella, la miras a los ojos, y con toda la tranquilidad posible le dices:

—Serena, ¿me estás diciendo la verdad? Por favor, no me mientas. Ya sabes cómo me sientan las mentiras. El modo como la hayas conseguido no es tan importante para mí como que me digas la verdad. Cuéntamelo y hablaremos de eso.

—La compré.

—Vaya. Temía que la hubieses robado. Sé que a algunos chicos les parece divertido robar de una tienda.

—Mamá, yo no robaría. ¡Tú lo sabes!

—Está bien. ¿Dónde conseguiste el dinero para comprarla? Hace un par de noches me dijiste que te habías gastado toda tu paga semanal. Dime la verdad.

Serena está claramente incómoda. Mira el suelo. Esperas. Después de algunos minutos dice:

—Tomé el dinero de tu monedero.

—¿De verdad hiciste eso?

—Sí.

Nuevamente se produce un silencio. Investigas tus propios sentimientos. Estás asustada por lo que Serena ha hecho y estás triste porque te ha mentido. Estás enfadada porque últimamente ella se muestra rebelde. Quieres decirle que tomar el dinero de tu cartera es tan malo como robarlo de la tienda.

La Hora de una Declaración Acción/Sentimiento

—Serena, ¿puedo decirte cómo me siento?

Serena asiente. Manteniendo un tono cariñoso, le dices desde el fondo de tu corazón:

—Tomaste el dinero de mi cartera para comprar una revista y después me mentiste. Eso me asusta, me hace sentir muy triste y también enfadada. ¿Puedes comprenderlo?

Ella está escuchando y asiente. Ahora tienes la oportunidad de saber por qué ella piensa que debe robar para comprar una mala revista. Ella te cuenta que sabe que no se la hubieses comprado ni le hubieses permitido usar su paga para eso. También te dice que la revista contiene historias interesantes. Tomas una de las revistas en sus manos y miras el contenido; definitivamente es basura.

—Bueno Serena, ciertamente la revista no me gusta, pero por otro lado me doy cuenta de que no puedo impedir que a ti te interese. Pero no puedes tomar dinero de mi cartera y quiero que te disculpes por eso. Además, quiero que prometas que no volverás a mentirme. Son tus mentiras las que me dan miedo y tristeza. Si comienzas a mentir ya no podremos hablar como antes lo hacíamos y eso sería muy malo, ¿no crees?

Serena asiente.

Haz que la sinceridad sea el lazo más importante entre tu hijo y tú.

Abandonar el Control

Dale poder a tus hijos dejándoles que se encarguen de los juegos. Juega con ellos y permíteles que te golpeen en sus juegos y en esos casos, finge llorar o ponerte triste. Este tipo de comportamiento les permite comprender que no eres tú quien siempre controla la situación. Igualmente, exprésales tus sentimientos. Si ellos desean saber por qué te sientes así, explícaselo de manera sencilla y breve.

Comprender los Fantasmas de tus Hijos

Sé consciente de que tus hijos tienen temores y compréndelos. Aprende a notar cuándo están asustados y por qué. Arañas, serpientes, perros, la oscuridad, el hombre del saco; cualquier cosa que les asuste para ellos es real y es necesario tomárselo en serio. Habla con ellos de sus temores, corrobóralos y ayúdalos en las situaciones que los provocan. Por otro lado, si no puedes controlar tus propias emociones, apártalos de esa experiencia, ya que puede asustarlos mucho.

Alentar los Medios Emocionalmente Cultivados

Léeles libros que proporcionen una educación emocional. Llévalos a ver películas y obras de teatro de valor emocional. Evita las historias con contenidos de violencia o crueldad, a menos que incluyan un claro reconocimiento o declaración moral acerca de la cólera y cómo tratarla de buena manera. Haz lo mismo con el amor y el sexo; cerciórate de que el mensaje sea emocionalmente adecuado. Léeles *El Cuento de los Peluches Cálidos* sobre los «Peluches» y las «Espinas»[29].

Enséñales Autodefensa Emocional

Enseña a los niños a defender sus límites y a rechazar los comportamientos que no desean, diciendo: «Eso no me gusta», «Por favor, deja de hacerlo», o «Déjame en paz». Éstas son maneras aceptables y efectivas de rechazar los comportamientos no deseados. Ensaya representaciones de esa clase de situaciones y enséñales cómo responder a diferentes escenarios.

Sé Paciente

Educar a un niño requiere tiempo, pero una vez que ha aprendido una lección, ésta permanece. Repite las lecciones una y otra vez de una manera coherente y asegúrate de estar haciendo lo que predicas. Recuerda: las manzanas no caen lejos del árbol.

9. EDUCACIÓN EMOCIONAL EN EL TRABAJO

Hasta ahora he mostrado cómo enseño educación emocional en situaciones controladas en las que se pueden hacer acuerdos mutuos de cooperación y honestidad: grupos de formación, parejas, padres e hijos. Pero en el mundo real vamos a tener que hacerlo sin la seguridad de acuerdos de ese tipo. No hay garantías de que tus compañeros de trabajo tengan siquiera el más mínimo interés por la educación emocional. El modo de incluir el desarrollo emocional en el lugar de trabajo podría ser tema para todo un libro. Sólo espero esbozar aquí algunos principios básicos.

Nuevamente, la educación emocional se aprende mejor cuando pactamos con la gente comportamientos que resulten en una relación cooperativa libre de juegos de poder y en la que se eviten los Rescates y las mentiras. Normalmente los ámbitos laborales son justo lo contrario. En el lugar de trabajo es donde probablemente encontraremos mayor cantidad de juegos de poder, engaños de todo tipo y mucho secretismo. Es más, la mayoría de sistemas de trabajo en realidad alientan un comportamiento emocional maleducado. Es frecuente enterarse de la existencia de gerentes que amenazan a sus empleados con el despido si no cumplen sus normas, o trabajadores que son víctimas de acoso sexual. Aunque las trabajadoras tengan la ley de su parte, la ley no funciona sin la asistencia de los sindicatos o de un abogado, por lo que muchas de ellas no tienen más remedio que resignarse.

Existen algunas compañías que intentan ofrecer un entorno laboral seguro y emocionalmente educado. Pero la mayoría de los trabajadores no son tan afortunados. Los secretos acerca de salarios, ascensos, despidos o cierres de empresa son parte de la rutina. Además abundan los juegos de poder sutiles, no sólo entre gerentes y ejecutivos, sino también entre trabajadores. Las instrucciones autoritarias crecen y se desarrollan, y tras ellas llegan los insultos sutiles, los secretos, las mentiras, los rumores y las bromas pesadas. Aunque la mayor parte de la gente se da cuenta de lo que está ocurriendo, no se ponen de acuerdo ni hay una política de empresa para detener esas acciones o para prevenirlas. En consecuencia, los lugares de trabajo son muchas veces un campo minado de transacciones tóxicas.

¿Cómo puede una persona crear un ámbito laboral emocionalmente educado? No es sencillo. Incluso en los lugares de trabajo que se enorgullecen de poseer un clima amistoso y distendido se pueden estar produciendo una gran cantidad de conductas emocionalmente inadecuadas.

Básicamente, estás proponiendo reemplazar la incultura emocional por otra diferente, en la que no se utilicen juegos de poder y en la que las emociones sean dignas de atención y respeto. Puedes empezar el proceso de cambio buscando al menos una persona que tenga el mismo interés que tú en la educación emocional. Después trata de encontrar más gente. Puedes tratar de despertar dicho interés mostrándoles este libro a tus compañeros o enviándoles una copia de «Los Diez Mandamientos de la Educación Emocional», que están al final de este capítulo.

Todo lo que he intentado enseñar en este libro puede ponerse en práctica en el lugar de trabajo, aunque puede ser mucho más difícil. El desarrollo emocional en el trabajo es más peligroso porque hay que practicarlo sin la existencia de un contrato cooperativo que te proteja de los juegos de poder, las mentiras y los Rescates. Debes prepararte para que las personas no quieran cooperar o incluso para que tengan reacciones hostiles.

Por ejemplo Marcos, un compañero de trabajo de tu mismo equipo, quien habitualmente hace comentarios supuestamente graciosos acerca de las corbatas chillonas que usas. Sospechas que tiene sentimientos de competitividad hacia ti debido al conocimiento de informática que tú tienes y que a él le faltan. En cualquier caso, quieres decirle que te molestan las bromas que hace acerca de tus corbatas, pero no tienes ni idea de cómo abordar este asunto tan delicado. Te sientes deprimido y frustrado por tener que trabajar con él. También te das cuenta de que has contribuido a crear el problema, ya que hasta ahora has tolerado las bromas. Puede que ahora estés hipersensibilizado, pero igualmente te gustaría que parase. Se aplican aquí todas las normas básicas: primero deberías obtener su permiso para hablar de tu irritación. Pero en este caso, puesto que la gente no está acostumbrada a que le pidan permiso y además probablemente asientan sin pensarlo, debes tener especial cuidado de obtener un «consentimiento expreso» y no una simple aprobación.

—Escucha, Marcos, cuando tengas un minuto quiero hablarte de algo, ¿de acuerdo?

—Claro... ¿Vas a alabar mis corbatas? —dice Marcos perplejo.

—Mira, más bien se trata de una queja. ¿Estás seguro de que quieres escucharla?

—¿Qué he hecho de malo? —pregunta sinceramente alarmado.

—No es algo tan malo. Sólo quiero asegurarme de que quieres escucharme.

—Está bien. ¿Qué te parece ahora?

—¿Ahora? Sería mejor más tarde, cuando tengamos más tiempo.

—¿Qué tal después del trabajo?

—Está bien. No te preocupes. Es simplemente algo que me ha estado molestando, pero podemos arreglarlo. ¿Qué te parece encontrarnos en el Pizza-Hut?

Puedes ver que lo que podría ser una transacción simple en una relación de cooperación, en el mundo real pueda necesitar varios minutos. También es posible que no funcione de una manera tan eficiente como la cuento. Pero eso no significa que no se pueda hacer. Con toda probabilidad, dado que se adopta una estrategia hábil y abierta, Marcos estará dispuesto a escuchar tus comentarios y podrás hacerle comprender que debe dejar de hacerte bromas sobre tu vestimenta.

Tal como ya he explicado, también en el «mundo real» puedes dar caricias, recibir caricias y aceptar o rechazar caricias, pero cada una de estas transacciones necesitará una mayor preparación. Será más complicado y laborioso, y entrañará un mayor riesgo de volverse en tu contra.

Puedes hacer declaraciones de acción/sentimiento y puedes también manifestar tus intuiciones con la esperanza de obtener una respuesta emocional adecuada. O puedes intentar extraer una respuesta mejor, pero eso puede ser mucho más difícil.

Por ejemplo, puedes tener la sensación de que has trabajado mucho y bien en un proyecto para tu jefe y que él no lo ha elogiado lo suficiente. Tal vez te sientas insatisfecho y necesites caricias. En lugar de pedir permiso y solicitar esas caricias a tu jefe, tienes que abordar el asunto de una manera mucho más diplomática.

—Elena, ¿tienes un minuto? Me gustaría preguntarte algo.

—Ahora estoy ocupada.

Elena no es una mujer muy locuaz. Presientes que le agradas, pero esto no va a ser fácil.

—¿Qué te parece más tarde? —preguntas.

—Está bien —responde sin levantar la vista de su trabajo.

No es que sea hostil, sólo está ocupada.

—¿Cuándo te viene bien?

—Te llamaré en cuanto haya terminado esto. En una media hora.

Todo va bien. Ahora vendrá la parte complicada. Elena te llama a su oficina y te pregunta:

—¿Querías hablarme?

Estás asustado, tienes la boca seca y en este momento sientes que sería más prudente abandonar el tema, pero estás decidido y continúas.

—Sí, ¿puedo ir a tu despacho?

—¿No quieres hablarlo por teléfono?

—Me gustaría más hablarlo en persona, si no te molesta.

Hay una fracción de segundo de silencio. Elena está pensando que se trata de una conversación especial.

—Está bien, ven ahora.

Segundos después, cuando llegas a su despacho, levanta la vista de su mesa y te indica que pases. Se le ve con curiosidad. Te hace una señal para que te sientes.

—¿De qué se trata?

—Elena, esto me pone un poco nervioso, pero quería hacerte una pregunta, ¿puedo?

—Claro, hazla.

—Sabes que acabo de terminar un proyecto importante y que he empleado muchas horas en él.

—Sí.

—Es que no tengo claro si el trabajo que hice te gustó.

—Creí que te había dicho que apreciaba lo mucho que habías trabajado. ¿No fue así?

—Sí, pero no sé si apreciaste alguna otra cosa aparte del hecho de lo mucho que trabajé. Quiero decir que el haber trabajado mucho no es garantía de calidad. ¿El trabajo que hice te pareció particularmente bueno?

—Sí, por supuesto. Decirlo está de más.

—Si no te molesta, si hay algo específico que pudieras elogiar me gustaría oírlo. Quizá estos días me estoy sintiendo infravalorado, no por ti en particular, sino un poco en general.

—Realmente pensé que el trabajo fue algo excepcional. De verdad.

—No me gusta presionarte en esto, pero ¿podrías precisar en qué sentido lo fue?

—Fue muy creativo y muy preciso. Pensé que lo sabrías.

—Creo que sí, pero está bien que tú me lo digas. Gracias. Espero que no te haya molestado.

—De nada. Siento que no te sientas valorado. Yo me alegro de que estés trabajando para mí.

Por supuesto que éste es un escenario muy positivo. Elena podría haberte amonestado por andar a la pesca de elogios o por ser inmaduro. No sería infrecuente en entornos emocionalmente poco educados. Si alguna de estas cosas hubiese sucedido, te tendrías que haber excusado discretamente y haber abandonado el asunto, o tendrías que haber usado la información para mejorar tu trabajo. Sin embargo, la mayor parte de la gente, aun en ámbitos de escaso desarrollo emocional, desea ser buena con los demás, por lo que lo más probable es obtener un resultado positivo.

PRACTICA LO QUE PREDICAS

Si supervisas a otras personas, estás en una mejor posición para poner en práctica estos principios. Pide permiso con discreción cada vez que quieras plantear algo con implicación emocional. Puedes dar y pedir caricias. Puede aceptar alegremente las que quieras y rechazar cortésmente las que no te gusten. Hasta puedes darte caricias a ti mismo. Practica explicando a los demás cómo te hacen sentir sus acciones y consigue que te escuchen sin que se pongan a la defensiva. Escucha sus sentimientos. Expresa tus presentimientos e intenta refrendarlos. Si lo haces de una manera abierta y flexible la mayoría de las personas se mostrarán receptivas, ya que estás en posición de protegerlas de los juegos de poder.

Si eres el jefe, tendrás la responsabilidad de asegurarte de no imponer estas ideas a personas más débiles que se sientan obligadas a ceder.

242

Por ejemplo, supongamos que eres el supervisor de una línea de producción en una fábrica y que tienes 25 trabajadores a tu cargo. Te gusta mostrarte cordial con tus trabajadores y también te gusta que te traten de manera amistosa. Una de tus mejores trabajadoras parece sentirse mal en el trabajo. Ella ya no te saluda de la misma manera amable y parece aislarse de los demás. Tu intuición te dice que algo anda mal y decides investigar a la manera de la educación emocional. Te acercas a Paula durante un descanso:

—¿Cómo estás hoy, Paula?

—Bien.

—¿Puedo hacerte una pregunta?

Ella dice que sí. Debes asegurarte de que Paula está verdaderamente dispuesta.

—¿Estás segura? No quiero entrometerme.

El tono de tu voz será lo que al final haga que ella sienta tener varias opciones. Debes sentir y dar a entender claramente que ella es libre y puede no contestar a tu pregunta.

Consideremos que tienes su permiso.

—Bueno, he notado que estás muy callada. Tengo la intuición de que algo te está molestando.

—No, nada. Todo va bien —dice ella sin convicción.

Normalmente, en una situación de cooperación sería perfectamente lícito seguir insistiendo. Sin embargo, en este caso, si insistes podrías estar abusando de tu poder. Puede que ella no desee contarte lo que le ocurre o sencillamente puede no querer hablar contigo.

—Bien, me alegro. ¿Puedo decirte cómo me siento yo?

Nuevamente ella asiente.

—Me preocupa verte tan callada, porque siento que algo va mal. Y me entristecería si hubiera algo en lo que te pudiera ayudar y tú no me lo pidieses.

Te mira con reticencia.

—¿Me crees?

Ella asiente nuevamente.

—Bueno, por favor, ten presente que estoy aquí para ser útil siempre que pueda. Si puedo hacer algo por ti, déjamelo saber.

Es mejor dejar así las cosas y no seguir con el tema. Puedes sentirte triste o enfadado porque Paula no desea hablar contigo. Puedes estar equivocado y tal vez no esté sucediendo nada malo.

En cualquier caso, habrás sentado las bases para futuras conversaciones emocionalmente educadas con Paula. Si te comportas de esta manera, seguramente adquirirás buena reputación con tus subordinados, y es de esperar que también con tus superiores. Además, probablemente podrás demostrar que esta vía mejora el ánimo y la productividad de tus trabajadores, y tal vez hasta logres que otros supervisores la adopten.

Para una persona que ostenta una posición de poder, disculparse es una buena manera de demostrar que realmente quiere ser emocionalmente educada. Obviamente cometerás errores, y en los lugares de trabajo tradicionales lo habitual es que esos errores no se reconozcan. Tus trabajadores se impresionarán si admites tus errores, te disculpas y tratas de corregirte frente a aquellos a los que puedes haber afectado con tu falta.

FORMAR UN GRUPO DE APOYO PARA INICIAR EL ENTRENAMIENTO EMOCIONAL

Toma nota de quiénes asimilan y hasta disfrutan con los pasos de este programa y dales caricias por hacerlo. Son los que probablemente se interesen en participar en un grupo de apoyo. La cantidad ideal de gente en un grupo de apoyo es entre ocho y doce personas. Con un grupo de este tamaño se puede instaurar un verdadero cambio. Por ejemplo, un grupo así puede funcionar a la hora del almuerzo y tener una verdadera presencia y crecimiento dentro de una organización. Incluso se podría organizar un seminario de fin de semana. Probablemente, el grupo podría convencer a su jefe de que la empresa lo financie, demostrándole cómo sería útil para mejorar la productividad y el ambiente de trabajo.

En el lugar de trabajo, así como en el mundo entero, tendrás que ser creativo si quieres emplear estas ideas. Haz pequeños experimentos y observa los resultados. Las ideas básicas de la educación emocional, que he puesto al final de este capítulo en los Diez Mandamientos, son:

• LA IGUALDAD ES LA PREMISA
• EL AMOR ES LA ENERGÍA
• LA SINCERIDAD ES EL MÉTODO

¿Por qué esta clase de esfuerzos crean un resultado positivo? Porque la mayor parte de las personas, tanto si creen en la educación emocional como si no, quieren recibir caricias y necesitan expresar libremente lo que sienten. Si se les da la oportunidad de dar y recibir lo que la educación emocional ofrece las personas serán más felices y productivas. Y si desarrollas un conjunto de buenas técnicas y aprendes a aplicarlas, ¡quizá seas capaz de escribir el libro definitivo sobre la educación emocional en el trabajo!

LOS DIEZ MANDAMIENTOS DE LA EDUCACION EMOCIONAL

I. SITÚA EL AMOR EN EL CENTRO DE TU VIDA EMOCIONAL. La inteligencia emocional centrada en el corazón potencia todo lo que toca.

II. LA EDUCACIÓN EMOCIONAL REQUIERE QUE NO MIENTAS POR OBRA NI POR OMISIÓN. Exceptuando cuando tu seguridad o la ajena esté en juego, no mientas.

III. DEFIENDE LO QUE SIENTAS Y AQUELLO QUE QUIERAS. Si no lo haces tú, probablemente no lo hará nadie más.

IV. LA EDUCACIÓN EMOCIONAL REQUIERE QUE NO UTILICES JUEGOS DE PODER PARA DOMINAR AL PRÓJIMO. Gentilmente, pero con firmeza, pide lo que deseas hasta quedar satisfecho.

V. NO PERMITAS QUE TE HAGAN JUEGOS DE PODER. Gentil, pero firmemente, rechaza hacer cualquier cosa que no desees hacer por tu propia y libre voluntad.

VI. RESPETA LAS IDEAS, SENTIMIENTOS Y DESEOS DE LOS DEMÁS TANTO COMO LOS PROPIOS. Respetar las ideas no implica que tengas que someterte a ellas.

VII. DISCÚLPATE POR TUS ERRORES Y REPÁRALOS. Nada te hará progresar más rápido.

VIII. NO ACEPTES FALSAS DISCULPAS. Valen aún menos que ninguna disculpa.

IX. ÁMATE A TI MISMO, AL PRÓJIMO Y A LA VERDAD EN PARTES IGUALES. Nunca sacrifiques a uno en aras del otro.

X. SIGUE ESTOS MANDAMIENTOS SEGÚN TU BUEN CRITERIO. Después de todo, no están grabados en piedra.

TERCERA PARTE

El Guerrero Emocional

10. EL GUERRERO EMOCIONAL

En este libro he mostrado una serie de técnicas poderosas para aumentar tu educación emocional centrada en el corazón. Estas técnicas te ayudarán a mejorar tus relaciones en todos los aspectos de tu vida. También aumentarán tu poder personal.

Muchas personas han quedado tan impresionadas por los resultados de la educación emocional que han querido extenderla a sus amigos, familiares y parejas. Algunas llegan a creer que estas ideas deberían formar parte de un código moral. A través de los años he conocido a algunas personas que han considerado que la educación emocional puede ser una herramienta para el cambio social y quieren aplicarla más allá de sus propias vidas. Esas personas pertenecen a un equipo mundial de activistas a los que yo llamo «Guerreros Emocionales».

EL ANTIGUO RÉGIMEN

A lo largo de toda la historia, las personas han sido dominadas por líderes que han utilizado todos los métodos a su alcance para mantener el control. Estos métodos pueden ser físicos y psicológicos, pero siempre están respaldados por amenazas intimidadoras de violencia. En este sistema de dominación, una persona se ubica en una pirámide de poder, en un nivel que está por encima de algunos y por debajo de otros, y en el que cada nivel controla al nivel inferior.

Estos sistemas de dominación son parte de la estructura básica de lo que se denomina la sociedad patriarcal. En una sociedad patriarcal clásica, el padre encabeza un clan o una tribu y su autoridad se transmite por la línea masculina. En los patriarcados actuales la figura paterna tiene poder y lo distribuye a su antojo, generalmente entre uno o más de sus descendientes masculinos, pero a veces también entre mujeres cuidadosamente seleccionadas.

Riane Eisler, en *El cáliz y la espada*[37] describe el patriarcado como:

> [...] Una estructura social dominada por el sexo masculino y generalmente jerárquica [que] se ha reflejado y mantenido mediante un panteón religioso y mediante doctrinas religiosas en las que se dice que la sumisión de la mujer es un mandato divino.

Este sistema se mantiene en su sitio gracias a la dominación, se trate de un gobierno, un lugar de trabajo, una pandilla o una familia. Toda esta dominación se ejerce a través de transacciones de persona a persona o con juegos de poder. El sargento que castiga a un soldado por no saludar adecuadamente, el líder de una pandilla que golpea a un seguidor porque lo «desafía», el jefe que espera que su secretaria lo salude pero que no se molesta en contestar cuando le saludan a él, el esposo que demanda pero que no da satisfacción sexual, o el padre que da lecciones a su hija pero sonríe displicente cuando ella le quiere decir algo: todas son transacciones dominantes de poder.

COMPRENDER EL PODER DEL CONTROL

Nos cuesta darnos cuenta de cómo funciona la dominación porque estamos inmersos en ella desde que nacemos. Aquí se puede ver claramente el valor del análisis transaccional como herramienta para comprender las relaciones. La dominación se hace efectiva mediante transacciones interpersonales. Con el análisis transaccional es posible identificar las relaciones de poder, examinarlas y una vez que las comprendes, aprender a evitarlas en ti y en los demás.

250

Después de pasar nuestra infancia a merced de los caprichos de otros, aceptamos con naturalidad que deberíamos ser Victimizadores o Víctimas, por encima de algunos y por debajo de otros, líder o seguidor, dominador o dominado. El niño golpeado se convierte en el padre que golpea, el niño dominado y controlado se convierte en el padre dominante y controlador. Aceptamos los abusos y el poder del control como la forma natural en que funciona el mundo.

Si queremos luchar con efectividad contra los abusos irracionales de control y de poder, debemos comprender cómo funcionan los juegos de poder. Existen dos formas principales de ejercer el control del poder: físicas y psicológicas. También, cada una de estas maneras se pueden expresar de forma sutil o burda. Existen cuatro tipos de juegos de poder:

I. BURDOS Y FÍSICOS.
II. BURDOS Y PSICOLÓGICOS.
III. SUTILES Y FÍSICOS.
IV. SUTILES Y PSICOLÓGICOS.

Un juego de poder es una transacción en la cual una persona trata de forzar a otra a hacer algo en contra de su voluntad.

I. **Burdos y Físicos.** Estos juegos de poder son obvios a simple vista, e incluyen golpear, empujar, tirar objetos, dar portazos, o cosas peores como secuestros, prisiones, torturas, violaciones y asesinatos.

III. **Sutiles y Físicos.** Un juego de poder físico y sutil no es tan fácilmente visible, aunque se nota cuando es uno quien lo padece. Aun así, puede que no tengas ni idea de cómo funciona el juego de poder o cómo pararlo. Incluye intimidar a la gente con la altura, invadir su espacio personal, tomarla del hombro o del brazo, adelantarse al caminar, bloquear el paso o colocarse en un lugar preferente dentro de la habitación.

251

Estos juegos de poder los ejercen muchas veces los hombres hacia las mujeres, aceptándolos algunas de ellas como parte de un comportamiento masculino normal. Los juegos de poder psicológicos funcionan porque la gente está enseñada a obedecer desde la infancia. Sin necesidad de utilizar la fuerza física, te puedo intimidar con amenazas o con el tono de voz. Puedo empujarte a la acción haciendo que te sientas culpable. Te puedo seducir con sonrisas o promesas, o convencerte de que lo que yo deseo es lo correcto. Puedo engañarte, estafarte o venderte una mentira. Si supero tu resistencia sin usar la fuerza física, he usado un juego psicológico de poder. Estos juegos aparecen por todas partes en la vida cotidiana. Algunos son burdos y otros sutiles.

BURDO

I. Burdo y Físico	**II. Burdo y Psicológico**
· asesinato	· insultos
· violación	· elevar la voz
· encarcelamiento	· tonos amenazantes
· tortura	· interrumpir
· golpear	· enojarse
· empujar	· ignorar
· dar portazos	· mentiras descaradas
III. Sutil y Físico	**IV. Sutil y Psicológico**
· tocar	· lógica falsa
· abalanzarse	· humor sarcástico
· invadir el espacio	· descontar
· tomar del brazo	· «actitud»
· hacer a alguien sentarse o levantarse	· mentiras por omisión
· dar palmaditas en la cara o en la cabeza	· publicidad
· ocupar un lugar visible	· propaganda

FÍSICO   PSICOLÓGICO

SUTIL

FIGURA 4. Juegos de Poder

II. **Burdos y Psicológicos**. Los juegos de poder psicológicos burdos incluyen tonos y miradas amenazantes, insultos, mentiras descaradas y gestos de disgusto. También se incluyen las interrupciones, expresiones despectivas y murmurar mientras otro habla.

IV. **Sutiles y Psicológicos**. Los juegos de poder psicológicos y sutiles incluyen las mentiras sutiles, las mentiras por omisión, la irritación sutil, el humor sarcástico, los chismes, la falsa lógica y, a nivel masivo, la publicidad y la propaganda.

Los casos de abuso físico de poder resultan más impresionantes que los de abuso psicológico y están menos extendidos. Incluso en los entornos más violentos, como las prisiones y los campos de batalla, la gente no sufre principalmente por la opresión física directa. Más bien se controla su mente a través de la amenaza de la violencia. En nuestra sociedad esto es cierto sobre todo en lo que respecta a mujeres y niños maltratados.

CAMINOS DEL PODER

Hay dos sistemas principales de volverse poderoso en este mundo: los juegos de poder y la educación de poder. El primero requiere ser una persona sin sentimientos hacia los demás y por lo tanto sin nada que limite tus ambiciones. Un jugador de poder crónico siente poca empatía por lo demás; personas así necesitan ser frías ante el dolor de sus víctimas y harán cualquier cosa que sea necesaria para mantener el control.

En este libro he estado hablando de otra fuente de poder personal, el poder de la Educación Emocional. Pero para convertirte en Guerrero Emocional necesitas «educación de poder» además de educación emocional. En otras palabras, necesitas saber cómo opera el poder, cómo se acumula, cómo se adquiere, cómo compartirlo y en ciertas ocasiones, cómo renunciar a él.

El problema es que en un sistema como el nuestro, basado en la dominación, el poder suele definirse erróneamente como «la capacidad de controlar a otra gente». Desgraciadamente, la mayor parte del pensamiento sigue esta idea del poder. Los teóricos del poder ignoran otras importantes formas de poder, como el poder de la comunicación, del conocimiento o del amor.

Ser apasionado, centrado o poseer una gran conciencia espiritual también es ser poderoso. No hay mejor ejemplo de este tipo de poder que el proporcionado por Nelson Mandela, quien cambió completamente el rumbo político de Sudáfrica desde su celda en la cárcel y que finalmente llegó a ser presidente de ese país. ¿Y qué figura histórica fue más poderosa que la de Jesús de Nazaret? Era un carpintero pobre que cambió el mundo con su mensaje de amor.

El conocimiento es otro ejemplo de poder que rivaliza con el control. Por eso los gobiernos autoritarios siempre han hecho todo lo posible para que la gente no reciba educación o para evitar que se reúnan y aprendan libremente unos de otros.

Una de las razones por las cuales en los ochenta se colapsaran los gobiernos totalitarios del Imperio Soviético y de los países del Este de Europa fue que el desarrollo de las comunicaciones no les permitía controlar el flujo de información a través de sus fronteras, quedando neutralizada su propaganda. Éste es otro ejemplo de cómo el control es un sistema de poder que a la larga resulta inestable; es una corroboración del dicho «La pluma es más poderosa que la espada».

Algunas personas renuncian al poder porque consideran que sólo sirve para dominar y controlar; confunden ser poderoso con estar hambriento de poder y con el abuso de poder. Creen que el poder es incompatible con el amor a los semejantes y la preocupación sincera por el destino de los demás. Por esta razón suele creerse que renunciar al poder es una actitud positiva y necesaria. Sin embargo, igualar la falta de poder con la virtud es una forma de analfabetismo del poder. De hecho, el poder personal —en nada diferente al poder en sentido físico— es simplemente la capacidad para lograr el cambio y hacer que las cosas ocurran. La gente debería tratar de ser todo lo poderosa que pueda ser, pero sin quitar poder a los demás.

LAS MUCHAS CARAS DEL PODER PERSONAL

El poder personal va mucho más allá de la capacidad de controlar o manipular a las personas. Tienes poder cuando obtienes lo que buscas y evitas lo que no quieres. Por el contrario, careces de poder cuando no logras obtener lo que quieres o cuando no puedes evitar aquello que desearías evitar. El todopoderoso presidente de una corporación multinacional que manipula a trabajadores y a políticos puede carecer de poder para que su familia le quiera. Todo su poder de control le resulta inútil para tener una vida personal feliz, y ni siquiera puede conseguir una caricia o una mirada cariñosa de aquellos que ama.

La mayoría de nosotros no tenemos la clase de problemas asociados a la riqueza y el control. La gente corriente es impotente cuando no puede controlar lo que come o lo que bebe; cuando no puede dormir o permanecer despierto; cuando no puede pensar claramente ni controlar sus emociones. Somos especialmente impotentes, y lo sentimos con intensidad, cuando no podemos frenar el comportamiento opresivo y controlador de los demás. Si eres capaz de tratar estos problemas, probablemente tu vida se desarrollará de una manera satisfactoria. Si no puedes dominar la energía y las habilidades para superarlos, tu vida será triste, desprovista de dicha y llena de caos, depresiones, psicosis y adicciones.

El Enemigo Interno

Una de las razones por las cuales perdemos el poder es porque tenemos un enemigo interno que nos debilita continuamente.

En general, cuando la gente es sistemáticamente víctima de la violencia, la mayoría llega también en algún momento a ejercer la violencia contra los demás y contra ella misma. De

255

esta manera, esas personas se convierten en guardias y torturadores los unos de los otros y cada uno de sí mismo. Abundan los ejemplos dramáticos en los que los oprimidos se turnan y se van tratando de manera tan viciada como lo hacían sus opresores. Un buen ejemplo de esta situación es lo que se producía en los campos de concentración nazis, en los cuales había «capos» judíos designados por los guardias nazis para vigilar a sus compañeros judíos, y que llegaban a ser tan crueles como los nazis.

Este proceso también se produce cuando la gente está sujeta a sutiles abusos psicológicos, menos dramáticos. Estos abusos son ocultos, no son reconocidos y tienden a ser olvidados. Pero son absorbidos y finalmente se internalizan. Yo empleo la etiqueta de Padre Crítico para ese autocastigo internalizado que mantiene a la gente firme y la castiga por cada pensamiento o acción que rompa con sus normas opresivas. Cuando la gente tradicionalmente impotente como los niños, los introvertidos, las mujeres, los negros, los obreros, los homosexuales, los discapacitados físicos o mentales, los ancianos, los pobres o la gente «fea» es maltratada, a menudo se siente tan indefensa que termina por aceptar el maltrato y creer que lo merecen.

A veces incluso se maltratan a sí mismos, física y psicológicamente, al seguir los dictados del Padre Crítico en docenas de formas autodestructivas y de autorechazo. De esta manera, han absorbido el esquema de la sociedad patriarcal, que sostiene que es correcto que algunas personas dominen y que otras sean sometidas. En este esquema, los que resultaron subyugados de alguna forma están «equivocados». Se etiqueta a los pobres de «perezosos», a las mujeres como «irracionales» y a las minorías como intelectual o moralmente «inferiores».

En este libro he explicado cómo opera el Padre Crítico. La auto-persecución es su obra y también se le denomina «superyó duro», «Padre Cerdo», «crítico destructivo», «ideas catastróficas», «pensamiento negativo», «baja autoestima», «El Matón» o «El Enemigo», y así sucesivamente, dependiendo de la teoría o del sistema de pensamiento que reconozca su influencia destructiva. Como sea que se llame, es una voz o una imagen mental que nos dice que somos malos, estúpidos, feos o malditos; en resumen, que no estamos bien. Esa voz se va transmitiendo de generación en generación, de padres a hijos, y llega a formar parte del guión familiar a través de generaciones.

Con la educación emocional nos hemos propuesto desterrar al Padre Crítico de nuestras vidas: una tarea difícil pero que vale la pena. Sin embargo, luchar contra nuestro Padre Crítico no es suficiente. En realidad es una tarea desesperada a menos que también nos resistamos al sistema de control patriarcal que nos rodea.

No es necesario entrar solos en esta batalla. Por todas partes hay gente luchando por dirigir sus propias vidas, potenciales guerreros emocionales que están ansiosos de unirse a la batalla por la autodeterminación. Para triunfar debemos desarrollar una nueva forma de poder no abusivo al que llamamos «carisma».

SIETE FUENTES DE PODER

Déjame que describa las siete fuentes de poder no abusivo. Los estudiantes de religiones orientales reconocerán el origen de esta idea en la antigua teoría de las chacras del yoga Kundalini, Tierra, Sexo, Poder, Corazón, Garganta, Tercer Ojo y Cosmos[36].

Yo llamo a estas siete fuentes de poder, Equilibrio, Pasión, Control, Amor, Comunicación, Información y Trascendencia.

Ninguno de estos poderes debe valorarse más que otro. Deben usarse conjuntamente, ya que cada uno de ellos tiene una capacidad específica para producir cambios. Cuando los uses combinados, verás que este conjunto es mucho más poderoso que las formas habitualmente brutales de poder que nos dominan.

Equilibrio

El equilibrio o arraigo es la capacidad de sentirte firme y cómodo mientras estás sentado, de pie, subes, caminas o corres. Cuando tienes una capacidad de equilibrio bien desarrollada, sabes «dónde tienes los pies». Como sabes donde tienes los pies, no es fácil empujarte ni desplazarte de tu posición física o personal. Tu cuerpo estará firmemente plantado y tu mente estará preparada.

El equilibrio es una fuente de poder particularmente valiosa para las mujeres. El patriarcado no estimula a las mujeres a desarrollar un sentido fuerte del equilibrio. La vestimenta femenina, diseñada para complacer a los hombres (ropas ajustadas, minifaldas, tacones altos) interfieren en la estabilidad física. Pasa lo mismo con los requisitos de modestia (movimientos limitados y cuidadosos) para una mujer «de su casa».

En cambio los hombres tienen la libertad de estar físicamente tan cómodos como deseen. Pueden usar ropas y calzado amplios y no tienen que cumplir las mismas normas de modestia y delicadeza.

En el mundo occidental, a medida que las mujeres van lentamente adquiriendo un status igual al de los hombres, se están liberando de los dictados de la vestimenta y modales que regían para ellas. Al hacerlo, se sienten más poderosas, estables y equilibradas. Eso, a pesar del hecho de que algunas de esas victorias se están anulando por la creciente presión para parecer más jóvenes y delgadas, las dietas, vestir ropas de jovencitas y engancharse a la cirugía plástica, que si bien es para ambos sexos, afecta mucho más a las mujeres.

Como sucede con todas las fuentes de poder, lo ideal es llegar a un «punto medio» en cuanto al equilibrio. Si te falta Equilibrio, serás demasiado obediente, asustadizo y tímido. Pero si lo tienes en exceso, serás obstinado, rígido, denso, inamovible y obtuso, y no serás capaz de tolerar o afrontar nada que nos haga perder ese equilibrio.

Pasión

El poder de la pasión vigoriza como ninguna otra cosa. La pasión puede crear y destruir. La pasión une a los opuestos y obliga a la confrontación y el cambio.

Si no existiese la pasión sexual, no habría Romeo y Julieta, existirían pocos matrimonios y no habría amor incondicional. Pero la pasión no es únicamente sexual. También es lo que alimenta la fuerza de un misionero, las empresas quijotescas y la revolución. Si tu pasión no está suficientemente desarrollada, serás una persona aburrida y sin agallas. Si tu pasión es excesiva, tu energía será explosiva e incontrolable.

Control

El control ha sido muy mal utilizado, pero es una forma esencial de poder. El control nos permite manipular el entorno, los objetos, las máquinas, los animales y las personas que hay en él.

Ese control, que es físico y psicológico, también nos da poder sobre nosotros mismos. El control es especialmente importante cuando, bajo la forma de la autodisciplina, nos permite regular el resto de nuestros poderes, como la pasión, la información, la comunicación y, de manera muy destacada, nuestras emociones. Este tipo de control resulta vital cuando las condiciones del entorno se descontrolan y amenazan nuestra supervivencia. En parte la educación emocional es una cuestión de controlar las emociones: expresarlas o aguantarlas para un acercamiento personal poderoso.

Si careces de poder de control, puedes ser víctima del torbellino emocional y te convertirás en adicto, depresivo, insomne o perezoso. O puedes ser víctima del mundo exterior y convertirte en desempleado, pordiosero, derrotado, perseguido, o enfermo mental. Te considerarán indisciplinado, incapaz de controlar tus sentimientos, palabras, acciones y lo que te pongas en la boca o en las venas. En el extremo opuesto, si te obsesionas por el control, llegarás a preocuparte por controlar absolutamente a cada ser vivo.

AMOR

Todos deseamos amar y ser amados sabiendo lo bien que nos hace sentir cuando ocurre de verdad. Pero pocas personas ven más allá de los placeres evidentes del amor para ver su poder. Son menos aún quienes desarrollan plenamente ese poder.

El amor es algo más que una tarjeta en el día de San Valentín, la emoción que sentimos cuando vemos al ser amado o el cálido abrazo de una madre a su hijo. El amor tiene el poder de unir a las personas, de permitirles trabajar incansablemente codo con codo en las tareas más duras, insuflando la esperanza que puede impulsarnos para superar las situaciones más terribles: inundaciones, hambrunas, guerras, accidentes.

Si tu poder de amar no está suficientemente desarrollado, serás frío, carente de cordialidad o empatía con los demás, incapaz de proteger y de ser protegido y hasta incapaz de amarte a ti mismo. Si este poder está excesivamente desarrollado, serás un Rescatador habitual, que harás demasiados sacrificios por los demás y te olvidarás de ti mismo.

Una actitud amorosa guía al Guerrero Emocional. Esta actitud se aplica a tres campos elementales: el amor a uno mismo, el amor a los demás y el amor a la verdad. Estas tres cualidades ofrecen la visión necesaria para un enfoque de la vida centrado en el corazón.

1. *Amor a uno mismo; individualidad bien cimentada.* Cuando nos amamos a nosotros mismos mantenemos nuestra posición, defendiendo nuestra individualidad única. La individualidad permite centrarnos en lo que deseamos y nos hace capaces de decidir qué cosas contribuirán a que sigamos nuestro camino o nos apartemos de él. Sólo un amor apasionado a uno mismo nos dará la fuerza para perseverar cuando todos pierdan la fe en quiénes somos y en lo que hacemos.

2. *El amor a los demás; lealtad a prueba de fuego.* Al ser leal somos conscientes de estar implicados en la vida de otros seres humanos y se es tan apasionado con los demás como con uno mismo. El amor hacia uno mismo sin amor hacia los demás es egoísmo. El amor hacia los demás sin amor hacia uno mismo nos convierte en Rescatadores que renuncian a todo. El amor hacia nosotros mismos y hacia los demás sólo se puede mantener si estamos en contacto con nuestros propios sentimientos y con los sentimientos de los demás.

3. *El amor a la verdad; veracidad consciente.* El amor hacia uno mismo y hacia los demás tiene una dependencia íntima con el amor a la verdad. La sinceridad es especialmente importante en la Era de la Información, en la cual se puede estar «bien informado» y simultáneamente bajo la influencia de información falsa y engañosa. El amor a la verdad es el atributo que mantiene a una persona en la búsqueda de información válida: la información que refleje las realidades del mundo. La «sinceridad radical», explorada al final del libro en las «Notas para filósofos», es la aplicación del amor a la verdad en las relaciones.

Comunicación

El poder de la comunicación depende de la capacidad para reproducir los pensamientos y sentimientos propios en los demás. Pero la comunicación no funcionará sin el oído atento del receptor. Esto implica dos operaciones: enviar y recibir, hablar y escuchar. Es necesario que la comunicación sea en los dos sentidos para transmitir conocimientos, para resolver problemas con los demás, para construir relaciones satisfactorias; en resumen, para lograr una educación emocional.

Si te falta poder de comunicación, no podrás aprender ni enseñar demasiado. Si pones demasiado énfasis en la comunicación, te puedes convertir en un charlatán compulsivo, en un charlatán que presta poca atención a lo que dice o al efecto que esto produce sobre los demás.

Todas las formas de poder funcionan reunidas. Una combinación muy poderosa, empleada por los grandes maestros, está hecha de comunicación, información y amor. Su comunicación está inspirada en el amor a la verdad y el amor a las personas. No se imponen ni emplean el control para persuadir. En vez de eso explican, y si no les entienden, intentan comprender por qué; sus alumnos son libres de comparar lo que están aprendiendo con lo que ellos ya saben, formándose así sus propias opiniones bien fundamentadas.

Información

El poder de la información es el de reducir tu incertidumbre de tal manera que puedas tomar decisiones efectivas. Si tienes información te puedes anticipar a los acontecimientos y hacer que las cosas sucedan o impedir que lo hagan.

Si careces del poder de la información sufres de ignorancia. Si este poder está demasiado desarrollado tiendes a basarte demasiado en la ciencia y la tecnología, volviéndote un hiperintelectual sin corazón.

La información llega bajo cuatro formas: ciencia, intuición, historia y visión.

1. *La ciencia* reúne hechos metódicamente, observando las cosas meticulosamente y tomando nota de cómo actúan. La ciencia es como una cámara que toma fotografías de la realidad. Es una poderosa fuente de certidumbre.

2. *La intuición* es difusa, no es tan exacta como la ciencia, pero es una guía poderosa a lo probablemente cierto. La intuición atrapa el flujo de las cosas. Produce «conjeturas formadas» acerca de cómo son las cosas. Por esta razón la intuición suele ser vital en las primeras etapas de importantes descubrimientos científicos.

3. *La historia* proviene del conocimiento de hechos pasados, ya sea a través de la experiencia personal o a través del estudio de la historia. La historia puede ser una herramienta poderosa para prever acontecimientos.

4. *La visión* es la habilidad para ver mediante sueños y visiones lo que está por llegar. Todos tenemos visiones del futuro pero hay que tener mucha autoconfianza para ser un visionario. La visión, cuando es reconocida, es una forma de información muy valorada.

En general, nuestra sociedad considera que la única fuente válida de conocimiento es la ciencia; la historia es para los ancianos, la intuición es para las mujeres y la visión es cosa de lunáticos. Sin embargo, cada una de estas fuentes de información es válida, y cuando se usan bien, te pueden aportar carisma.

A lo largo de la historia la información ha sido mal utilizada. Se ha puesto al servicio del control, usada para hacer guerras, adueñarse de territorios y para imponer doctrinas religiosas o políticas. Hoy en día, en la Era de la Información, el mal uso de la información adquiere la forma de desinformación, publicidad falsa, anuncios políticos negativos y otras formas modernas de propaganda. Todo esto se usa con el fin de manipular a millones de personas a través de la televisión y otros medios masivos de comunicación, para convencerles de que sigan ciertos estilos de vida y compren los productos que los acompañan.

La información al servicio del amor podría ser asombrosamente diferente. Estaría completamente disponible y se usaría para construir el poder personal: su salud a través del conocimiento médico y psicológico, su sabiduría mediante la educación y sus relaciones a través de la Educación Emocional.

Trascendencia

Cuando se ve como una fuente de poder, la trascendencia es el poder de la ecuanimidad, de dejar que los acontecimientos tomen su rumbo sin enfadarse ni permitir que nuestro ego se implique. Te permite encontrar la calma y ver con claridad, incluso en medio de cataclismos. Te encuentras con la

263

trascendencia al darte cuenta de tu insignificancia en el universo, lo breve que es la vida, lo efímero de tus éxitos y errores. El poder de la trascendencia te da esperanza y fe en que existe un sentido para la vida incluso aunque la limitada inteligencia de uno no sea capaz de captarlo. Con ella podemos «elevarnos» sobre una situación concreta y sentir y confiar en nuestro poder a pesar de las condiciones materiales.

Si tu capacidad para trascender está poco desarrollada te verás a ti mismo como el centro de las cosas y te agarrarás a cualquier precio y desesperadamente a tus creencias y deseos, a las aversiones y simpatías, a tus éxitos y fracasos. No serás capaz de ver el efecto que produces en otros seres humanos y en el medio ambiente, porque para ti lo único que importa eres tú. Por otra parte, si la trascendencia se convierte casi en el único método de moverte por la vida llegarás a estar desconectado de las cuestiones terrenales, al punto que estarás «flotando a la deriva» inconsciente de cuanto sucede a tu alrededor, incapaz y sin querer poner los pies en el suelo.

Mi conocimiento de estas fuentes de poder está en una etapa embrionaria. Entiendo algunas de ellas (control, comunicación) mejor que otras (trascendencia, visión). Te invito, estimado lector, a añadir lo que sepas acerca de estos temas comunicándote conmigo por correo o usando la página web cuya dirección se da al final de este libro.

UN CAMBIO PARA EL MILENIO

En el peor caso, la cultura occidental es un motor de control absoluto. Las otras seis fuentes de poder se han mermado y se han puesto al servicio del control.

La trascendencia se ha distorsionado en religiones patriarcales que adoran a los dioses de la ira, y que están encabezadas por líderes religiosos corruptos cuyo objetivo es la acumulación de dinero y poder.

La información se está convirtiendo en un bien extremadamente caro desarrollado por la ciencia al servicio de la policía y de la guerra, y para fabricar y vender productos. La comunicación se ha vuelto un proceso unidireccional para manipular a la gente a través de los medios. El amor se ha reducido a una parodia de sí mismo, plagado de celos y obsesiones, aclamado en canciones populares y en el cine, pero ignorado y no disponible en la vida real. La pasión se reduciría a la lujuria y la violencia, tal como se retrata en los medios. El amor apasionado a la verdad, a la justicia y a la igualdad, se ha convertido en una preocupación impopular de una minoría cada vez más sufrida. El equilibrio, a medida que la gente se vuelve cada vez más inactiva y con sobrepeso, sería el reino exclusivo de superhéroes atléticos y musculosos.

En el mejor caso, la cultura occidental podría ser un entorno que diera poder a las persona. Como avanza Riane Eisler en *El cáliz y la espada*[37], podemos virar del patriarcado y el control en dirección hacia la democracia, el compañerismo y el amor. Juntos, como Guerreros Emocionales, podemos usar todo nuestros poderes centrados en el amor para hacer que estos cambios sucedan.

Puedes alistarte en este esfuerzo desarrollando tu poder personal y tu carisma en sus múltiples formas. Necesitas:

• Equilibrio para mantenerte en tu sitio.

• Pasión que te energice.

• Control para mantener el rumbo firme.

• Comunicación para interactuar eficazmente con los demás.

• Información para hacer predicciones adecuadas.

• Amor para armonizar todas estas capacidades y darles un impulso poderoso.

La formación en Educación Emocional nos habla directamente al corazón y hace un llamamiento a la gente de todas partes a practicar estas tres virtudes interconectadas: amor a uno mismo, amor a los demás y amor a la verdad. Ése es el camino del Guerrero Emocional.

RESUMEN

El Guerrero Emocional

No tienes por qué tolerar un mundo donde el poder humano se expresa a través de juegos de poder o de la violencia. Puedes unirte a otras personas en la lucha por un mundo donde el poder se exprese a través del amor; a sí mismo, a la verdad y a los demás. Puedes hacerlo convirtiéndote en una persona con educación emocional y enseñando a los demás técnicas de educación emocional. Ser apasionado, equilibrado y tener conciencia espiritual es ser poderoso. Existen siete fuentes de poder no violentas de las que puedes beneficiarte, Equilibrio, Pasión, Control, Amor, Comunicación, Información y Trascendencia.

Al hacer en serio una promesa de sinceridad radical y guiándote por el corazón, puedes unirte a mí y a otras personas en el mundo en nuestro propósito de aprender y enseñar educación emocional. Al hacerlo, te convertirás en un Guerrero Emocional.

11. UNA ÚLTIMA PALABRA

Amor es una palabra que se emplea con frecuencia en este libro, una palabra usada en exceso y de la que se abusa, pero creo que la mayor parte de las personas estarán de acuerdo en que es el amor lo que hace girar al mundo. No está claro qué es exactamente el amor, pero ciertamente va más allá de la pasión de los amantes o de la adoración que nos despiertan nuestros vástagos. Es el instinto profundo que nos hace disfrutar de estar juntos, de cuidarnos unos a otros y de hacer cosas juntos. Cuando dejamos que se exprese en toda su plenitud nos ayuda a sobrevivir y a prosperar.

Muchas cosas he dicho en este libro, pero quiero poner otra vez el acento en una de ellas: el amor es el verdadero núcleo de la educación emocional. Cualquier clase de inteligencia emocional que acumulemos y que deje fuera la emoción del amor será como uno de esos lienzos pintados según los números, que puede ser bonito a primera vista, pero no es auténtico. Si comienzas dando y recibiendo caricias, abrirás tu corazón y accederás a la única base duradera para una vida emocional cultivada.

Obviamente te preguntarás cómo es posible que la mera práctica de algunos ejercicios transaccionales dé origen a una fuente de poder y energía tan poderosa. ¿No será una falsa alquimia, eso de convertir plomo psicológico en oro? Yo no estoy prometiendo que pueda *crear* un corazón que ame. Lo que estoy asegurando es que la práctica honesta de estas transacciones con otra persona sensible y dispuesta *liberará* esa capacidad. Dar y recibir caricias abrirá las compuertas que aprisionan tu corazón. El resto corresponderá a ese irresistible poder de la naturaleza: el Amor. Algunos pueden no creerlo, pero el Amor está dispuesto a acudir y presentar batalla a nuestro lado oscuro, siempre que se lo permitamos y encontremos maneras seguras y protectoras de hacerlo a medida que vaya creciendo.

Realmente, tanto si la desarrollas como si no, tu capacidad emocional dependerá de una serie de factores: de tu deseo, de que encuentres personas con quienes ponerla en práctica, de las oportunidades que tengas en este mundo cruel y del éxito que tengas en evitar tu lado oscuro. Con estas últimas palabras quiero asegurarme, querido lector, de que comprendas que el mensaje de este libro está profundamente relacionado con el amor: a uno mismo, a los demás y a la verdad.

Claude Steiner
Berkeley, California

NOTAS PARA FILÓSOFOS

En estas notas sigo el ejemplo de Eric Berne. En sus escritos ofrecía a sus lectores las bases históricas y filosóficas de sus puntos de vista. Estas notas son el resultado de una serie de conversaciones con mi esposa Jude Hall acerca de las controversias filosóficas que rodean los problemas tratados en este libro.

El Amor Como un Bien Fundamental

La idea de que el amor es un bien básico y que debe ser perseguido universalmente por todos los seres humanos es una noción fundamentalmente cristiana. Fue adoptada por primera vez en Occidente por Jesucristo y en China por Mo Di, un contemporáneo de Mencio, discípulo de Confucio. Friedrich Nietzsche[38] es el crítico más influyente del concepto cristiano del amor. Sostuvo que el amor universal preconizado por los cristianos es falso, hipócrita, neurótico y lleva al nihilismo depresivo (lo que llamó nihilismo pasivo) y a la degeneración de la sociedad y el arte. Según Nietzsche, el amor universal y el altruismo a los que aspiran los cristianos requieren un nivelado igualitario que impide a la sociedad producir excelencia al repartir privilegios iguales para toda la gente, cuando debería darlos a los especialmente dotados. A estos individuos especiales se les debería asegurar el poder necesario para alcanzar sus visiones.

Los ídolos de Nietzsche eran Napoleón, Julio César, Augusto César, Alejandro Magno y los primeros emperadores romanos, hombres fuertes que corresponden a su ideal humano del superhombre. Aunque al lector medio pueda parecerle extraño, Nietzsche (que murió en el año 1900) es considerado una de las figuras más influyentes en el pensamiento del siglo XX y sus críticas a las raíces psicológicas ocultas del altruismo cristiano son aceptadas por pensadores tan diversos como Max Horkheimer, Theodore Adorno y Michael Foucault. Algunos aspectos del pensamiento Nietzscheano han llegado a influir hasta sobre un pensador tan igualitario como Herbert Marcuse. Por eso, aunque algunas de sus ideas parezcan muy alejadas de los conceptos dominantes, no se debe subestimar su influencia. Los estudiantes de política contemporánea pueden reconocer trazas del punto de vista nietzscheano en las teorías y partidos conservadores actuales. La creencia de que los servicios sociales y los subsidios gubernamentales para atender a los necesitados son algo indeseable, es una manifestación moderada de la convicción elitista que está presente en el conservadurismo en todo el mundo.

Paradójicamente, aunque los puntos de vista que se exponen en este libro tienen su origen en las enseñanzas del amor fraternal de Jesús de Nazaret, es probable que se clasifiquen como humanismo laico, lo cual es un anatema para los fundamentalistas cristianos y despreciado por los conservadores.

Mentira y Sinceridad

La idea de que la mentira es un mal universal está registrada en uno de los diez mandamientos con que Moisés descendió del monte Sinaí, «No levantarás falso testimonio». Aunque se trata de un mandato judeo-cristiano fundamental, que la religión católica elevó al rango de pecado mortal, se presta muy poca atención a lo que la observación exacta de este precepto implicaría. Cuando en este libro hablo acerca de la verdad, estoy siguiendo los conocidos criterios que se siguen en las cortes de justicia, es decir que para no mentir, una persona debe decir «toda la verdad (sin mentiras de omisión) y nada más que la verdad (sin mentiras de comisión)». Según esta definición, una mentira es un acto consciente, de modo que una persona no puede mentir sin tener conciencia de que lo está haciendo. Aquí la verdad es sencillamente la verdad tal como la conoce en ese momento quien habla —verdad subjetiva— y diferente del concepto abstracto y apenas vagamente relacionado de «verdad» (véanse las notas sobre La Verdad más adelante). San Agustín[39] fue pionero en proponer la sinceridad absoluta. Creía que «Dios prohíbe todas las mentiras». La idea de que una persona jamás debe mentir es llevada al extremo político por Emmanuel Kant[40], quien sostenía que sería un crimen moral mentir a un asesino acerca del itinerario de una víctima potencial. Por el contrario Benjamin Constant[41] argumentó que «nadie tiene derecho a una verdad que hiera a otras personas».

En este libro, si bien sostengo que ser sincero es un requisito para la Educación Emocional, reconozco que el imperativo de decir la verdad debe estar siempre subordinado al imperativo de la seguridad. Una persona que aspira a ser radicalmente sincera debe saber que en ocasiones decir la verdad puede ser destructivo y que hay que evaluar las circunstancias. Esto pudiera parecer que es un modo de abrir la puerta a todo tipo de mentiras para preservar la seguridad de las personas. Sin embargo, en la vida diaria existen pocas circunstancias que exijan mentir en aras de la seguridad de la gente y por lo tanto no está justificado aceptar como normal el hecho de mentir continuamente. La deshonestidad cotidiana no tiene nada que ver con la protección de los demás o de uno mismo, sino que está relacionada con la manipulación de la gente en beneficio propio, a menudo bajo el disfraz de evitar a los demás dolores «innecesarios».

Según la Dra. Bella de Paulo[42], «las mentiras cotidianas forman parte del entretejido de la vida social», y en un estudio sobre la mentira halló que las personas mienten en una quinta parte de sus interacciones sociales y que el setenta por ciento de las personas que mienten reiteran sus mentiras. El sesenta por ciento eran engaños totales, el diez por ciento eran exageraciones y el resto eran mentiras sutiles, a menudo por omisión.

En su libro *Lying*, Sissela Bok[43], reconocida experta en la materia, clasifica todos los tipos de mentiras y secretos y reconoce el daño que causa la mentira crónica. Pero no llega al extremo de recomendar que las personas no mientan nunca, principalmente según parece por su temor a que la sinceridad radical lleve a un uso sádico de la verdad.

En el libro *Radical Honesty*, Brad Blanton[44] afirma que «todos mentimos hasta por los codos. Nos fatiga. Es la principal fuente de estrés humano. Mentir mata a la gente». Pero también se queda corto y tampoco recomienda que no mintamos en absoluto. No llega a apoyar una política de verdad radical (a pesar del título de su libro) porque una parte de las mentiras crónicas, tal como él lo ve, son las que nos decimos a nosotros mismos, algo que no es fácil de definir y mucho menos de evitar. Yo evito el problema de las mentiras a uno mismo definiendo la mentira como un acto consciente. A partir de esta definición, resulta imposible hablar de mentirse a sí mismo.

La Verdad

Al escribir acerca de la verdad y el amor a la verdad, me estoy introduciendo en un enorme debate filosófico que ha congelado y paralizado a mentes más grandes e infinitamente más meticulosas que la mía. La idea de que la verdad es algo que debemos descubrir con la mente más que algo a aceptar por cuestiones religiosas fue expuesta por primera vez por los presocráticos en el siglo IV AC. Esta idea fue el resultado del nuevo interés por la investigación acerca del universo físico.

Sócrates y Platón extendieron su exploración al terreno de la ética, la estética, la política y la psicología. (Aristóteles puso nuevamente el énfasis en la investigación empírica, desafiando a su maestro Platón, que prefería la especulación y la lógica con pocos elementos empíricos). Fueron los sofistas griegos, contemporáneos y antagonistas intelectuales de Platón, quienes comenzaron a sostener que la emoción y el prejuicio son tan importantes como la razón en la búsqueda de la verdad. Platón argumentaba en favor de la verdad absoluta, a la que se puede llegar a través de un proceso dialógico al que llamó dialéctica. Los sofistas pensaban que la opinión o «doxa» es la verdad, y que la verdad es completamente relativa. De ahí el famoso dicho de Protágoras: «El hombre es la medida de todas las cosas»[45]. En la Edad Media volvió a imponerse el predominio de la verdad religiosa, pero durante la Ilustración se reinició el debate. Los racionalistas se hicieron eco de Platón, sosteniendo que la razón es la mejor guía para hallar la verdad; los empiristas, al igual que Aristóteles, prefirieron basarse en hechos físicos. Los románticos, inadvertidamente, parafrasearon a los sofistas, recalcando la importancia de la emoción y de lo irracional. (Hay que hacer notar que mientras los sofistas fueron a menudo buscavidas insinceros, los románticos estaban empeñados en una búsqueda sincera y se rebelaban contra los excesos del racionalismo y la industrialización).

Aunque Nietzsche heredó la tradición romántica de su primer ídolo, Schopenhauer, fue uno de los pensadores menos ingenuos que jamás ha vivido. Sostuvo que el lenguaje (y hasta el pensamiento) era inherentemente engañoso y que ninguna sociedad podía sobrevivir sin acuerdos mutuos basados en falsedades:

> Ser sinceros significa usar las metáforas habituales. Por tanto, para expresarlo moralmente, existe el deber de mentir según una convención establecida, de mentir junto con la manada y de una manera obligatoria para todos. [46]

Hoy en día, aquellos que están familiarizados con los trabajos de los herederos de Nietzsche, los filósofos estructuralistas y postestructuralistas como Derrida y Foucault, pueden llegar a burlarse ante la idea de que la verdad tiene algún significado o de que puede ser descubierta.

Yo tengo la idea de que no existe nada a lo cual podamos llamar «la verdad». La verdad cambia con el tiempo. A veces existen varias verdades aparentemente contradictorias y no hay ninguna combinación de palabras capaz de englobar los enormemente complejos hechos de la naturaleza. Pero creo que algunas afirmaciones contienen más verdad que otras. Este libro no pretende tener el monopolio de las verdades morales universales. Más bien ofrece un paradigma que, dentro de nuestra cultura, tiene la capacidad de hacer nuestras vidas más felices y plenas. Lo que puedo decir con certeza es que para alcanzar los beneficios de la práctica de la educación emocional uno debe tomarse en serio el «amor a la verdad», y debemos luchar en serio por ser sinceros. El amor a la verdad, como dijo George Sand, implica que «Debemos aceptar la verdad, aunque cambie nuestro punto de vista». Debemos estar particularmente atentos en el contexto de las relaciones de amor y de cooperación, en el que muchas veces la mentira parece necesaria para evitar hacer daño, pero que con tanta frecuencia hace más daño del que se quiere evitar.

La Violencia y Nuestro Lado Oscuro

La mayoría de la gente, en lo profundo de sus corazones, tiene la necesidad y el deseo de relacionarse, de ser abiertas, afectuosas y respetuosas con los sentimientos de los demás. Uno de los principios fundamentales del Análisis Transaccional es que al nacer todas las personas están bien[47]. Probablemente Eric Berne tomó esta idea del filósofo del siglo XVIII Jean Jacques Rousseau, quien sostenía que las personas nacen buenas pero son pervertidas por los males de la sociedad. El filósofo Herbert Marcuse, e inicialmente Sigmund Freud, llamaron a esta bondad original el «instinto social innato» Eros, y «libido» a la energía que lo impulsa. Freud creía originalmente que nuestra capacidad para vivir armoniosa y afectuosamente derivaba de este «principio del Eros», mientras que la violencia y la explotación provenían del «principio del yo», que es el aspecto de la naturaleza humana que se relaciona con la autopreservación y que por tanto intenta adquirir tanto poder (y en consecuencia, tanta seguridad) como le sea posible, y está dispuesto a dañar a los demás para conseguir sus fines.

Otros pensadores, como Francis Fukuyama[48], han sugerido que esta convicción rousseauniana de que la gente es intrínsecamente buena y que toda negatividad proviene de las malas condiciones sociales es una idea ingenua y liberal. El mismo Freud, en la última parte de su vida, después de haber sido testigo de los horrores de la Segunda Guerra Mundial, decidió que además de la libido, el ser humano tenía otra tendencia antisocial innata, a la que llamó «Thanatos», el instinto de Muerte.

Además del aspecto positivo y cooperativo, la naturaleza humana tiene un lado oscuro que debemos reconocer. Más allá de las sencillas lecciones de este libro, deberemos enfrentarnos con situaciones difíciles y, como Guerreros Emocionales, no deberíamos sorprendernos si nuestros esfuerzos se topan con una resistencia dura y desagradable.

La búsqueda de la educación emocional presupone que las personas nacen con una tendencia innata hacia la bondad, la cooperación y el amor, es decir, con una tendencia a ejercer el poder ético. Si no contáramos con esa tendencia, estaríamos entregados a una batalla continua y agotadora. Sin embargo, también existen dentro de nosotros fuerzas negativas, que no están simplemente implantadas por una mala cultura, sino que probablemente sean innatas. Esas fuerzas incluyen la agresividad, la codicia, la jerarquización, la territorialidad y las manifestaciones de la sexualidad fuera de la ética. Brotan de instintos de supervivencia primitivos e irreprimibles, y también vitales y valiosos.

En general, los filósofos moralistas de la Ilustración definieron el mal como error. En los términos de este libro, error equivale a ignorancia emocional o a la carencia de un sentido ilustrado de interés propio, que haría evidente para nosotros mismos que, al final, nuestras malas acciones van a perjudicarnos al aislarnos de la tribu. Pero la raíz del mal puede ser no solamente el error, sino también el resultado de impulsos de supervivencia profundos, instintivos e incontrolados.

Para ser un Guerrero Emocional eficiente debes ser capaz de aceptar tu propia agresividad, tu egoísmo, tu codicia, tu necesidad innata de sobrevivir a toda costa. También debes reconocer y aceptar estos impulsos en las demás personas. Un Guerrero Emocional sabe que todos tenemos instintos egoístas y agresivos, y que manejar esos instintos de una manera ética es uno de los objetivos principales de la sabiduría emocional.

Fyodor Dostoyevski reconocía este egoísmo irreductible de la naturaleza humana cuando escribía:

> Amar a otro como a uno mismo, según el mandamiento de Cristo, es imposible. Sólo Cristo pudo hacerlo, pero Cristo es un perpetuo y eterno ideal al que el hombre busca acercarse.[49]

Hay un lado oscuro, no sólo en la naturaleza humana, sino también en la condición humana. Todos los seres humanos vivimos cada día con la posibilidad de la pérdida, la tragedia e incluso el desastre.

En el mundo moderno, gracias a la tecnología nos hemos protegido de muchos tipos de tragedia. Sin embargo, puede que hayamos preparado el camino para una tragedia colectiva mayor —una catástrofe mundial— que podría surgir de esa misma tecnología si no la controlamos, y que puede destruir la biosfera.

La consciencia de tragedia es importante para la búsqueda de la educación emocional, especialmente para el Guerrero Emocional. Algunos supervivientes de una tragedia sienten que ya no tienen los recursos para preocuparse por los derechos y las necesidades de los demás. Pueden caer en un estado nihilista: «Después de todo lo que he pasado, merezco ser feliz cueste lo que cueste» o «Yo he sufrido. ¿Por qué no habrían de sufrir los demás?». Un Guerrero Emocional debe comprender esta tentación de sucumbir al lado más oscuro de nuestra naturaleza como consecuencia de una tragedia y debe ser capaz de resistirse a esta tentación. Debe comprender que tal vez sus esfuerzos no sean recompensados materialmente y que hasta puede sufrir una tragedia a pesar de su valor. A veces, la virtud es la única recompensa, acompañada del conocimiento y de la rectitud. Un guerrero debe estar preparado para esa posibilidad.

Un Guerrero Emocional es consciente del lado oscuro, tanto del lado oscuro de la naturaleza humana (la codicia innata y la agresividad) como del lado oscuro de la condición humana (tragedia), y trata de practicar un poder ético y honorable aun cuando sufra las amenazas de una o ambas facetas de su lado oscuro.

Violencia y Ultraje

La conexión entre abuso infantil y el comportamiento violento de los adultos, terciada por el embotamiento emocional, está bien establecida. Esta correlación no es perfecta. Por ejemplo, existen ciertos determinantes neurológicos del comportamiento violento que están fuertemente asociados a traumatismos cerebrales. Esto quiere decir que los jóvenes que experimentan traumatismos de cráneo, accidentales o por agresiones, muestran cierta falta de capacidad inhibidora que puede dar como resultado una conducta violenta incontrolada. Por otra parte, el abuso infantil también está muy relacionado con el comportamiento violento de los adultos. En realidad, el abuso está mucho más relacionado con la violencia del adulto de lo que lo están los traumatismos cerebrales. De esto se desprende la imperiosa necesidad de detener la violencia doméstica.

La combinación de abusos y daño neurológico es la combinación más peligrosa y determinante de conductas violentas.

Considerando el tiempo pasado en prisión como una medida burda del comportamiento violento, los resultados de una muestra de 95 jóvenes de sexo masculino son asombrosos.[50]

- Sin causas neurológicas y sin haber padecido ultraje. No hubo cárcel.
- Con causas neurológicas, sin haber padecido ultraje. 360 días de cárcel.
- Sin causas neurológicas, habiendo padecido ultraje. 560 días de cárcel.
- Con causas neurológicas, habiendo padecido ultraje. 1214 días de cárcel.

La mayor parte de los niños con daño cerebral lo sufrieron por negligencia o por violencia. La violencia infantil, especialmente cuando implica golpes en la cabeza, es un serio determinante de comportamientos violentos en la edad adulta. Además, el trauma causado por la violencia o la negligencia ejercidas contra un niño provoca la clase de embotamiento emocional que permite actos de violencia o negligencia sobre un niño. En estos casos la intervención y el entrenamiento para la educación emocional son absolutamente necesarios. Al enseñar empatía, la formación en educación emocional detiene el círculo vicioso del abuso y la negligencia.

El Padre Crítico

Los pensadores que analicen esta propuesta cuestionarán el concepto del Padre Crítico. Algunos sostienen que es como un homúnculo, un hombrecillo que reside dentro de nuestras cabezas. Pero el Padre Crítico no es más que una manera de visualizar y de hacer accesible un método para apartar la energía psíquica de un conjunto de pensamientos recurrentes, prejuiciosos, debilitantes y peyorativos. Estos pensamientos autolimitadores y de autoagresión no están basados en hechos de la realidad actual. Son residuos que nos distraen, nos desmotivan y nos desmoralizan.

Algunas personas escuchan al Padre Crítico como «voces en la cabeza» denigrantes, insultantes o guiadas por la maldición. Esto hace más fácil el proceso de decatectizarse y desconectarse del Padre Crítico. Es más fácil porque se puede contestar, discrepar y expulsar una voz que está en tu cabeza, mientras que es más difícil responder y resistirse a una imagen o a una sensación amorfa de inadecuación.

Esta discusión lleva a la validez del concepto de estados del yo. ¿Existen tres y sólo tres estados del yo diferentes que se manifiestan en secuencia y que operan de tres maneras distintas? El valor de estos conceptos es que nos ayudan a comprender mejor el comportamiento social humano. Son metáforas útiles para representar a los seres humanos en sus transacciones sociales. Cuando el analista transaccional dibuja en una pizarra a dos personas con sus estados del yo, sabe que ésas no son verdaderas representaciones de esas personas, al igual que un mapa no es una representación verdadera de la ciudad. Son aproximaciones a la conducta humana y a su estructura, basadas en la observación y en la aplicación de la información evolutiva y de la neurociencia. Básicamente, los estados del yo son tremendamente útiles; tan útil como lo es un mapa para moverse por las situaciones humanas. Lo que dice bastante acerca de su validez.

APÉNDICE
CUESTIONARIO DE CONCIENCIA EMOCIONAL

Aunque no hay ningún test científicamente válido para medir la inteligencia o la educación emocional, este cuestionario puede darte una idea acerca de tu nivel de conciencia emocional, que es una parte esencial de la educación emocional.

Por favor, responde estas preguntas lo más honestamente que puedas. El objetivo no es parecer bueno, sino descubrir por ti mismo tu situación respecto a la conciencia emocional. Si no puedes decidirte entre «Sí» o «No», responde «No sé».

Sección 1

A. He notado que a veces cuando estoy con una persona muy emotiva me siento sorprendentemente tranquilo y sin sentimientos.

Sí - No - No sé

B. A veces, cuando estoy a punto de relacionarme con personas a las que no conozco bien, experimento sensaciones tales como palpitaciones cardíacas, dolores de estómago, sequedad de garganta, escozor en la piel o falta de aliento, y no sé por qué me pasa esto.

Sí - No - No sé

C. A veces me siento inundado por emociones que no comprendo y me confunden.

Sí - No - No sé

D. De vez en cuando soy consciente de experimentar sentimientos de enfado, desde una ligera irritación hasta la ira.

Sí - No - No sé

E. Si otra persona es emotiva, suelo darme cuenta de qué emoción siente, ya sea temor, felicidad, tristeza, esperanza o ira.

Sí - No - No sé

F. Disfruto de situaciones en que la gente experimenta fuertes emociones de amor, esperanza y gozo, como en las bodas o las conmemoraciones.

Sí - No - No sé

Sección 2

A. A veces, tras un momento difícil con otra persona, siento como si partes de mi cuerpo estuviesen adormecidas.

Sí - No - No sé

B. Tomo uno o más medicamentos para aliviar jaquecas, dolores de estómago, síntomas digestivos o dolores corporales para los que mi médico no encuentra explicación.

Sí - No - No sé

C. Sé que interiormente experimento sentimientos muy fuertes, pero soy incapaz de hablar de ellos con otras personas.

Sí - No - No sé

D. Soy consciente de tener sentimientos de temor, que van desde la aprensión hasta el terror.

Sí - No - No sé

E. A veces puedo sentir en mi cuerpo lo que las demás personas están sintiendo.

Sí - No - No sé

F. Las demás personas aprecian mi capacidad para tranquilizar los ánimos en situaciones emotivas.

Sí - No - No sé

Sección 3

A. Puedo matar con facilidad a un pequeño animal, como un pollo o una víbora, sin sentir nada al respecto.

Sí - No - No sé

B. Suelo ser inquieto e irritable y no puedo evitarlo.

Sí - No - No sé

C. Suelo sorprenderme a mí mismo mintiendo acerca de mis sentimientos porque siento vergüenza de hablar acerca de ellos.

Sí - No - No sé

D. Soy consciente de experimentar fuertes sentimientos de amor y dicha.

Sí - No - No sé

E. A menudo hago cosas por otras personas porque simpatizo con ellas y no sé decir «no».

Sí - No - No sé

F. Soy bueno ayudando a personas a entender sus emociones porque habitualmente me doy cuenta de por qué las tienen.

Sí - No - No sé

Sección 4

A. Puedo estar cerca de personas que tienen grandes padecimientos físicos sin alterarme por ello.

Sí - No - No sé

B. Mis manos transpiran cuando estoy con personas a las que no conozco.

Sí - No - No sé

C. Sé que tengo sentimientos fuertes, pero la mayor parte de las veces no sé cuáles son.

Sí - No - No sé

D. Soy bastante bueno para darme cuenta de lo que siento y de por qué lo siento.

Sí - No - No sé

E. Algunas veces me resultan muy claros los sentimientos de los demás, y eso puede ser un problema.

Sí - No - No sé

F. En general, puedo manejar bien a la gente que experimenta emociones fuertes y las descargan sobre mí.

Sí - No - No sé

Sección 5

A. La mayor parte del tiempo me comporto de manera racional y no tengo problemas con las emociones.

Sí - No - No sé

B. He estado enamorado y de repente perdí ese sentimiento de manera inexplicable.

Sí - No - No sé

C. A veces me siento abrumado por mi malhumor.
Sí - No - No sé

D. Cuando tengo que tomar una decisión importante, habitualmente sé cómo me siento al respecto: asustado, entusiasmado, enfadado o cualquier otra combinación de emociones.
Sí - No - No sé

E. En una situación competitiva en la cual estoy ganando o soy superior, me siento mal por el otro.
Sí - No - No sé

F. Cuando estoy en una habitación llena de gente, sé cuál es el estado de ánimo del grupo; entusiasta, temeroso, aburrido, irritado, o lo que sea.
Sí - No - No sé

Sección 6

A. Sólo lloro en muy, muy raras ocasiones.
Sí - No - No sé

B. A veces, cuando veo un anuncio en televisión, siento que se me humedecen los ojos y no comprendo por qué.
Sí - No - No sé

C. A veces, cuando me siento mal, no sé si estoy asustado o enfadado.
Sí - No - No sé

D. Soy una persona que en ocasiones siente vergüenza y culpabilidad.
Sí - No - No sé

287

E. He tenido la oportunidad de dispararle a un animal tal como un pájaro, un conejo o un ciervo y no pude hacerlo porque me sentía mal por el animal.

Sí - No - No sé

F. A menudo cambio la manera de actuar hacia una persona para facilitar la relación con ella.

Sí - No - No sé

Ahora que has contestado a todas las preguntas, puedes obtener la puntuación del cuestionario.

Suma todos los «Sí» de las preguntas tipo A de cada sección. Escribe ese número (del 0 al 6) en el espacio con la letra A. Después suma los «Sí» de las preguntas tipo B de cada sección. Repite el mismo proceso con las preguntas C, D, E y F. Apunta el número de respuestas «Sí»:

A _____
B _____
C _____
D _____
E _____
F _____

Ahora debiera haber un número del 0 al 6 al lado de cada letra. Luego podrás emplear esos números para determinar tu perfil de conciencia emocional.

Tu Perfil de Conciencia Emocional

Antes que nada, quiero volver a recalcar que este perfil no es una medida de tu educación emocional, sino un examen de tu consciencia, que es sólo una parte (aunque muy importante) de la educación emocional.

En el cuadro de barras que figura abajo, o en un cuadro similar que dibujes en una hoja, marca la puntuación que obtuviste. Por ejemplo, si contestaste «Sí» a las seis preguntas «D», rellena hasta el 6 de la columna «D». Si has contestado «Sí» a dos de las preguntas «C», rellena la columna B hasta el 2. Sombrea todas las puntuaciones. Cuando hayas terminado, tendrás un diagrama de barras basado en la escala de conciencia emocional similar a los ejemplos que aparecen más abajo.

Las preguntas A se refieren al embotamiento emocional (EE); las B a los síntomas físicos (SF); las C al caos emocional (CE); las D a la diferenciación (DF); las preguntas E a la empatía (EM) y las F a la interactividad (IA). El perfil que has obtenido te ayudará a ver el tipo de trabajo que necesitas hacer para mejorar tu educación emocional. Los tres perfiles más frecuentes son:

Perfil de baja conciencia:

	EE (A)	SF (B)	CE (C)	DF (D)	EM (E)	IA (F)
6						
5						
4						
3						
2						
1						

Si tu perfil es de este tipo, eres una persona que no ha prestado nunca demasiada atención a sus sentimientos y tiende a sentirse confuso con los sentimientos de los demás. La mayor parte de las veces no tienes ninguna conciencia de sentir emoción alguna. En las escasas ocasiones en las que tienes una reacción emocional fuerte, ésta es de ira o miedo, y haces todo lo que puedes para superar ese estado no deseado. Te beneficiará trabajar en tu educación emocional.

Perfil de alta conciencia:

	EE (A)	SF (B)	CE (C)	DF (D)	EM (E)	IA (F)
6						
5						
4						
3						
2						
1						

Si tu perfil tiene este aspecto, tus emociones forman parte de tu conciencia en la vida cotidiana. Sabes cómo te sientes, por qué y con qué intensidad la mayor parte de las veces. Te sientes cómodo al hablar de temas emocionales y comprendes las emociones de las otras personas, pero es posible que pienses que esa conciencia representa un problema. Si hablas acerca de tus emociones, te puedes crear problemas y si no lo haces puedes sentirte como un extraño en territorio desconocido, donde nadie ve lo que tú ves. Estás en muy buena posición para desarrollar un alto nivel de educación emocional.

Perfil de conciencia media:

	EE (A)	SF (B)	CE (C)	DF (D)	EM (E)	IA (F)
6						
5						
4						
3						
2						
1						

Si tu perfil posee este aspecto eres consciente de tus sentimientos, pero no siempre sabes qué hacer con ellos. Comprendes algunas de tus emociones, pero hay otras que te confunden. En ocasiones sientes empatía, pero en otras ocasiones te quedas frío ante los sentimientos de los demás. La mayoría de las veces tus estados emocionales son una mezcla caótica de sentimientos molestos que tratas de eliminar ignorándolos. Cuando intentas hablar de ellos con otras personas los resultados son desiguales. A veces puedes resolverlos, pero otras no haces más que empeorar las cosas. Eres la clase de persona que tiene más probabilidades de beneficiarse de este libro.

GLOSARIO

Adulto: Estado racional del yo. También conocido como «neopsique» ya que se piensa que está localizado en el cerebro neocortical.

Amor: Emoción fundamental que hace que las personas se relacionen, estén juntas y trabajen juntas. Es el sentimiento placentero de la protección y la cooperación.

Amor a la Verdad: Deseo eminentemente humano que halla placer en la comprensión de la realidad. Implica la voluntad de abandonar las creencias de uno al enfrentarse a una información contradictoria.

Análisis Transaccional: Sistema de psicología y psicoterapia que analiza los patrones de transacciones y caricias para comprender a las personas y ayudarlas a cambiar.

Berne, Eric: Padre del análisis transaccional.

Caricia: Acto de reconocimiento social que satisface la necesidad innata y biológica de contacto (*v.* caricias positivas y negativas).

Caricia Negativa: Caricia ofrecida desde un sentimiento odioso. Caricia que sienta mal.

Caricia Positiva: Caricia ofrecida con un sentimiento de amor. Caricia que sienta bien.

Carisma: Suma total de las capacidades positivas personales de una persona.

Ciudad de las Caricias: Ejercicio de grupo también conocido como Abrir el Corazón, destinado a socavar la economía de las caricias y a enseñar a las personas cómo amar.

Cerebro Triuno: Sistema de la organización del cerebro que postula la existencia de tres porciones cerebrales distintas y filogenéticamente consecutivas: reptiliana, límbica y neocortical.

—**Reptiliano**: La porción más primitiva del cerebro que tiene como función la reproducción y la adquisición y defensa del territorio y la pareja, y es la fuente de la ira, el temor, la lujuria y otras emociones territoriales.

—**Límbico**: La porción del cerebro que evolucionó a partir del cerebro reptiliano, que tiene como función la protección de las crías, y es la fuente del amor, la tristeza, la culpabilidad y otras emociones de unión. Compasión.

—**Neocortical**: La porción del cerebro exclusivamente humana que evolucionó tras los cerebros límbico y reptiliano. *Locus* del lenguaje y del pensamiento lógico.

Conciencia Emocional: Conciencia de los sentimientos. Es algo diferente de la educación emocional, que es una habilidad mucho más compleja.

Contrato: Acuerdo y consentimiento mutuo entre individuos.

Cooperación: Sistema social que rechaza los juegos de poder y persigue la igualdad.

Economía de las Caricias: Sistema de prohibiciones acerca de las caricias que, cuando está activado, restringe la disponibilidad de caricias y lleva a un estado generalizado de hambre de caricias.

Educación Emocional: Habilidad que implica inteligencia emocional y también cómo expresar mejor nuestras emociones para mejorar nuestro poder ético, personal y social en beneficio propio y de los demás. La inteligencia del corazón.

Embotamiento Emocional: Supresión drástica de la conciencia de las emociones, normalmente debida a un trauma severo.

Empatía: Capacidad intuitiva para comprender las emociones ajenas.

Émpata: Persona que tiene buena consciencia de sus emociones y de las emociones de los demás. Cuando un émpata carece de educación emocional puede sufrir mucho debido a su alto grado de conciencia. Lo opuesto a un psicópata.

Emociones: Estados corporales basados en la bioquímica que motivan y afectan nuestra conducta.

Estados del yo: Una de las tres maneras separadas y coherentes en que las personas se comportan: Padre, Adulto o Niño.

Fantasía Paranoide: Es lo que sucede con el presentimiento paranoide cuando es descontado e invalidado. Habitualmente son ideas de persecución sobre lo que está sucediendo cuando estamos en la oscuridad.

Guerrero Emocional: Individuo que lucha contra el dominio patriarcal con el objetivo, en su vida personal y en la sociedad, de reemplazarlo por la Educación Emocional.

Intuición: Facultad humana mediante la cual podemos sentir la realidad sin tener que estudiarla.

Inteligencia Emocional: Sofisticación sobre las emociones. Comprensión de las emociones propias y de las de los demás.

Juego: Serie de transacciones que no logran el objetivo inicial de obtener caricias positivas, produciendo en su lugar caricias negativas.

Guión: Plan de vida que, normalmente pero no siempre, se ha decidido en la infancia temprana como manera de sobrellevar las condiciones de vida que prevalecían en ese momento.

Hambre de Caricias: Consecuencia de la privación de caricias.

Mentira: Ocultación consciente de la realidad. Mentimos por comisión al decir algo que uno cree que es falso, o por omisión al dejar de decir algo que creemos que otra persona desearía saber.

Niño: Estado del yo creativo, consciente, espontáneo e íntimo. Es el *locus* de las emociones.

Padre: El estado del yo prejuicioso y tradicional. El Padre Nutricio prejuzga positivamente, el Padre Crítico prejuzga negativamente.

Padre Crítico: Estado del yo negativo y prejuicioso. A menudo se le escucha como una voz que nos dice que no estamos bien; que somos malos, estúpidos, locos, feos, enfermos o malditos. El reafirmante interno y externo de los valores patriarcales.

Padre Nutricio: Estado del yo Padre con prejuicios positivos. A menudo se le escucha como una voz que nos dice que estamos bien, que somos buenos, listos, cuerdos, sanos, guapos y benditos.

Paranoia: Proviene del griego y significa «Conocimiento lateral». Noción intuitiva válida que normalmente no es completamente correcta.

Perseguidor: Persona enfadada y resentida que vuelca sus sentimientos en los demás.

Psicópata: Término que antiguamente se aplicaba a una personalidad antisocial. Persona que carece de empatía y es incapaz de experimentar emociones ajenas.

Rescatador (con mayúscula): Persona que hace por otras cosas que no quiere hacer o que hace más de lo que le corresponde en una situación determinada. Es diferente de un rescatador (con minúscula) que ayuda a las personas necesitadas.

Responsabilidad: Consciencia y tener en cuenta el efecto de nuestras acciones en las emociones de otras personas.

Saldo Existencial: Satisfacción que la gente obtiene de participar en un juego, ya que el saldo del juego confirma una posición existencial sostenida como parte de un guión, normalmente desde la infancia.

Sentimientos: La consciencia de un estado emocional.

Simpatía: Aspecto mental de la empatía. Buena disposición para comprender las emociones del otro sin que medie una emoción propia.

Sinceridad: Honestidad, veracidad. Decir aquello que uno cree y piensa que es verdad.

Sordera Emocional Específica: La incapacidad de sentir ciertas emociones concretas. Similar al daltonismo, que no puede ver determinados colores.

Transacción: Intercambio social de informaciones o caricias.

Veracidad: Hablar de lo que uno cree que es verdad (*v.* Mentira).

Ventana de Oportunidad: En las etapas tempranas de la vida, periodo óptimo para aprender algo.

Verdad: Se trata de un concepto elusivo. La verdad no existe pero nos podemos aproximar a ella. La verdad es una creencia y nos aproximamos a ella cuando nuestras creencias reflejan las realidades del mundo. La mejor aproximación a la verdad es el consenso de un gran número de personas que piensan con libertad y operan desde su estado del yo Adulto.

Víctima (con mayúscula): Persona que se ayuda a sí misma. Es diferente de la víctima (con minúscula) que es producto de circunstancias adversas.

ACERCA DEL AUTOR

El Dr. Claude Steiner nació en París, Francia, en 1935. Vivió en España (1941-45) y México (1945-52) antes de ir a Estados Unidos para estudiar ingeniería y física. Cambiando de carrera, finalmente se graduó en psicología e hizo el doctorado en psicología clínica en la Universidad de Michigan, en Ann Arbor. Fue discípulo y después colega, amigo y colaborador del psiquiatra Eric Berne, padre del análisis transaccional, y autor de numerosos libros y escritos acerca del tema, incluyendo *Games People Play* (*Juegos en que participamos*). Junto con Berne, Steiner fue miembro fundador de la Asociación Internacional de Análisis Transaccional (ITAA). Tras la muerte de Berne en 1970, el Dr. Steiner continuó desarrollando la teoría y práctica de la Psiquiatría Radical y su corolario, la Educación Emocional Centrada en el Corazón.

En 1980, se tomó una excedencia sabática y viajó por Centroamérica para realizar un estudio sobre la propaganda. De 1987 a 1990 fue co-editor de la revista trimestral «Propaganda Review». En 1991 se reincorporó a su práctica de psicólogo con énfasis en la Educación Emocional y en los efectos, buenos y malos, de la tecnología sobre el espíritu humano. Casado, finalmente, con su compañera desde hace doce años, tiene tres hijos mayores y seis nietos; vive y ejerce su práctica en Berkeley y en su rancho en el condado de Mendocino, California.

Sus conferencias tiene una audiencia mundial y sus libros se han traducido a doce idiomas. Incluyen, además del que tiene en sus manos, *Games Alcoholics Play, Scripts People Live* (en español: *Los guiones que vivimos*, Ed. Kairós), *Healing Alcoholism,*

The Other Side of Power (en español: *El otro lado del poder*, Ed. Jeder), *When a Man Loves a Woman* (en español: *Cuando un Hombre Ama a Una Mujer*, Ed. Jeder) y *The Heart of the Matter* (en español: *El corazón del asunto*, Ed. Jeder). También ha editado dos antologías: *Beyond Games and Scripts* y *Readings in Radical Psychiatry*, y es el autor de la fábula *El Cuento de Los Peluches Cálidos* (*The Warm Fuzzy Tale*), cuento que ha inspirado el movimiento mundial de Abrazos Gratis.

Para más información, materiales de formación, o para leer y conseguir otros escritos del Dr. Steiner sobre la Educación Emocional, véase la página web:

www.emotional-literacy.com o www.claudesteiner.com

Estas páginas tienen muchos enlaces para quien esté interesado en la educación emocional. Por el momento está casi exclusivamente en inglés, pero tiene una pequeña sección en español que está en construcción y que le referirá a otras páginas en español.

Para escribir a Claude Steiner:

csteiner@claudesteiner.com

REFERENCIAS BIBLIOGRÁFICAS

1. Steiner, Claude. *Achieving Emotional Literacy; A Personal Program to Increase Your Emotional Intelligence*. Avon Books, 1997.

2. Grossman, D.C.; Neckerman, H.J.; Koepsell, T.D.; Liu, P.Y.; Asher, K.N.; Beland, K.; Frey, K.; y Rivara, F.P. «Effectiveness of a violence prevention curriculum among children in elementary school: A randomized controlled trial», 1997. Journal of the American Medical Association, 227:1605-1611.

3. Goleman, Daniel. *Emotional Intelligence*. Nueva York: Bantam Books, 1996.

4. Berne, Eric. *Transactional Analysis in Psychotherapy*. Nueva York: Grove Press, 1961. Traducción al español: *Análisis transaccional en psicoterapia*, Buenos Aires, Ed. Psique.

5. Stewart, Ian y Joines, Vann. *Transactional Analysis Today*. Londres: Lifespace, 1989. Traducción al español: *AT Hoy*, Madrid: CCS.

6. Steiner, Claude. *Scripts People Live*. Nueva York: Grove Press, 1974. Traducción al español: *Los guiones que vivimos*, Barcelona: Kairós, 1991.

7. Steiner, Claude. *Readings in Radical Psychiatry*. Nueva York: Grove Press, 1975.

8. Laing, Ronald D. *The Politics of the Family*. New York: Pantheon Books, 1971.

9. Sternberg, Robert. *Why Smart People Can Be So Stupid*. Princeton: Yale University Press, 2002.

10. Gilligan, James. *Violence: Our Deadly Epidemic and its Causes*. Nueva York: Grosset Putnam Books, 1996.

11. Kline, Paul. *Intelligence: The Psychonometric View*. Londres: Routledge, 1991.

12. Salovey, Peter y Mayer, John, D. «Emotional Intelligence» en *Imagination, Cognition and Personality*. 1989-90: v.9 No. 31, 185.

13. Steiner, Claude. *Healing Alcoholism*. Nueva York: Grove Press, 1979.

14. Darwin, Charles. *The Expression of the Emotions in Man and Animals*. Chicago: University of Chicago Press, 1985.

15. Gladwell, Malcolm. «The Naked Face», The New Yorker, 5 de agosto de 2002.

16. LeDoux, Joseph. *The Emotional Brain: The Mysterious Underpinnings of Emotional Life*. Nueva York: Touchstone, 1996.

17. Chomsky, Noam y Ronat, Mitsou. *On Language; Chomsky's Classic Works*. Nueva York: New Press, 1998.

18. Pinker, Steven. *How the Mind Works*. Nueva York: Norton, 1998.

19. Mc Lean, Paul. «The Triune Brain, Emotion and Scientific Bias» *The Neurosciences: The Second Study Program*, ed. F.O. Schmitt. Nueva York, Rockefeller University Press, 1970.

20. Ardrey, Robert. *The Territorial Imperative*. Nueva York: Kodansha International, 1966.

21. Lewis, Thomas *et al. A General Theory of Love*. Nueva York: Vintage, 2001.

22. Damasio, Antonio. *Descartes' Error: Emotion, Reason and the Human Brain*. Nueva York, Grosset/Putnam Press, 1994.

23. Damasio, Antonio. *The Feelings of What Happens; Body, Emotions and the Making of Consciousness*. Londres: Vintage, 1999.

24 Zahn-Waxler, Carolyn; Cole, Pamela M. y Caplowitz-Barret, Karen. «Guilt and empathy: Sex differences and implications for the development of depression». *The development of emotion regulation and dysregulation*. Nueva York: Cambridge, 1991: 243-272.

25. Janoff-Bulman, R. «Rebuilding shattered assumptions after traumatic events: Coping processes and outcomes», en *Coping: The Psychology of What Works* (ed. de C.R. Snyder). Nueva York: Oxford University Press, 1999.

26. Wyckoff, Hogie. «The Stroke Economy in Women's Scripts», Transactional Analysis Journal I, 3 1971: 16-30.

27. Fischer, Anton. «Sex differences in emotionality: Fact or stereotype». *Feminism and Psychology*, 1993: 3, 303-318.

28. Ornish, Dean. *Love and Survival. The Scientific Basis for the Healing Power of Intimacy*. Nueva York: Harper Collins, 1997.

29. Steiner, Claude. *The Warm Fuzzy Tale*. Sacramento: Jalmar Press, 1977.

30. Berne, Eric. *Intuition and Ego States; The Origins of Transactional Analysis*. Edición de Paul McCormick. San Francisco: Harper and Row, 1977. Traducción al español: *La intuición y el análisis transaccional*. Sevilla: Jeder, 2010.

31. Berne, Eric. *Games People Play*. Nueva York: Grove Press, 1964. Traducción al español: *Juegos en que participamos*. Barcelona: RBA, 2007.

32. Karpman Stephen. «Fairy Tales and Script Drama Analysis», Transactional Analysis Bulletin v. 7, n° 26, Abril de 1968.

33. Engel, Beverly. «Making Amends», Psychology Today, Agosto de 2002.

34. Luskin, Fred. *Forgive for Good; A proven prescription for health and happiness*. San Francisco: Harper, 2001.

35. Putnam, Robert D. *Bowling Alone; The collapse and revival of American community*. Nueva York: Touchstone, 2000.

36 Judith, Anodea. *Eastern Body Western Mind; Psychology and the Chakra System*. Berkeley: Ten Speed Press, 1996.

37. Eisler, Riane. *The Chalice and the Blade*. Nueva York: Harper Collins, 1988.

38. Nietzsche, Friedrich. *On the Genealogy of Morals*. Nueva York: Random House, 1967.

39. San Agustín, «Lying», *Treatise on Various Subjects*, vol. 14, ed. de R. J. Deferrari, *Fathers of the Church*. Catholic University of America Press, 1952.

40. Kant, Immanuel. *Critique of Practical Reason and Other Writings* en *Moral Philosophy*. Chicago: University of Chicago Press, 1949.

41. Constant, Benjamin citado en *Lying* de Sissela Bok. Nueva York: Vintage, 1978.

42. De Paulo, Bella M., *et al.* «Lying in Everyday Life», Journal of Personality and Social Psychology, mayo de 1996, vol. 70, n° 5.

43. Bok, Sissela. *Lying*. Nueva York: Vintage, 1978.

44. Blanton, Brad. *Radical Honesty*. Nueva York: Dell, 1996.

45. *The Encyclopaedia of Philosophy*. Nueva York, Macmillan Publishing, 1967.

46. Nietzsche, Friedrich. *Philosophy and Truth: Selections from Nietzsche's Notebooks of the early 1870s*. Traducción, edición, introducción y notas de Daniel Breezale. Prólogo de Walter Kaufmann. New Jersey: Humanities Press, 1979.

47. Berne, Eric. *What Do You Say When You Say Hello?* Nueva York: Grove Press, 1976. Traducción al español: *¿Qué dice Ud. después de decir "Hola"?*. Barcelona: Grijalbo, 1974.

48. Fukuyama, Francis. *The End of the History and the Last Man*. Nueva York: The Free Press, 1992.

49. Dostoyevsky, Fyodor, de su diario personal, 16 de abril de 1864, citado en *Fyodor Dostoyevsky, A Writer's Life*, Geir Kjetsaa, 1987.

50. Gladwell, Malcolm. «Damaged. Do new studies of the brain explain why some people turn into violent criminals?». The New Yorker, 24 de febrero de 1997.

ÍNDICE

Visite nuestra web para más información sobre nuestra labor editorial, novedades y títulos en preparación. También encontrará información de interés sobre el análisis transaccional, incluyendo asociaciones nacionales e internacionales, profesionales especializados en sus diferentes aplicaciones, y algunos autores destacados, así como un amplio catálogo en nuestra sección de librería especializada en títulos de AT.

Además del volumen que tiene en sus manos, Editorial Jeder ha publicado del mismo autor *El otro lado del poder*, *El corazón del asunto* y *Cuando un hombre ama a una mujer*.

www.jederlibros.com

Le recomendamos vivamente que visite la web en inglés del autor. Contiene mucha información interesante. Hallará libros completos y extractos de otros, multitud de ensayos, apuntes históricos sobre los inicios del análisis transaccional, y también otras cuestiones que pueden ser de su interés relativas a la educación emocional y la psiquiatría radical.

www.claudesteiner.com

www.ingramcontent.com/pod-product-compliance
Lightning Source LLC
Chambersburg PA
CBHW031500270326
41930CB00006B/181